Computer Bild

Computent statt compliziert

Prinz

Works 2003

Einsteigerkurs

Ullstein

1 Übersicht – Für alles gerüstet: Works 8

2 Aufbau – Oberfläche und Bedienung von Works 16

3 Textverarbeitung – Schreiben wie von selbst 36

4 Tabellenkalkulation – Listen und Berechnungen 55

8 Projekte Die Works-Projekte im Überblick 129

9 Praxis Projektbearbeitung leicht gemacht 145

10 Online Mit Works ins Internet 167

Anhang 184

Zu diesem Buch

Thomas Hoffmann
Herausgeber

Egal, ob Sie sich einen Computer im Supermarkt oder beim Fachhändler kaufen: Meist finden Sie auf dem Gerät als Software-Grundausstattung das Works-Programmpaket von Microsoft. Zur so genannten „Works Suite" gehören neben dem namensgebenden Büro-Alleskönner „Works" das Textprogramm „Word", das Bildbearbeitungsprogramm „Picture It!" und als durchaus erwähnenswerte Zugaben das elektronische Universallexikon „Encarta" und der Routenplaner „AutoRoute".

Mit dieser Software-Basis sind Sie für alltägliche Computer-Aufgaben im privaten Bereich und in kleinen Unternehmen bereits sehr gut gerüstet. Fürs Schreiben von Texten aller Art ist ohnehin Word das Maß aller Dinge. Aber auch Rechner und Datensammler müssen nicht darben. Die Tabellenkalkulations- und Datenbankfähigkeiten dürften den meisten Ansprüchen und Aufgaben durchaus gewachsen sein. Und bevor Sie ein teures Fotobearbeitungsprogramm kaufen, sollten Sie „Picture It!" einmal ausprobieren.

In diesem Buch lernen Sie die Works-Suite 2003 ausführlich kennen. Lesen Sie, wie Sie mit Works und seinen Co-Programmen Texte schreiben, kalkulieren, Bilder bearbeiten und Daten, Adressen und Termine verwalten. Anschließend geht es an eine Stärke der Works-Suite: das Zusammenspiel aller Programm(teil)e in so genannten Projekten. Zu guter Letzt erfahren Sie, wie Sie das Programmpaket via Internet ganz einfach auf dem neuesten Stand halten.

Alle Anleitungen finden Sie, wie von COMPUTERBILD, Europas größter Computer-Zeitschrift, gewohnt, in leicht verständlicher und sofort nachvollziehbarer Schritt-für-Schritt-Form. Auch auf die Erklärungen der - rot markierten - Fachbegriffe müssen Sie nicht verzichten. Nur finden Sie diese nicht wie in der Zeitschrift direkt in einer Extra-Spalte am Seitenrand, sondern alphabetisch geordnet als Anhang am Ende des Buchs.

1 Für alles gerüstet mit Works

Mit fast jedem Windows-Rechner wird neben dem Betriebsprogramm auch noch die Works-Suite in der aktuellen Version 2003 ausgeliefert. Das Works-Programmpaket enthält mehrere **Programme**, mit denen Sie alle anfallenden Büroaufgaben zu Hause, im Verein oder in einer kleinen Firma erledigen können.

Von der Haushaltsorganisation über die Vereinsverwaltung bis hin zum Büromanagement finden Sie bei Works das passende Programm: Textverarbeitung, Tabellenkalkulation, Terminkalender und Kontaktverwaltung, aber auch eine Bildbearbeitung, ein Nachschlagewerk als elektronisches Lexikon sowie eine Straßenkarte zur Routenplanung. Und da die einzelnen Programme sehr gut zusammenarbeiten, steht auch der Verbindung der verschiedenen Anwendungen - beispielsweise bei der Verschönerung Ihrer Texte mit Bildern - nichts mehr im Wege.

Dieses Buch wird Ihnen zeigen, wie Sie viel Geld für Programme sparen können, indem Sie die Qualitäten von Works optimal ausnutzen. Nachdem Sie einen Computer erworben haben, brauchen Sie nicht erneut tief in die Tasche zu greifen, um Programme zu kaufen: Works genügt!

Im ersten Kapitel dieses Buches erfahren Sie,
- welche Programme Works für Sie bereithält,
- und was diese Programme grundsätzlich leisten können.

Kapitel-Wegweiser

Die Programme der Works-Suite 2003

In Works finden Sie unter einem Dach eine ganze Palette von Programmen, in der sich die Vielfalt von Büroanwendungen zeigt, die den PC im Lauf der letzten 20 Jahre so erfolgreich gemacht haben.

Works vereint aber nicht nur die typischen Anwendungen, die zum Siegeszug der persönlichen Rechner beigetragen haben. Auch in seiner einfachen Bedienung wird deutlich, wie stark in diesen Jahren – nicht zuletzt im letzten Jahrzehnt – die Benutzerfreundlichkeit der Rechner zugenommen hat. Schon längst sind Computer keine Geräte mehr, die sich nur für Spezialisten oder nach dem Studium dicker Handbücher eröffnen. Works mit seinen umfangreichen Anwendungen ist ein gutes Beispiel dafür, wie einfach die Arbeit am PC sein kann.

Über das Works-Start-Fenster, das Sie in Kapitel 2 ab Seite 18 näher kennen lernen werden, haben Sie Zugriff auf sämtliche installierte Programme.

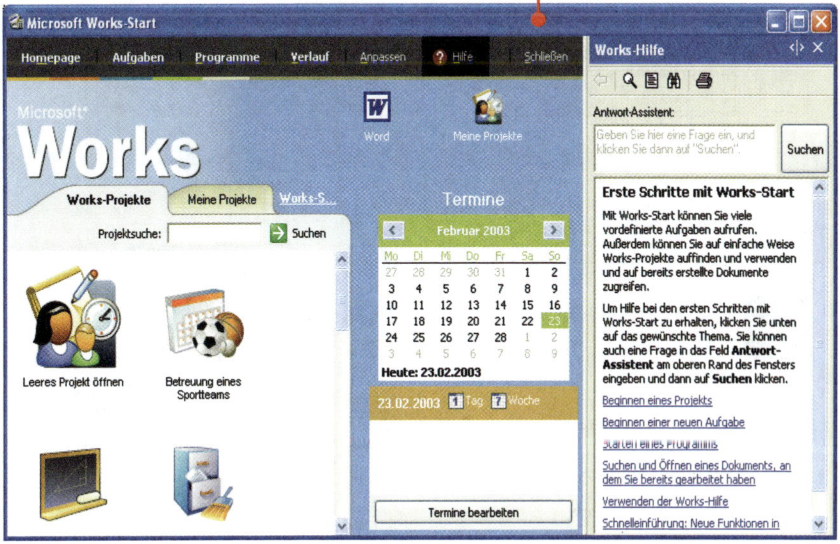

Wenn Sie in diesem Fenster, das Ihre Steuerzentrale bildet, auf den Eintrag

klicken, öffnet sich eine Liste mit allen installierten Programmen.

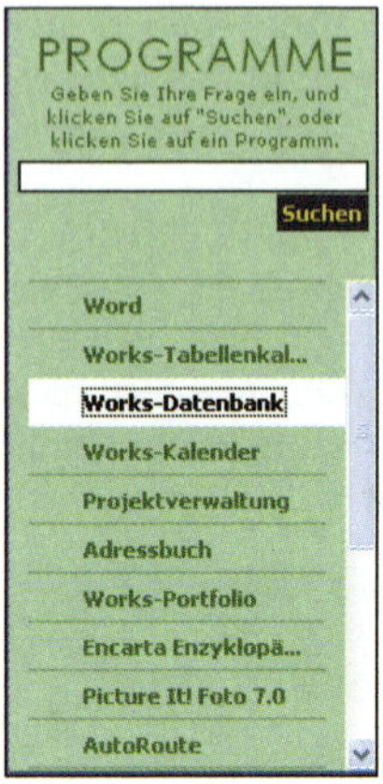

Wie Sie sehen, ist die Palette sehr umfangreich und bietet in der Regel auch die professionelle Textverarbeitung Word 

.

Sollte dies auf einem vorkonfigurierten Rechner tatsächlich einmal nicht der Fall sein, so finden Sie stattdessen die eigene Textverarbeitung von Works:

.

Sie lässt sich ähnlich leicht bedienen wie Word und stellt ebenfalls viele fertige Dokumente zur Verfügung, die Sie direkt verwenden können.

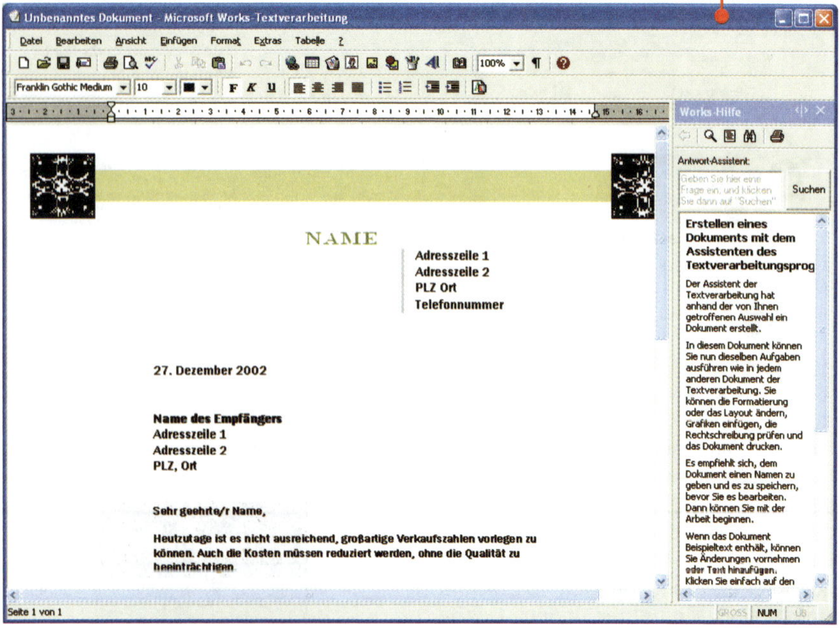

Da die meisten Computer mit der Textverarbeitung Word ausgeliefert werden und Word auch in der Works-Suite 2003 den Platz der Works-Textverarbeitung einnimmt, wird in diesem Buch (in Kapitel 3) ausführlich auf die Bedienung von Word eingegangen. Sie können die Bedienungsanweisungen für Word aber problemlos auf die Works-Textverarbeitung übertragen.

Word

Mit Word haben Sie alles im Griff, was Sie schriftlich zu erledigen haben. Nicht ohne Grund handelt es sich bei Word um die weltweit bekannteste und am meisten verbreitete Textverarbeitung für den PC.

Ob Sie Einladungen oder Rechnungen benötigen. Ob Sie Gebrauchsanleitungen schreiben oder sich nur Notizen machen möchten - die professionelle Textverarbeitung Word ist für alles gerüstet, wie Sie detailliert in Kapitel 3 sehen werden.

Tabellenkalkulation

Damit Sie sich nicht verkalkulieren, bietet Ihnen Works eine eigene Tabellenkalkulation.

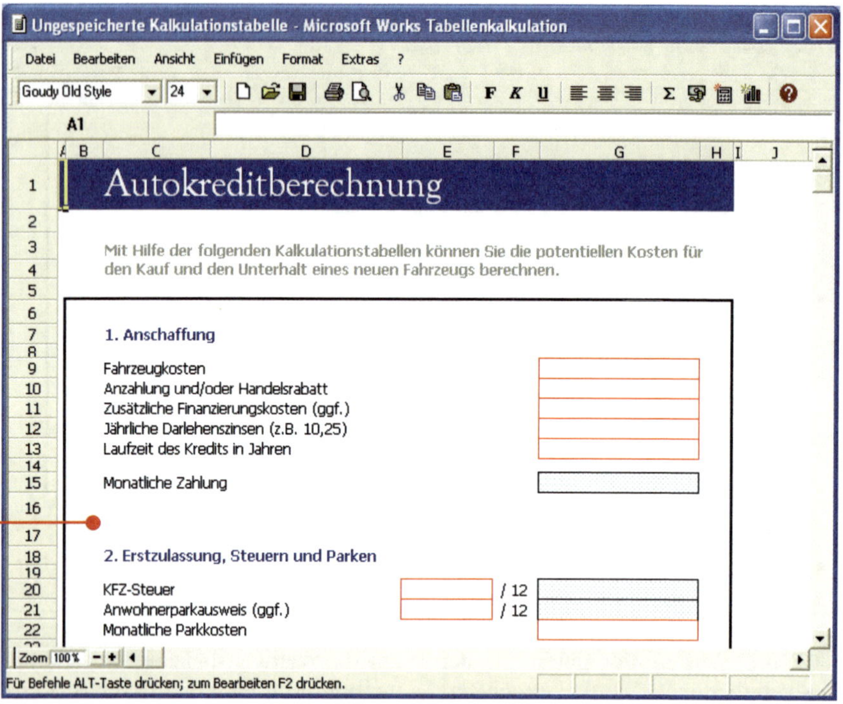

Auch hier gibt es bereits verschiedene Fertiglösungen zum direkten Gebrauch: Ob Sie die Anschaffung eines neuen Autos planen oder ob Sie für einen Kundenauftrag die Kosten kalkulieren möchten - immer können Sie auf die Tabellenkalkulation zurückgreifen. Selbstverständlich steht die Tabellenkalkulation auch für eigene Berechnungen, Listen und sogar für die Darstellung von Zahlen in übersichtlichen Diagrammen zur Verfügung. Wie Sie nicht nur Ihre persönlichen, sondern auch Ihre geschäftlichen Kalkulationen verarbeiten können, lernen Sie in Kapitel 4.

Datenbank

Wenn Sie Listen anlegen möchten, beispielsweise eine Aufstellung Ihres Hausinventars oder eine Rezeptsammlung, gelingt Ihnen diese Arbeit ganz leicht mit der Datenbank von Works.

Mit der Datenbank haben Sie direkten Zugriff auf alle gespeicherten Informationen. Sie können die Daten in selbst

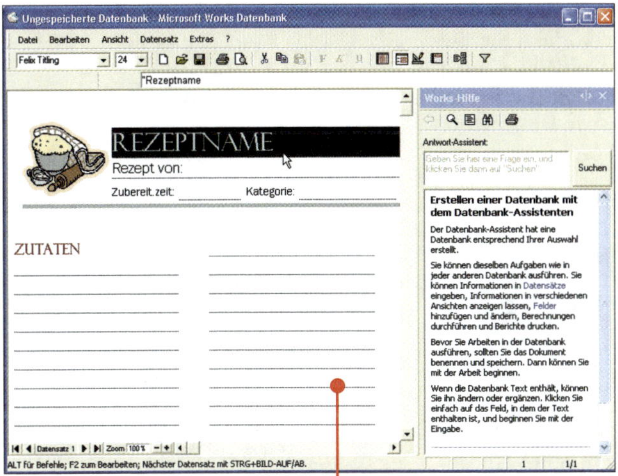

gestalteten Formularen erfassen und aus der Fülle der Daten Berichte zusammenstellen und ausdrucken. Wie Sie mit der Works-Datenbank Ihre Daten verwalten, erfahren Sie in Kapitel 5.

Bildbearbeitung

Lieben Sie es ein bisschen bunter, lässt Sie Works natürlich auch nicht im Stich. Mit der Bildbearbeitung „Picture It!“ können Sie Ihren Urlaubsbildern den letzten Schliff geben.

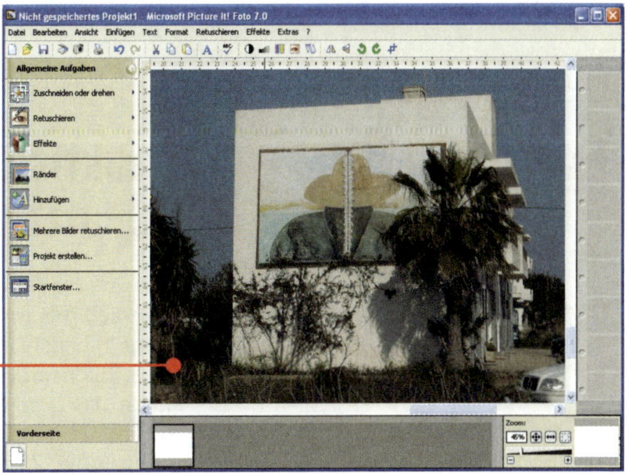

Die Fotos können Sie direkt von der digitalen Kamera oder vom Scanner aus einlesen und in Picture It! weiterentwickeln. Aber auch Bilder, die Sie bereits auf der Festplatte oder einem anderen Datenträger gespeichert haben, lassen sich selbstverständlich mit Picture It! verfeinern.

Über die Möglichkeiten der Bildbearbeitung von Picture It!, die bis zum Anlegen digitaler Fotoalben, zum Druck von Postkarten und vielem mehr rund ums Bild reichen, werden Sie in Kapitel 7 eingehend informiert.

Und da die Programme von Works gut zusammenarbeiten, können Sie die Bilder von Picture It! problemlos auch in den anderen Programmen von Works einbinden, beispielsweise in Dokumente der Textverarbeitung Word.

Aufgaben und Projekte in Works

Sind Sie sich unsicher, welches Programm für welche Tätigkeit die optimale Arbeitsumgebung liefert? Keine Sorge: Sie brauchen sich keine Gedanken darüber zu machen, mit welchen Programmen Sie Ihre Aufgaben am PC am besten erledigen können. Verlassen Sie sich auch hier einfach auf Works.

Works arbeitet aufgabenorientiert und fasst zudem verschiedene **Aufgaben** eines Tätigkeitsfeldes in einem so genannten **Projekt** zusammen. In Works sind bereits Projekte vorbereitet, mit denen Sie viele Aufgaben locker meistern können.

Ein Mausklick auf das Symbol eines Projekts, beispielsweise

, öffnet eine Aufgabenliste, mit der Sie schon eine starke Stütze bei Ihrer Planung haben.

Was die vorbereiteten Projekte und Aufgaben von Works leisten und wie sie Ihre Arbeit erleichtern können, erfahren Sie in den Kapiteln 8 und 9.

Praktische Extras: Zusatzprogramme

Zur Works-Suite 2003 gehören nicht nur die Programme für die Textverarbeitung, Tabellenkalkulation, Datenbanken und Bildbearbeitung. Hinzu kommen noch das Lexikon „Encarta Enzyklopädie 2002“ und die Streckenplanung „AutoRoute 2002“.

Encarta

Die „Encarta“ ist ein Lexikon, mit dem Sie praktisch einen elektronischen Ersatz für ein dickes Lexikon erhalten. Geben Sie einfach den Begriff, den Sie nachschlagen möchten, ins Suchen-Feld der Enzyklopädie ein, und starten Sie die Abfrage per Klick auf . Daraufhin werden Sie ohne Blättern rasch und umfassend informiert und erhalten sogar die Möglichkeit, Fundstellen in Dokumente zu übernehmen. So erweitern Sie Ihr Wissen und geben fundierte Informationen weiter.

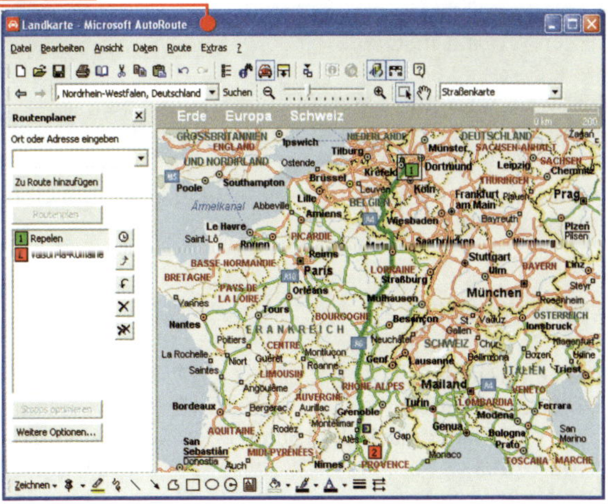

AutoRoute

Mit der Streckenplanung von „AutoRoute“ können Sie Ihre nächste Urlaubsreise ganz entspannt am Rechner vorbereiten.

Das Programm kann aber auch Ersatz für einen Weltatlas sein.

2 Oberfläche und Bedienung von Works

Bei der Works-Suite kommen - wie Sie im ersten Kapitel gesehen haben - viele verschiedene Anwendungen zusammen und ergänzen sich zur Komplettlösung. Für den Anwender ist hierbei wichtig, dass die **Programme** nahtlos zusammenarbeiten. Wenn Sie schon eine der Vorgängerversionen von Works kennen, werden Sie feststellen, dass das aktuelle Works optisch ansprechender und verständlicher geworden ist. Das liegt vor allem daran, dass sich der Schwerpunkt in dieser Version auf die Lösung von Aufgaben konzentriert. Die enthaltenen Einzelprogramme wie Textverarbeitung, Tabellenkalkulation, Datenbank oder Terminplaner ergänzen sich optimal und werden je nach gewählter **Aufgabe** automatisch aufgerufen. Doch nicht nur einzelne Aufgaben wie das Verfassen von Lebensläufen, das Führen von Fahrtenbüchern oder die Aufstellung von Hausinventar lassen sich leicht umsetzen. Sie können auch verschiedene Aufgaben zu komplexeren Tätigkeitsfeldern - so genannten **Projekten** - zusammenzufassen.

Doch bevor Sie in die Arbeit mit Projekten einsteigen, sollten Sie sich in diesem Kapitel zunächst mit der Oberfläche von Works und einigen grundlegenden Befehlen vertraut machen.

Im zweiten Kapitel dieses Buches erfahren Sie,

- wie die Oberfläche nach dem Start von Works aussieht,
- wie Sie Works 2003 bedienen,
- und wie Sie die Hilfefunktion in allen Programmen nutzen.

Kapitel-Wegweiser

Die Oberfläche

Über die Oberfläche der Works-Suite haben Sie immer direkten Zugriff auf sämtliche Lösungen und Programme des Pakets.

Die Oberfläche aller Programme innerhalb von Works ist weitgehend einheitlich aufgebaut. Die Programme unterscheiden sich nur durch unterschiedliche Aufgabenbereiche, die themenabhängig sind und entsprechend Spezialfunktionen benötigen.

Works 2003 starten

1 Um Works zu starten, klicken Sie zunächst auf

,

dann auf

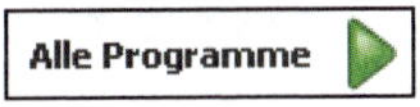

und anschließend auf den Programmeintrag ●.

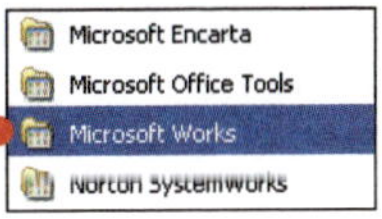

2 In der dann geöffneten Works-Programmliste

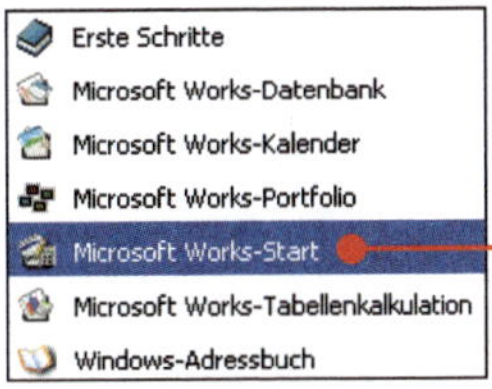

folgt ein Mausklick auf den Eintrag ●.

! Der schnellere Weg

Nach der Installation der Works-Suite finden Sie auf Ihrem Desktop, so heißt die Oberfläche von Windows, das dazugehörige Symbol:

.

Ein Doppelklick auf dieses Symbol öffnet Works ohne Umwege.

Falls dieses Symbol auf Ihrem Desktop nicht zu sehen sein sollte, erhalten Sie beim allerersten Start von Works die Gelegenheit, das Symbol dort ablegen zu lassen.

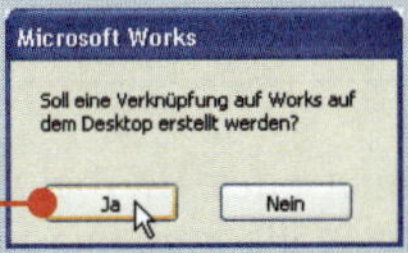

.

Wenn die obige Abfrage erscheint, brauchen Sie nur auf die Schaltfläche ● zu klicken – und schon wird das Works-Startsymbol auf dem Desktop sichtbar.

Danach sehen Sie das Start-Fenster, das im Folgenden erläutert wird.

Die Oberfläche nach dem Start von Works

Nachdem Sie Works 2003 gestartet haben, sehen Sie im linken Teil des Fensters die so genannte **Homepage** (Home-

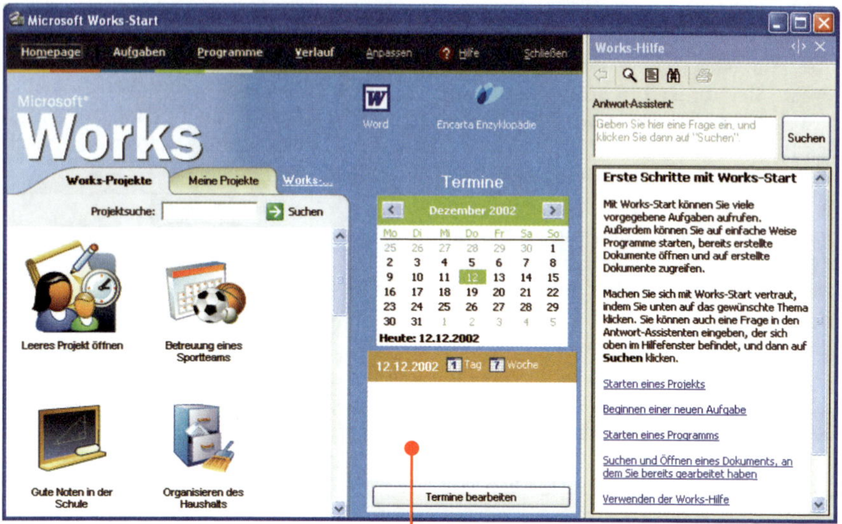

page = Heimatseite). Hierbei handelt es sich um die Willkommens- und Übersichtsseite von Works, die als Steuerzentrale dient.

In diesem Fenster haben Sie Zugriff auf alle einzelnen Programme, aber auch auf sämtliche Komplettlösungen und alle wichtigen Informationen, die Ihnen Works bietet.

Am oberen Rand des Fensters verläuft eine Leiste,

über die Sie zwischen den verschiedenen Bereichen von Works per Mausklick wechseln können.

1 Wenn Sie in dieser Leiste auf den Eintrag

klicken, öffnet sich ein Fenster mit den vorgefertigten **Aufgaben** von Works.

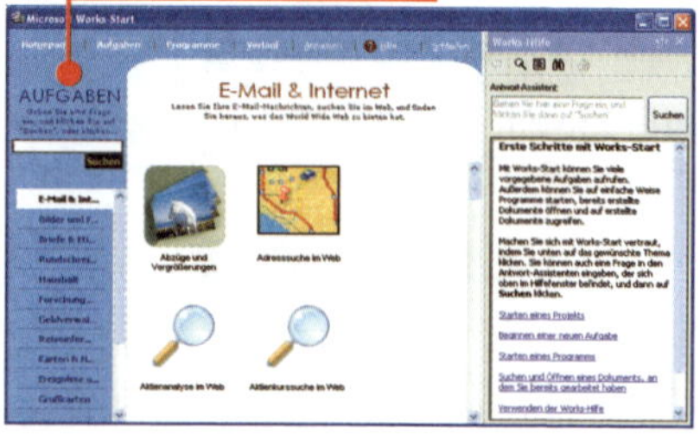

→ Per Klick auf einen der Einträge auf der linken Seite des Fensters, zum Beispiel ,

> **! Der Weg nach Hause**
>
> Ganz gleich, in welchem Bereich Sie sich gerade befinden: Die obere Leiste bringt Sie grundsätzlich mit einem Mausklick in die Ausgangsstellung zurück. Sie brauchen nur auf den Eintrag
>
> 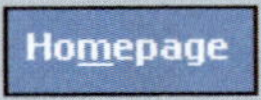
>
>
> zu klicken – und schon sind Sie wieder bei der zentralen Übersichtsseite.

erscheinen im Fensterbereich rechts daneben die entsprechenden Aufgaben.

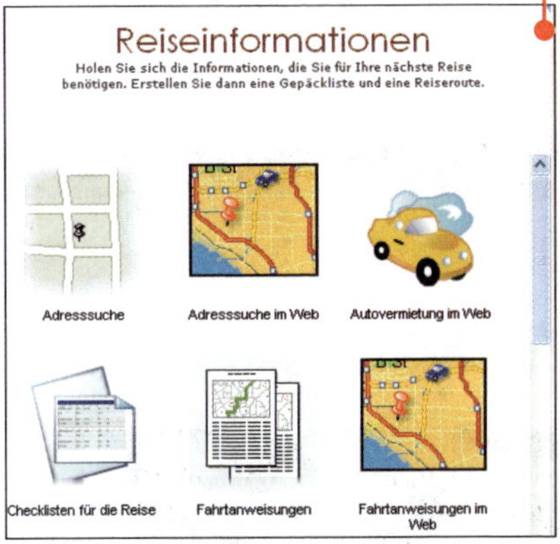

2 Ein Klick in der oberen Leiste auf den Eintrag

führt dazu, dass Ihnen alle verfügbaren Programme der Works-Suite aufgelistet werden. Hier sehen Sie auch, wie umfangreich die Programmpalette bei Works ist:

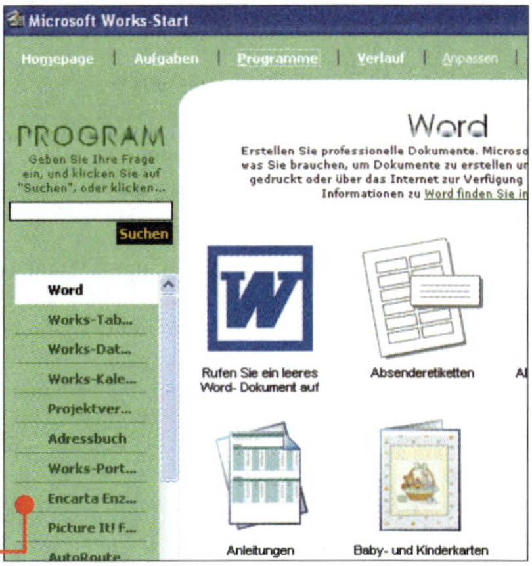

→ Auch in diesem Fenster brauchen Sie nur auf einen Eintrag zu klicken, beispielsweise ,

damit die möglichen Aufgaben im Fenster neben der Liste dargestellt werden.

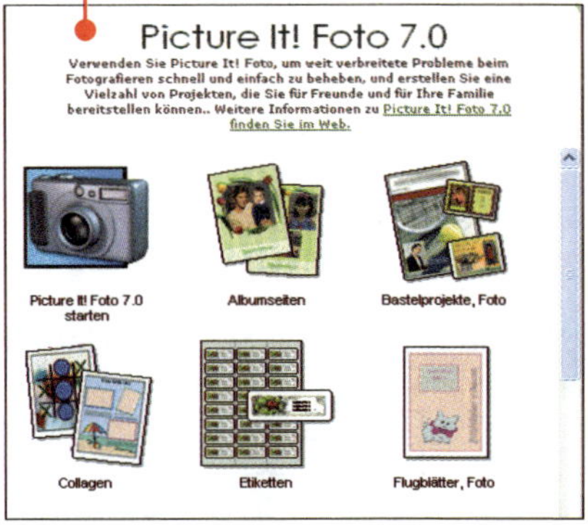

3 Klicken Sie in der oberen Leiste hingegen auf den Eintrag

, werden die Aufgaben aufgelistet, die Sie zuvor bearbeitet haben.

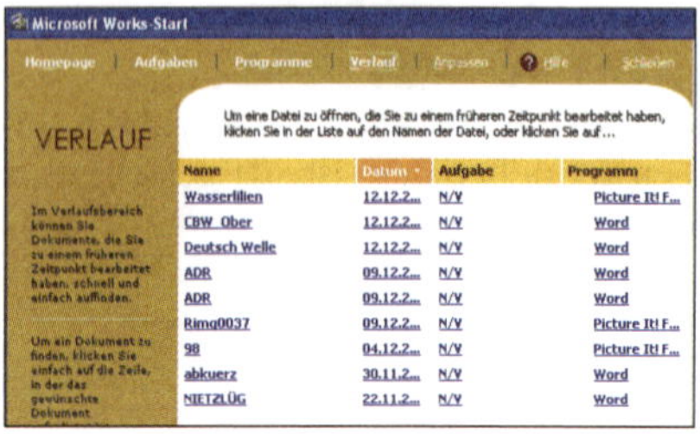

➔ Falls Sie eine Aufgabe weiterbearbeiten wollen, können Sie sie also aus diesem Fenster heraus ohne langes Suchen öffnen. Klicken Sie dazu einfach auf den gewünschten Eintrag, etwa

. Sofort wird die dazugehörige Anwendung geöffnet.

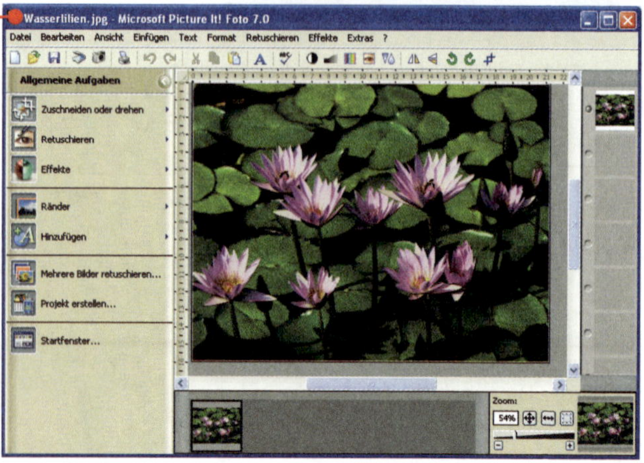

4 Um wieder zu der zentralen Übersichtsseite zurückzukehren, klicken Sie in der oberen Leiste auf

.

Wie Sie gesehen haben, ist dieses Start-Fenster von Works („Works-Start“) Ihre Schaltzentrale. Von diesem Fenster aus erreichen Sie komfortabel alle Funktionen und Programme der Works-Suite.

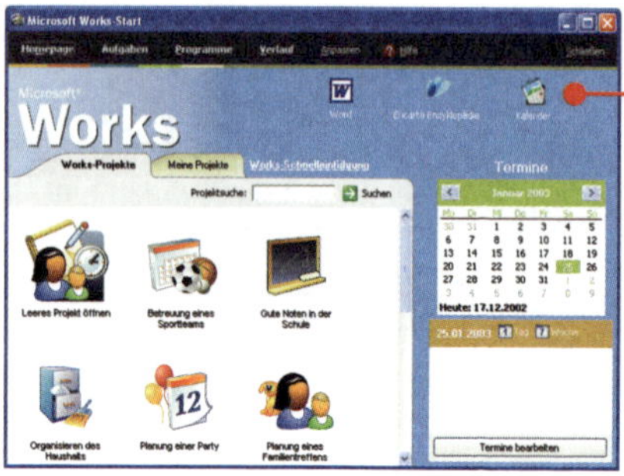

➔ Damit Sie direkten Zugriff auf häufig benutzte Programme, erscheinen diese unterhalb der Menüleiste ● als Sofortstartsymbole.

Über diese Sofortstartsymbole können Sie mit einem Mausklick auf das entsprechende Programmsymbol, zum Beispiel

, direkt die verbundene Anwendung aufrufen. Works passt die Sofortstartsymbole automatisch an Ihre Arbeitsweise an. Es werden also stets die Symbole der Programme aufgelistet, die Sie häufig anwenden. Andere Programme starten Sie auf Wunsch, wie in Schritt 2 beschrieben, über das Programmfenster von Works.

5 Auf der Homepage finden Sie auch einen Kalender.

Mit diesem Kalender können Sie Ihre Termine verwalten und so auf dem Laufenden bleiben.

➔ Wenn Sie auf die Pfeile neben dem Monatsnamen klicken,

wird jeweils der nächste Monat angezeigt.

➔ Mit einem Klick auf die Schaltfläche

wird ein Tageskalender geöffnet, in dem Sie dann Ihre Termine eintragen können.

6 Den rechten Teil des Fensters neben dem Kalender nimmt die Works-Hilfe ein.

Sollte die Hilfe nicht sichtbar sein, so drücken Sie einfach auf die Funktionstaste F1, um sie zu öffnen.

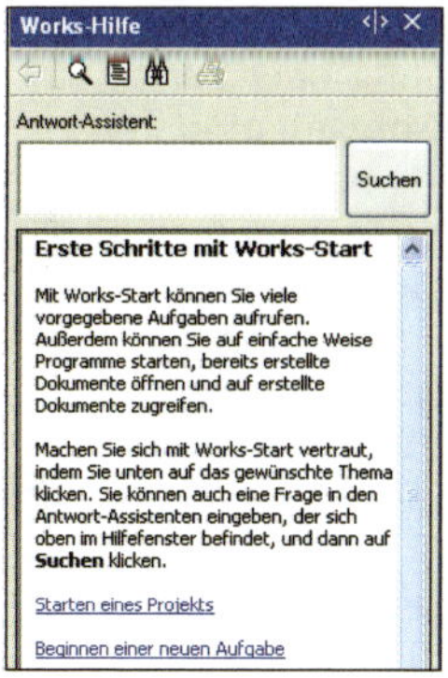

Mit der Hilfe-Funktion können Sie sich immer schnell einen Überblick über unbekannte Funktionen verschaffen. Die Hilfe-Funktion von Works wird Ihnen ausführlich ab Seite 31 erläutert.

7 Im Start-Fenster von Works springen vor allem die „Projekte" auf der linken Seiten ins Auge. Was es damit auf sich hat, erfahren Sie im nächsten Abschnitt.

Die Works-Projekte

Mit Works lassen sich effektiv verschiedene Aufgaben erledigen, beispielsweise ein Wochenplan anlegen, Unterlagen für eine Besprechung zusammenstellen, Aktiendepots überwachen oder Rezepte sammeln. Solche Aufgaben gehören meist zu einem größeren Tätigkeitsfeld - so zählen etwa die oben erwähnten Beispiel-Aufgaben zum Büromanagement, zur Finanzplanung oder zur Haushaltsorganisation. Das sind bei Works dann die so genannten **Projekte**, in deren Rahmen verschiedene Aufgaben mit meist auch unterschiedlichen Anwendungen gelöst werden.

Innerhalb eines Projekts stehen in Works also nicht mehr einzelne Programme im Vordergrund, sondern konkrete Aufgaben und deren Lösungen, so zum Beispiel „Wie plane ich meine Party?" oder „Wie verbessere ich meine Schulnoten?"

Programme wie Tabellenkalkulation und Datenbank sind hierbei nur die Hilfsmittel, die es Ihnen erleichtern, Ihre Ideen schnell und einfach umzusetzen. Damit Sie nicht lange überlegen müssen, welche Aufgabe sich mit welchem Programm am besten lösen ließe, liefert Works für viele wichtige Tätigkeitsfelder schon fertige Projektlösungen mit. Sobald Sie ein Works-Projekt starten, wird eine Liste mit den passenden Aufgaben und den dazugehörigen Programmen geöffnet.

1 Wenn Sie die Works-Suite gestartet haben, tauchen die Projekte im linken Teil des Fensters auf.

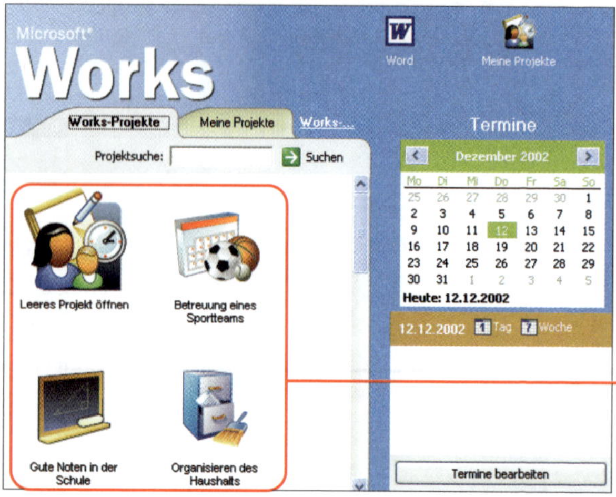

2 Um auch die Projekte sehen zu können, die nicht angezeigt werden, klicken Sie auf der **Bildlaufleiste** neben dem Projekte-Fenster den Rollbalken an,

halten die linke Maustaste gedrückt und ziehen den Rollbalken mit weiterhin gedrückter Maustaste nach unten. Dadurch werden auch die bisher verborgenen Projekte sichtbar.

Fensterinhalte mit Rollbalken bewegen

Eine vertikale Bildlaufleiste, mit der Sie den sichtbaren Inhalt von Bildschirmfenstern verschieben können, taucht in allen Anwendungen auf. Es gibt aber auch horizontale Bildlaufleisten, wenn der Inhalt eines Fensters breiter ist als der sichtbare Bildschirmausschnitt. In diesem Fall ziehen Sie den Rollbalken mit gedrückter Maustaste nach links oder rechts.

3 Klicken Sie dann auf das Symbol eines Projekts, das Sie bearbeiten möchten, beispielsweise

Unmittelbar danach wird eine Liste mit den Aufgaben, die für dieses Projekt vorgesehen sind, geöffnet.

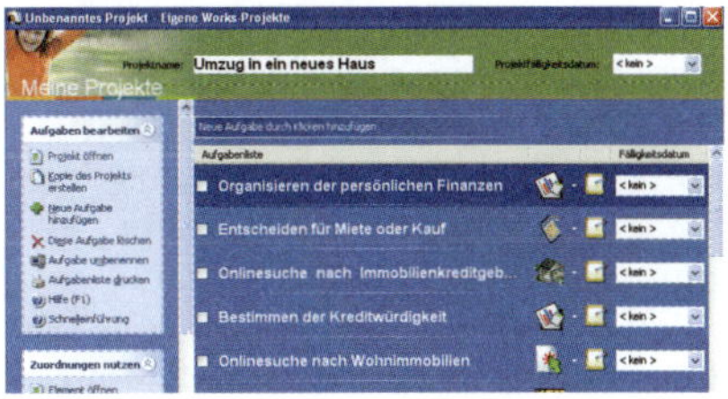

4 Ein **Doppelklick** auf einen Aufgabeneintrag, etwa

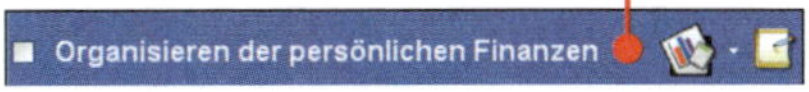

startet das entsprechende Programm mit einem schon vorbereiteten Dokument.

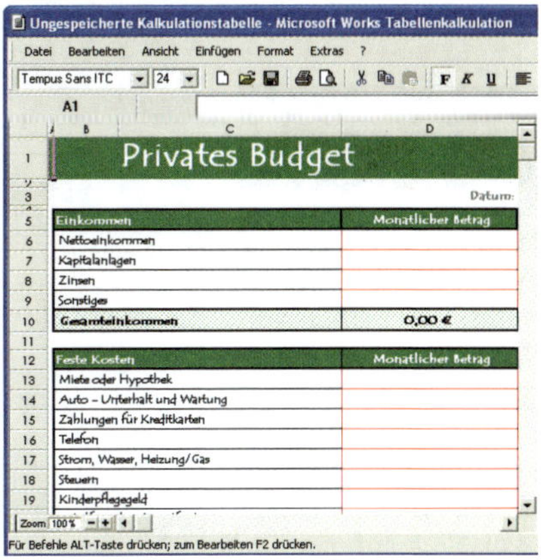

Eine Aufgabe auswählen

Falls Sie nicht ein ganzes Projekt bearbeiten möchten, können Sie natürlich auch eine einzelne Aufgabe auswählen und bearbeiten.

Suchen Sie sich einfach eine Aufgabe aus, die Sie mit Works erledigen wollen. Welche Anwendung dafür zuständig ist, brauchen Sie hierbei nicht zu überlegen. Wählen Sie einfach die Aufgabe beziehungsweise das Sachgebiet aus - und Works startet das dazugehörige Programm automatisch.

Bei dieser aufgabenorientierten Vorgehensweise brauchen Sie sich also keine Gedanken darüber zu machen, welches Programm für welche Aufgaben geeignet ist. Diese Arbeit nimmt Ihnen Works ab.

1 Im geöffneten Works-Start-Fenster klicken Sie auf den Eintrag ●.

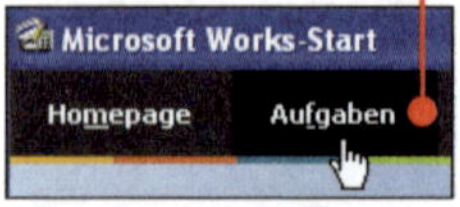

Dadurch gelangen Sie zur Liste der vorbereiteten Aufgaben von Works. ●

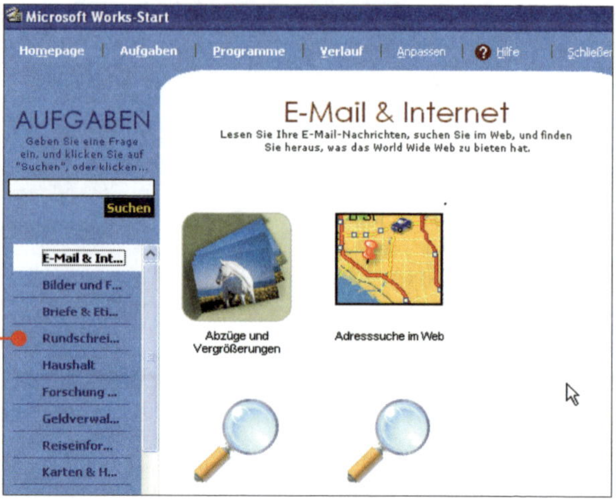

2 Aus der Liste der Aufgaben wählen Sie dann mit einem Mausklick auf den Eintrag das gewünschte Sachgebiet aus, zum Beispiel ●.

Neben der Liste erscheinen daraufhin die vorgefertigten Aufgaben zu diesem Thema.

3 Falls Sie sich nicht sicher sein sollten, ob die Aufgabe auch das beinhaltet, was Sie in Angriff nehmen wollen, halten Sie den Mauszeiger über das entsprechende Symbol, ohne die Maustaste zu betätigen.

An Stelle des Symbols wird dann ein kurzer erklärender Text eingeblendet.

4 Entspricht die Aufgabe Ihren Vorstellungen, öffnen Sie sie mit einem Mausklick auf das Symbol. Das benötigte Programm wird gestartet,

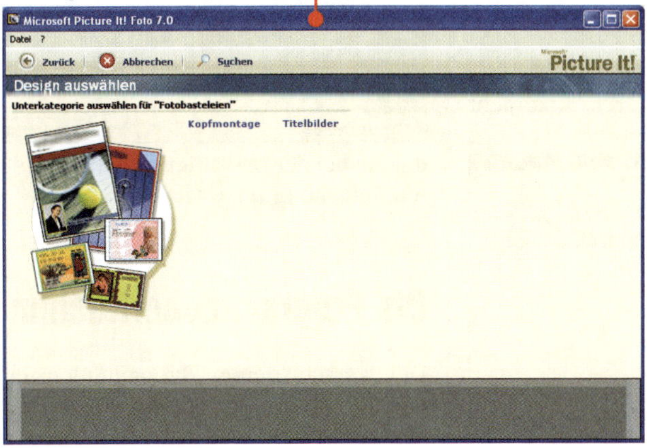

und Sie können sofort mit der Bearbeitung loslegen. Näheres zum aufgabenorientierten Arbeiten erfahren Sie in Kapitel 9 ab Seite 151.

Programme auswählen

Wenn Sie eine Aufgabe bearbeiten möchten und das dafür benötigte Programm kennen, können Sie das Programm selbstverständlich auch direkt starten, ohne zuvor eine Aufgabe auszuwählen.

1 Haben Sie die Works-Suite gestartet, klicken Sie mit der linken Maustaste auf

.

Anschließend werden im linken Teil des Fensters die Programme der Works-Suite aufgeführt.

2 Sowie Sie in dieser Liste ein Programm anklicken, beispielsweise

, werden im Programmfenster die Einsatzmöglichkeiten des jeweiligen Programms angezeigt.

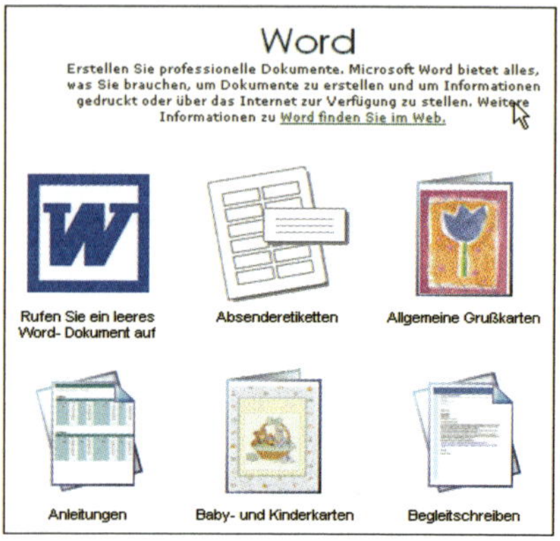

3 An erster Stelle finden Sie das Symbol für ein leeres Dokument.

Per Klick auf dieses Symbol wird das Programm mit einem leeren Dokument geöffnet.

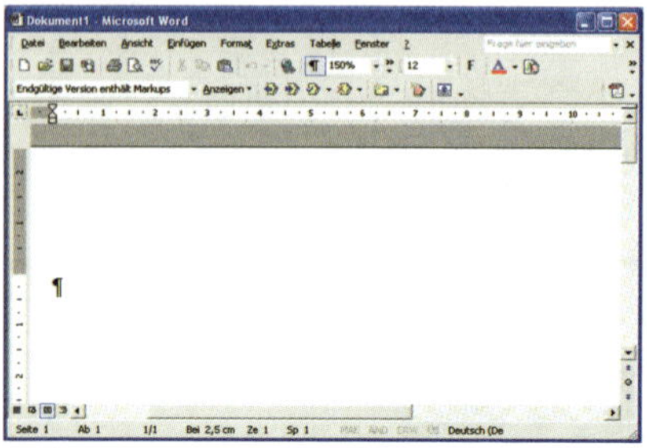

4 Statt das Programm mit einem leeren Dokument zu starten, können Sie im Programmfenster von Works (siehe Schritt 2) auch eine **Vorlage** aus dem dargebotenen Sortiment wählen.

Wenn Sie in der Liste der verfügbaren Vorlagen eine entdecken, die Sie verwenden möchten, etwa

, klicken Sie einfach auf das gewünschte Symbol. Das Programm Word wird ebenfalls gestartet. Zusätzlich wird jedoch ein so genannter **Assistent** aufgerufen,

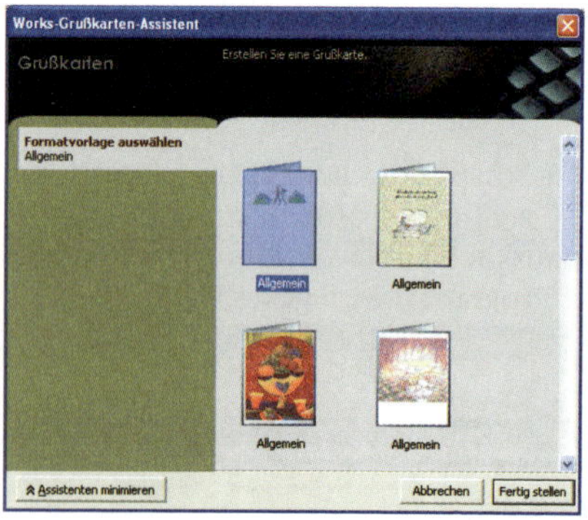

der Sie bei der Bewältigung der gewählten Aufgabe unterstützt.

Die Programmoberflächen

Die verschiedenen Programmfenster der Works-Suite sind alle nach dem gleichen Prinzip aufgebaut.

1 Die **Titelleiste** zeigt den Namen des aktuellen Dokuments an.

Daneben erscheint der Name des geöffneten Programms.

Falls das aktuelle Dokument noch nicht gespeichert wurde, erhalten Sie in einigen Programmen einen entsprechenden Hinweis:

oder auch

.

2 Unterhalb der Titelleiste befindet sich die **Menüleiste**.

In der Menüleiste sind die Befehle der Programme, thematisch sortiert, zusammengefasst.

Wenn Sie auf einen Eintrag in der Menüleiste klicken, beispielsweise

, klappt ein Menü mit den verfügbaren Befehlen auf.

3 Unter der Menüleiste verläuft die so genannte **Symbolleiste**.

Die Symbolleiste ermöglicht schnellen Zugriff auf häufig benötigte Befehle.

→ Wenn Sie zum Beispiel das Ordnersymbol

anklicken, wird der Ordner „Eigene Dateien" angezeigt,

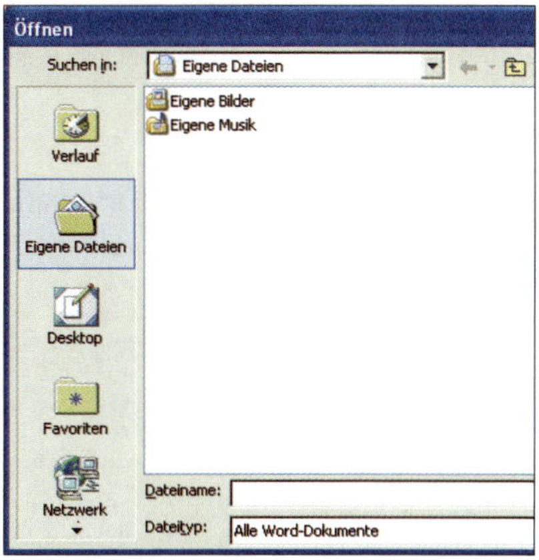

aus dem heraus Sie ein Dokument öffnen können.

→ Nach einem Mausklick auf das Diskettensymbol

wird - sofern das aktuelle Dokument zuvor noch nicht gespeichert wurde - das Fenster „Speichern unter" eingeblendet, in dem Sie die geöffnete Datei im Ordner „Eigene Dateien" speichern können.

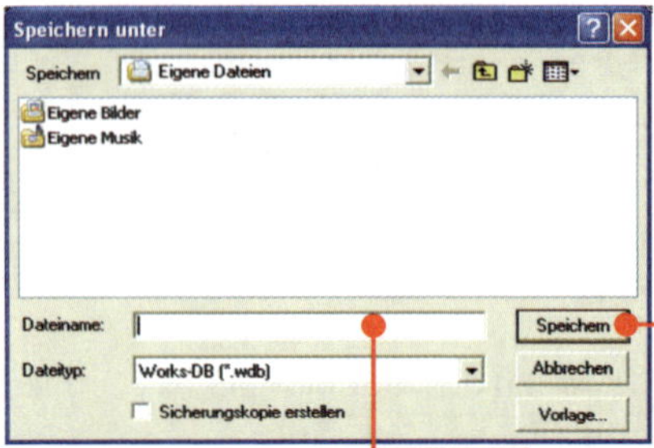

Tippen Sie im Eingabefeld ● einen Dateinamen ein, und klicken Sie anschließend auf ●.

Falls die geöffnete Datei bereits unter einem Dateinamen gespeichert war, sichert ein Klick auf

das Dokument in der aktuellen Version unter dem vorgegebenen Dateinamen, ohne dass das obige **Dialogfenster** geöffnet wird.

> **Speichern nicht nur zum Abschluss**
>
> Speichern Sie Ihre Dateien so oft wie möglich und bei jeder größeren Änderung! Sie vermeiden dadurch gegebenenfalls Datenverlust. Regelmäßige Mausklicks auf das Symbol
>
> 
>
> für die Speicherung zwischendurch können Ihnen viel unnötige Arbeit ersparen. Diese entsteht, wenn beispielsweise durch einen Stromausfall oder einen Programmfehler die ungesicherte Arbeit von Stunden verloren geht.

4 Der so genannte Arbeitsbereich ist dazu da, um die gewünschten Informationen einzugeben. Im Arbeitsbereich von Word sehen Sie nur ein leeres Feld, in das Sie Ihren Text eintippen können. ●

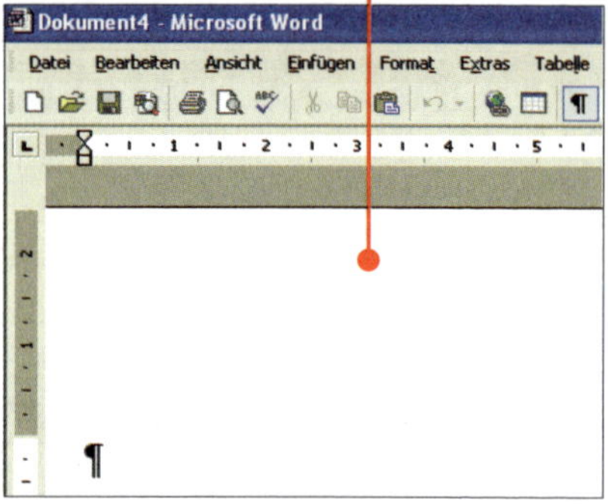

Dagegen ist der Arbeitsbereich der Works-Tabellenkalkulation ●

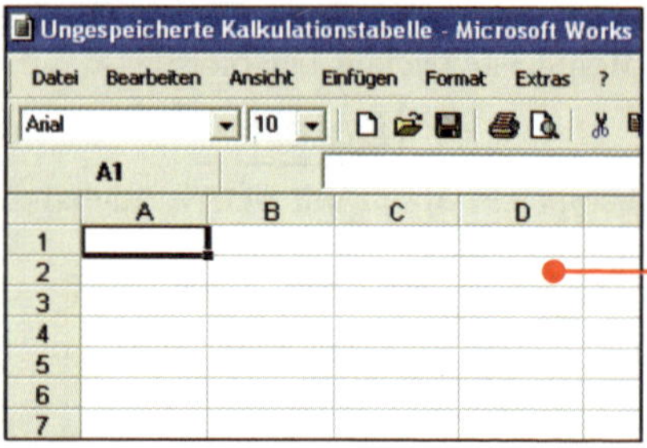

schon in so genannte Zellen eingeteilt, in die Sie komfortabel Daten eingeben können.

5 Die **Bildlaufleisten** erlauben das schnelle Vor- und Zurückblättern in umfangreichen Dokumenten.

Wenn Sie in der Bildlaufleiste auf den „Balken“

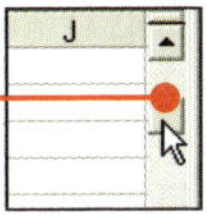

klicken und die Maustaste gedrückt halten, können Sie den Balken nach oben oder unten „ziehen“ und auf diese Weise sehr schnell im Dokument „blättern“.

Manchmal sind Tabellen oder Texte so breit geraten, dass nicht der ganze Text oder alle **Zellen** auf den Bildschirm passen. In dem Fall ist die Bildlaufleiste am unteren Rand des Arbeitsbereiches platziert.

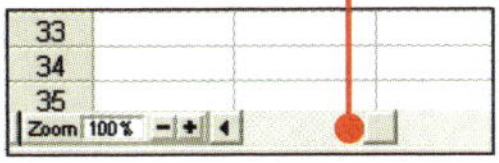

Works 2003 beenden

Wenn Sie Ihre Arbeit mit einem Programm der Works-Suite abgeschlossen haben, können Sie das Programm beenden. Denken Sie jedoch daran, dass es einen Unterschied zwischen „Works-Start“ und den einzelnen Programmen von Works gibt.

Programme in Works beenden

Nach beendeter Arbeit können Sie ein Programm der Works-Suite schließen, ohne dass Sie Works selbst (also „Works-Start“) auch beenden.

1 Klicken Sie dazu in der Menüleiste auf den Eintrag

, und wählen Sie dann im geöffneten Menü den Befehl .

Damit beenden Sie das jeweilige Programm.

2 Sollten Sie Ihre Arbeit vorher noch nicht gespeichert haben, erhalten Sie einen entsprechenden Hinweis. Sie können sich dann (jeweils mit einem Mausklick) entscheiden, ob die Änderungen gespeichert oder verworfen werden sollen .

Wenn Sie auf die Schaltfläche klicken, wird der Befehl zum Beenden des Programms nicht ausgeführt. Sie können dann an Ihrem Dokument weiterarbeiten.

Works ganz beenden

Wenn Sie ein Programm geschlossen haben, befinden Sie sich wieder im Fenster von Works-Start, von dem Sie ausgegangen sind. Sie können nun direkt mit der nächsten Aufgabe fortfahren.

Um Works zu beenden, müssen Sie auch das Start-Fenster von Works noch schließen. Dazu brauchen Sie nur auf die Schaltfläche

zu klicken. Daraufhin das Works-Start-Fenster geschlossen und damit Works insgesamt beendet.

3 Etwas anders sieht es aus, wenn Sie eine Aufgabe innerhalb eines Projekts bearbeitet haben. Hier befinden Sie sich nach dem Beenden der Aufgabe wieder im Ausgangsfenster des Projekts.

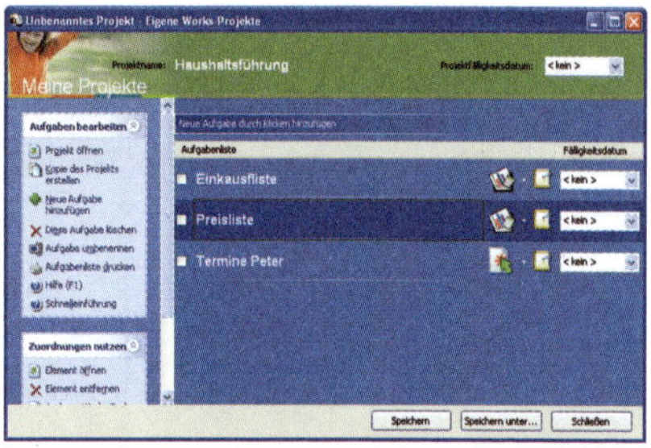

Bevor Sie Works beenden können, müssen Sie zunächst noch das Projekt-Fenster schließen. Klicken Sie dazu im Projekt-Fenster am unteren Fensterrand auf die Schaltfläche

.

Daraufhin werden Sie wieder gefragt, ob Sie die Daten erst speichern möchten.

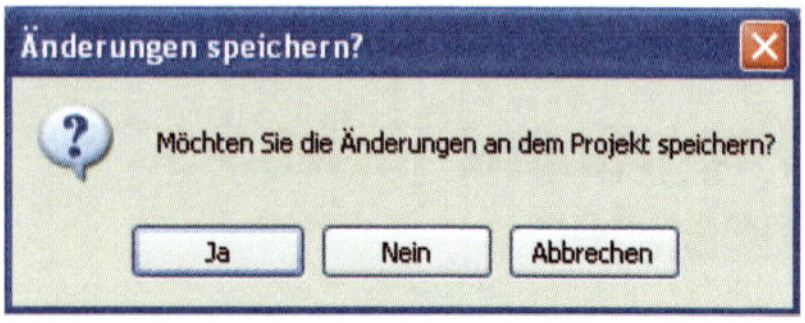

Wenn das Ihrem Wunsch entspricht, klicken Sie auf die Schaltfläche

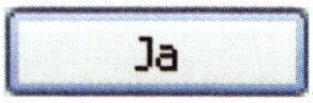

.

Fenster schließen mit der Maus

Statt der gezeigten Methoden zum Beenden eines Programms oder Schließen eines Fensters können Sie jederzeit auch das so genannte Schließkreuz verwenden, das sich in jedem Windows-Fenster rechts oben in der Titelleiste befindet.

Ein Klick auf dieses Schließkreuz beendet ein Programm oder schließt ein geöffnetes Fenster.

Die Works-Hilfefunktion

Selbst das beste Programm bereitet manchmal Schwierigkeiten. Obwohl die Works-Suite ein sehr übersichtliches Programmpaket ist, gibt es - gerade wegen der Vielfalt - doch immer mal wieder Punkte, an denen eine rasche Information weiterhilft. Genau für diese Fälle ist die Works-Hilfe da. Und wer keine Hilfe braucht, kann ihre Anzeige selbstverständlich auch ausschalten und so im Programmfenster mehr Raum für die Bildschirmarbeit schaffen.

Öffnen, Vergrößern und Schließen der Hilfe

Die Works-Hilfe ist im Normalfall auf der rechten Seite des Works-Start-Fensters sichtbar:

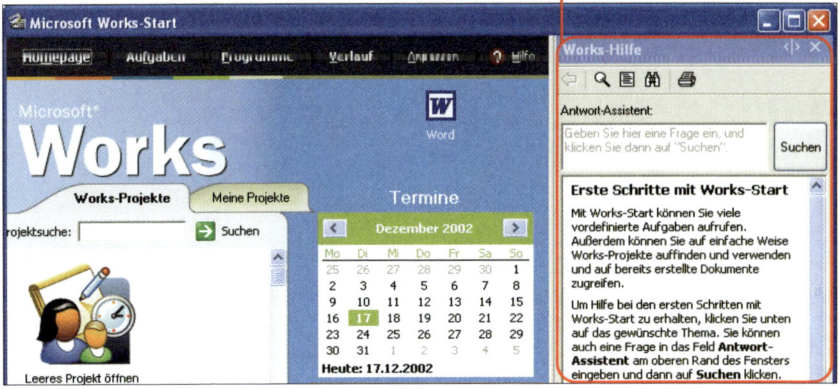

Dieses Hilfefenster zeigt einige Themen zum Works-Start und kann per Mausklick auf das Schließkreuz der Hilfe geschlossen werden.

1 Um das Fenster wieder anzuzeigen und gezielt zu einem bestimmten Thema Hilfe zu bekommen, öffnen Sie das Hilfemenü mit einem Mausklick auf den Eintrag 

.

2 Im aufgeklappten Menü erhalten Sie dann einen Überblick über die verschiedenen Optionen der Hilfe.

Wenn Sie hier auf den ersten Eintrag

klicken, wird das Hilfefenster am rechten Rand wieder eingeblendet.

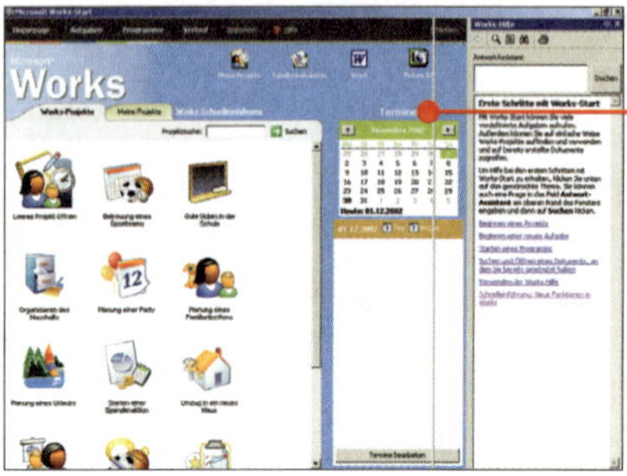

Ein Tastendruck bringt schnelle Hilfe

Ohne Umwege über Maus und Menüs lässt sich der Hilfebereich auch mit einem Druck auf die Funktionstaste F1 öffnen. Mit dieser Funktionstaste können Sie im Normalfall in allen Windows-Programmen rasch Hilfe bekommen.

3 Falls Sie die Größe des Hilfebereichs verändern möchten, klicken Sie auf das Symbol

am oberen rechten Rand des Hilfefensters. Ein Mausklick vergrößert die Anzeige für bessere Lesbarkeit, der nächste verkleinert den Bereich wieder, so dass Sie Platz am Bildschirm sparen.

Arbeiten mit der Works-Hilfe

In allen Programmen der Works-Suite finden Sie Hilfe, wenn Sie in der jeweiligen Menüleiste auf das Symbol klicken.

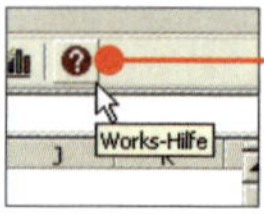

Die Hilfefunktion bezieht sich dann immer auf das Programm, aus dem heraus Sie es aufgerufen haben.

1 Wenn Sie beispielsweise die Hilfe zur Tabellenkalkulation geöffnet haben

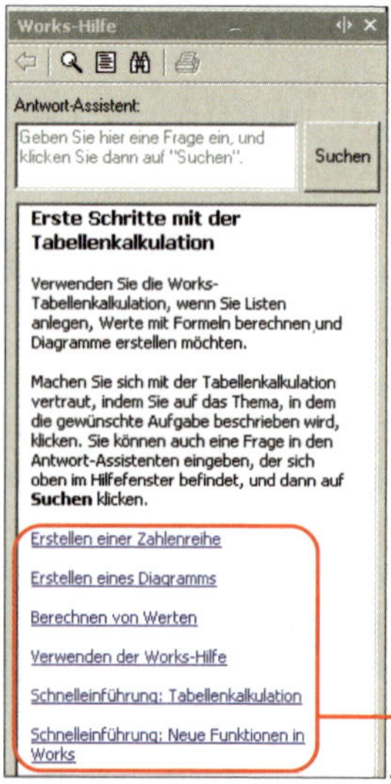

, können Sie nun Fragen zur Bedienung der Tabellen stellen. Einige Antworten und Lösungen sind auch schon vorgegeben.

Solche Hilfethemen, die direkt angeklickt werden können, werden blau und unterstrichen dargestellt.

In der Regel wird die gesuchte Antwort aber nicht automatisch angeboten. Falls Sie eine bestimmte Frage haben, gehen Sie wie folgt vor:

2 Klicken Sie in das Textfeld des so genannten Antwort-Assistenten, und geben Sie dann als Suchwort beispielsweise „Zelle" ein. Bestätigen Sie Ihre Eingabe per Klick auf die Schaltfläche „Suchen".

3 Ein weiterer Mausklick auf den Eintrag

> Eingeben von Text oder Zahlen
> Subtrahier… eines Formelergeb

liefert Ihnen dann nähere Erklärungen.

> **Eingeben von Text oder Zahlen**
>
> 1 Markieren Sie die Zelle, in die Sie Text oder Zahlen eingeben möchten.
>
> 2 Geben Sie den gewünschten Text bzw. die Zahlen ein.
>
> 3 Drücken Sie die EINGABETASTE.
>
> Der von Ihnen eingegebene Text bzw. die Zahlen werden in der vorher markierten Zelle angezeigt, und die Zelle, die sich darunter oder rechts davon befindet, wird aktiviert.
>
> **Anmerkung** Wenn die Ergebnisse nicht Ihren Wünschen entsprechen, klicken Sie unmittelbar danach im Menü **Bearbeiten** auf **Rückgängig: Eingabe**.

4 Einige Begriffe im Text sind blau unterlegt. In unserem Beispiel der Begriff „Markieren". Klicken Sie einen solchen Begriff an, wird eine Erläuterung des betreffenden Begriffs angezeigt.

> **Eingeben von Text oder Zahlen**
>
> 1 Markieren (Bewegen Sie das Pluszeichen an den Anfang einer Zelle oder Überschrift, klicken Sie darauf und halten Sie die Maustaste gedrückt, während Sie das Pluszeichen über die Zellen oder Überschriften führen, und lassen Sie dann die Maustaste los) Sie die Zelle, in die Sie Text oder Zahlen eingeben möchten.
>
> 2 Geben Sie den gewünschten Text bzw. die Zahlen ein.

Damit der erklärende Text wieder ausgeblendet wird, brauchen Sie nur erneut auf den blau gedruckten Begriff zu klicken.

5 In einigen Fällen ist der Text ein Frage-und-Antwort-Spiel. Wenn Sie zum Beispiel nach „Autoformel" gesucht haben, wird zunächst eine Frage angezeigt:

> **Erstellen einer Formel mit AutoFormel**
>
> Was ist AutoFormel?
>
> 1 Klicken Sie auf die Zelle, in der die Formel erstellt werden soll.
>
> 2 Klicken Sie im Menü **Extras** auf **AutoFormel**.

Um die Antwort zu erhalten, klicken Sie dann auf das Dreieck neben der blau geschriebenen Frage.

> Was ist AutoFormel?

Unmittelbar danach wird Ihnen die Antwort zu dieser Frage gegeben:

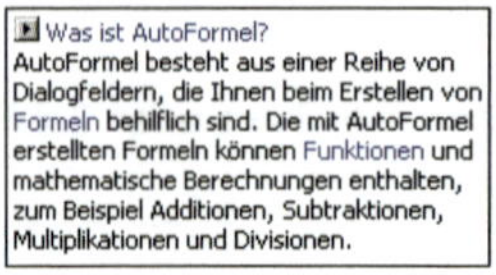

.

Bewegen in der Hilfe

1 Zu einigen Fragestellungen werden noch „Verwandte Themen“ angeboten.

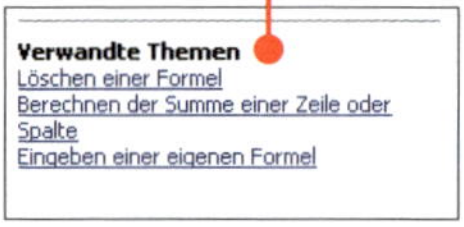

Mit einem Klick auf einen Eintrag in dieser Themenliste, zum Beispiel ,

wird das entsprechende Hilfethema angezeigt.

2 Wenn Sie zur Themenübersicht zurückkehren möchten, klicken Sie in der Symbolleiste der Hilfe auf den nach links weisenden Pfeil .

Damit gelangen Sie jeweils eine Seite in der Hilfe zurück.

3 Demgegenüber führt Sie ein Mausklick auf das Lupen-Symbol

grundsätzlich auf die erste Seite der Hilfe für das jeweilige Works-Programm.

4 Um sich einen Überblick über die Hilfethemen des aktuellen Programms zu verschaffen, genügt ein Mausklick auf das Blatt-Symbol:

Daraufhin wird Ihnen das Inhaltverzeichnis der Works-Hilfe zum jeweiligen Programm angezeigt.

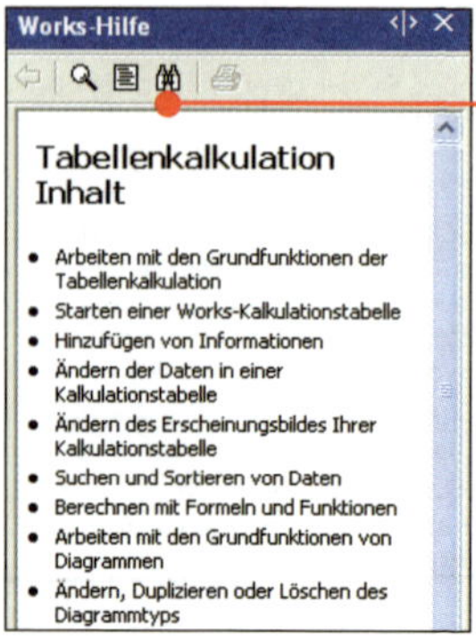

5 Mit einem Mausklick auf das Fernglas-Symbol öffnen Sie die Liste aller Begriffe, die in der Hilfe gesucht werden können:

Wenn Sie hier doppelt auf einen der angezeigten Begriffe klicken, zum Beispiel ●, wird im Fenster unter der Begriffsliste das entsprechende Thema weiter eingegrenzt.

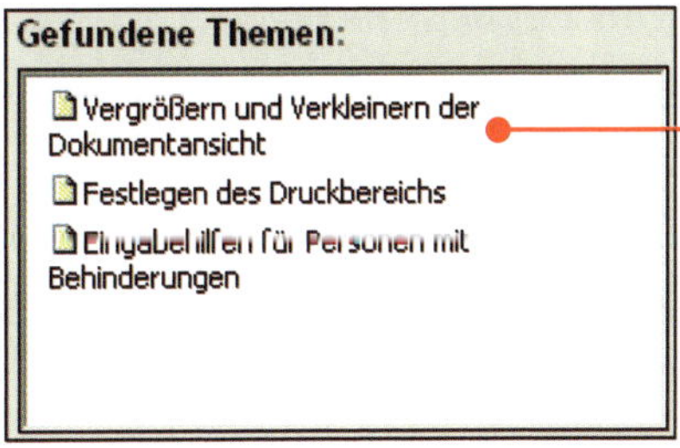

Auch hier klicken Sie dann, allerdings nur ein Mal, auf einen Eintrag ●, damit das jeweilige Thema ausführlich erläutert wird.

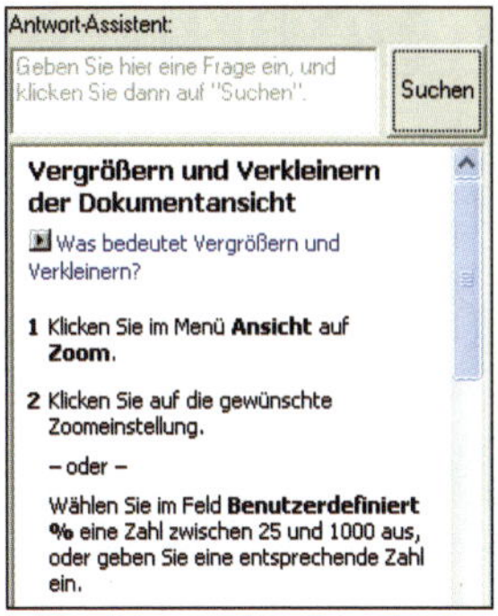

6 Mit einem Mausklick auf das Druckersymbol

öffnen Sie schließlich das Menü Ihres angeschlossenen Druckers. ●

Auf Wunsch können Sie nun den aktuell angezeigten Hilfetext per Mausklick auf

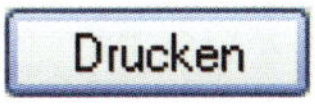

ausdrucken.

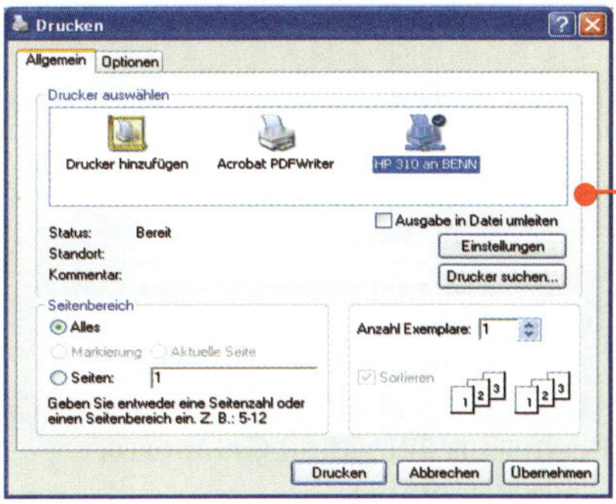

3 Schreiben wie von selbst

Zur Works-Suite 2003 gehört auch das Textverarbeitungsprogramm Word. Damit können Sie von einfachen Notizen bis hin zu kompletten Büchern alles verfassen, was Ihnen wichtig ist. Wenn Sie sich mit diesem vielfältigen Programm noch nie intensiv beschäftigt haben, werden Sie zu Beginn Ihrer Arbeit schier erschlagen von der Fülle an Gestaltungsmöglichkeiten, die Ihnen zur Verfügung stehen. Doch keine Sorge: Zahlreiche **Assistenten** und verborgene Helfer stehen Ihnen zur Seite, damit Ihnen nicht nur ein optisch beeindruckendes, sondern auch ein möglichst fehlerfreies Dokument gelingt.

Im dritten Kapitel dieses Buches erfahren Sie,

- wie Sie Texte in Word erfassen,
- wie Sie Dokumente verschönern,
- wie Sie die Rechtschreibprüfung nutzen, um Fehler zu vermeiden,
- wie Sie Textstücke suchen oder gleich ersetzen,
- wie Sie Ihre Arbeit zu Papier bringen,
- und wie Sie sich durch Nutzen der vielen **Vorlagen** Gestaltungsarbeit ersparen.

Kapitel-Wegweiser

Texte erfassen

Falls Sie mit einem Textverarbeitungsprogramm noch nicht allzu viele Erfahrungen gesammelt haben, sollten Sie diesen Abschnitt sehr sorgfältig durcharbeiten, damit Sie die grundlegenden Techniken aus dem Effeff beherrschen.

Word starten

Wie Sie bereits in Kapitel 2 gelernt haben, können Sie Word direkt aus der Works-Umgebung heraus starten.

1 Lassen Sie sich zunächst die Programmübersicht anzeigen, indem Sie auf

klicken. Das Programm Word finden Sie daraufhin ganz oben in der Liste der Programme.

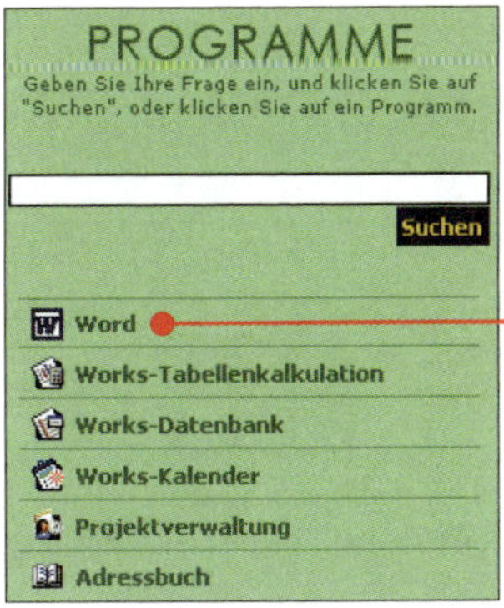

2 Klicken Sie gegebenenfalls auf diesen Eintrag,

um ihn auszuwählen.

Anschließend sehen Sie im Fensterbereich rechts neben der Programmliste eine Menge Symbole.

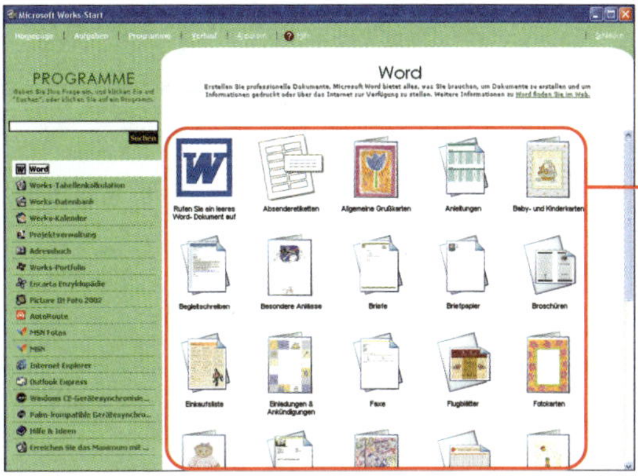

Dahinter verbergen sich meist Vorlagen und Assistenten, die Ihnen bei der Gestaltung eines Dokuments eine große Hilfe sein können. Im Laufe dieses Kapitels werden Sie Näheres dazu erfahren.

3 Zunächst klicken Sie jedoch auf das Symbol

.

Unmittelbar danach erscheint das Programmfenster von Word auf Ihrem Bildschirm.

→ In der Titelleiste ● sehen Sie, dass auch gleich ein leeres, noch unbenanntes Dokument angelegt wurde.

→ Zwischen Titelzeile und der eigentlichen Arbeitsfläche ● befinden sich die Menüleiste ● und die Symbolleiste ●.

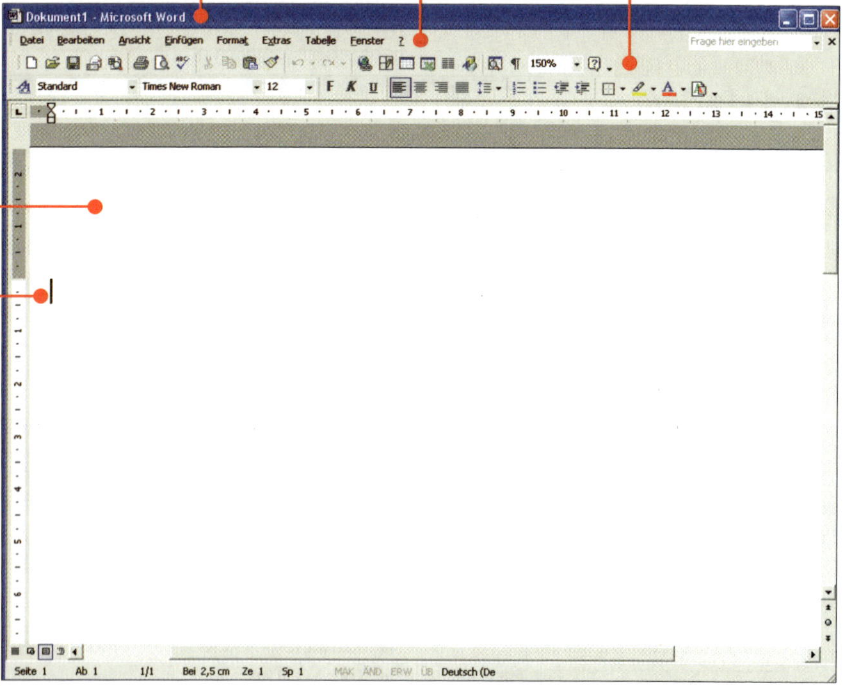

→ Der blinkende senkrechte Strich im Arbeitsbereich ●, die so genannte **Einfügemarke**, zeigt an, wo Ihre nächste Eingabe erfolgt.

4 Eigentlich funktioniert Ihr Rechner jetzt wie eine Schreibmaschine, und ein leeres Word-Dokument ist wie ein unbeschriebenes Blatt Papier. Tippen Sie einfach drauflos. Jeweils dort, wo sich die Einfügemarke befindet, erscheinen Ihre Eingaben.

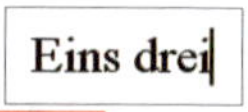

5 Mit der Maus oder den Richtungstasten

können Sie die Einfügemarkte beliebig in Ihrem Dokument positionieren, also auch in bereits geschriebenem Text.

Eins |drei

An dieser Stelle können Sie dann etwas korrigieren oder auch ergänzen.

Eins zwei |drei

6 Mit der Taste [Entf] löschen Sie ein Zeichen, das sich rechts der Einfügemarke befindet, mit der Taste [←] löschen Sie Zeichen, die sich links der Einfügemarke befinden.

7 Diese grundlegenden Eingabetechniken sind Ihnen wahrscheinlich schon bekannt. Ebenso die Tatsache, dass Sie sich bei der Texterfassung nicht um den Zeilenumbruch kümmern müssen.

Das bedeutet: Haben Sie bei Ihrer Eingabe ein Zeilenende erreicht, müssen Sie nicht etwa durch Drücken der [↵]-Taste eine neue Zeile beginnen. Das erledigt Word nämlich automatisch für Sie. Auch wenn Sie nachträglich ein Wort einfügen, verschieben sich Text und Zeilenende ganz von alleine.

Schreiben Sie also einfach drauflos, und drücken Sie die [↵]-Taste nur dann, wenn Sie einen Absatz einfügen möchten.

Ein Dokument speichern

Um einen Text auf Ihrer Festplatte zu speichern, gehen Sie wie folgt vor:

! Unsichtbare Zeichen sichtbar machen

Normalerweise können Sie Leerzeichen oder Absatzschaltungen in Ihrem Dokument nicht sehen. Sowie Sie jedoch in der Symbolleiste auf

¶

klicken, erkennen Sie auf einen Blick, wie Ihr Text gegliedert ist. Überall dort nämlich, wo Sie durch Drücken der [↵]-Taste eine Absatzschaltung gesetzt haben, sehen Sie jetzt ein Zeichen, das genauso aussieht wie das Symbol, das Sie soeben angeklickt haben. Durch erneutes Klicken des Symbols kehren Sie wieder zur „normalen" Darstellung zurück.

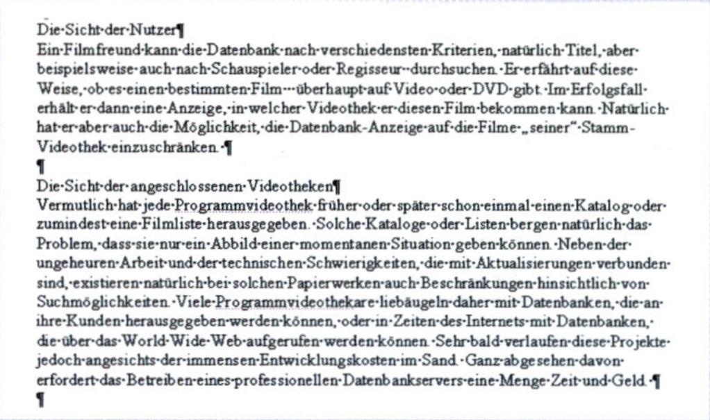

Die·Sicht·der·Nutzer¶
Ein·Filmfreund·kann·die·Datenbank·nach·verschiedensten·Kriterien,·natürlich·Titel,·aber·beispielsweise·auch·nach·Schauspieler·oder·Regisseur··durchsuchen.·Er·erfährt·auf·diese·Weise,·ob·es·einen·bestimmten·Film···überhaupt·auf·Video·oder·DVD·gibt.·Im·Erfolgsfall·erhält·er·dann·eine·Anzeige,·in·welcher·Videothek·er·diesen·Film·bekommen·kann.·Natürlich·hat·er·aber·auch·die·Möglichkeit,·die·Datenbank-Anzeige·auf·die·Filme·„seiner"·Stamm-Videothek·einzuschränken.·¶
¶
Die·Sicht·der·angeschlossenen·Videotheken¶
Vermutlich·hat·jede·Programmvideothek·früher·oder·später·schon·einmal·einen·Katalog·oder·zumindest·eine·Filmliste·herausgegeben.·Solche·Kataloge·oder·Listen·bergen·natürlich·das·Problem,·dass·sie·nur·ein·Abbild·einer·momentanen·Situation·geben·können.·Neben·der·ungeheuren·Arbeit·und·der·technischen·Schwierigkeiten,·die·mit·Aktualisierungen·verbunden·sind,·existieren·natürlich·bei·solchen·Papierwerken·auch·Beschränkungen·hinsichtlich·von·Suchmöglichkeiten.·Viele·Programmvideothekare·liebäugeln·daher·mit·Datenbanken,·die·an·ihre·Kunden·herausgegeben·werden·können,·oder·in·Zeiten·des·Internets·mit·Datenbanken,·die·über·das·World·Wide·Web·aufgerufen·werden·können.·Sehr·bald·verlaufen·diese·Projekte·jedoch·angesichts·der·immensen·Entwicklungskosten·im·Sand.·Ganz·abgesehen·davon·erfordert·das·Betreiben·eines·professionellen·Datenbankservers·eine·Menge·Zeit·und·Geld.·¶
¶

1 Klicken Sie zunächst in der **Menüleiste** auf den Eintrag

und anschließend im dann geöffneten Menü auf

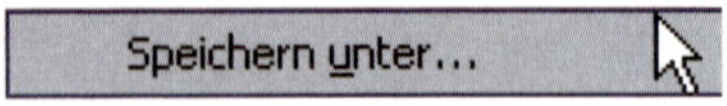

.

2 Daraufhin erhalten Sie Zugriff auf Ihre Ordner-Struktur

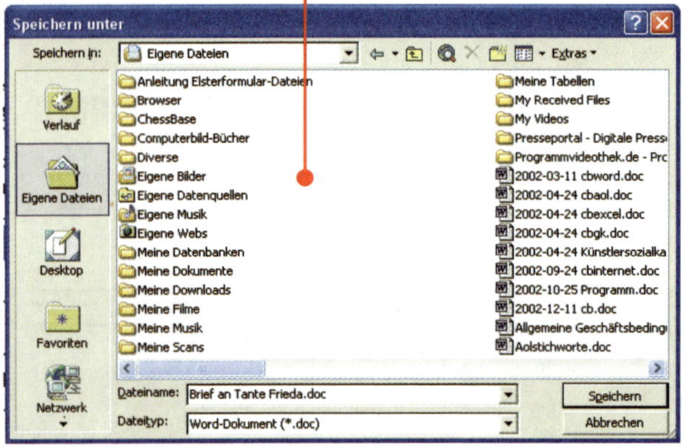

und können den Speicherort festlegen.

3 Nachdem Sie den gewünschten Ordner ausgewählt haben, geben Sie Ihrer Datei einen aussagekräftigen Namen

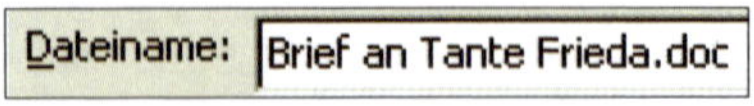

und klicken dann auf die Schaltfläche

.

Ihr Dokument wird nun gespeichert. Wann immer Sie wollen, können Sie erneut darauf zugreifen und weiter daran arbeiten.

Im Text bewegen

Dass man einen Text von Anfang bis Ende in einem Rutsch durchschreibt, ist eher die Ausnahme. Normalerweise muss man zumindest hin und wieder am bereits Geschriebenen etwas ergänzen oder korrigieren. Das bedeutet, dass die Einfügemarke ständig neu positioniert wird. Folgende Techniken stehen Ihnen dabei zur Verfügung:

1 Die einfachste Methode ist natürlich der Mausklick. Führen Sie den Mauszeiger an die gewünschte Stelle in Ihrem Dokument, und klicken Sie dorthin. Schon haben Sie die Einfügemarke an diese Stelle versetzt.

2 Manchmal ist es aber lästig, die Hand von der Tastatur nehmen zu müssen. Deshalb gibt es auch bestimmte Tastenkombinationen für die Navigation. Hier sind sie zusammengefasst:

→ Um an den Anfang des nächsten Wortes zu springen, halten Sie die Strg-Taste gedrückt und drücken dann gleichzeitig die →-Taste.

→ Um an den Anfang des vorherigen Wortes zu gelangen, drücken Sie gleichzeitig die Strg-Taste und die ←-Taste.

➔ Ein Sprung an den Absatzanfang gelingt Ihnen mit der [Strg]-Taste in Kombination mit der [↑]-Taste. Bei nochmaligem Drücken dieser Tastenkombination gelangen Sie jeweils zum Absatzanfang des vorhergehenden Absatzes.

➔ Einen Absatz weiter bewegen Sie die Einfügemarke mit Hilfe der Tastenkombination [Strg] und [↓].

➔ Um von einer beliebigen Stelle in Ihrem Text an den Textanfang zu springen, drücken Sie die Tastenkombination [Strg] und [Pos1]. Wollen Sie an das Ende des Textes, so verwenden Sie die Tastenkombination [Strg] und [Ende].

Textstellen markieren

Wenn Sie in einer Textverarbeitung etwas **markieren**, ist damit nicht gemeint, dass etwas optisch hervorgehoben wird. Stattdessen teilen Sie Word durch Setzen einer Markierung mit, auf welches Textstück die folgende Aktion angewendet werden soll. Als Beispiel dient das Verschieben eines Wortes im Text.

1 Um ein einzelnes Wort zu markieren, klicken es mit der linken Maustaste doppelt an. Es erscheint daraufhin dunkel unterlegt.

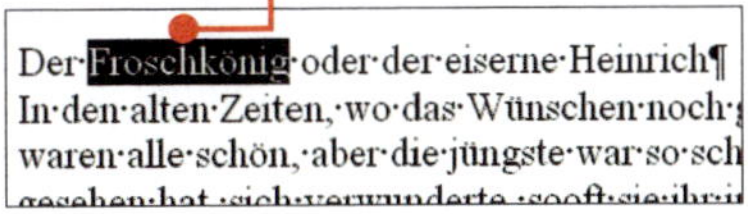

Word weiß jetzt, dass sich die folgende Aktion genau auf dieses Wort beziehen soll.

2 Damit dieses Wort nun an eine andere Stelle im Text verschoben werden kann, klicken Sie in die Markierung und halten die Maustaste gedrückt!

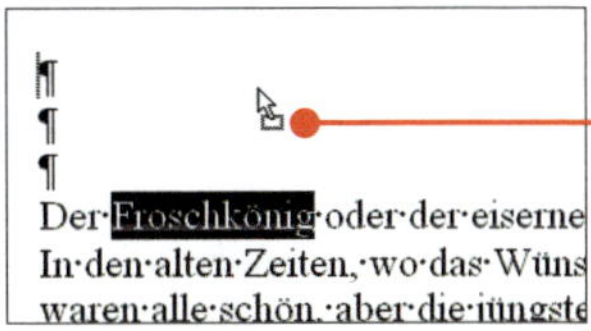

Sie sehen ein kleines Rechteck, das an den Mauszeiger gehängt ist. Das bedeutet, dass Sie dabei sind, etwas zu verschieben.

3 Während Sie die Maustaste weiterhin gedrückt halten, führen Sie den Mauszeiger an die Stelle in Ihrem Text, wo Sie das Wort einfügen möchten. Dort lassen Sie die Maustaste los. Das Wort wird daraufhin an der neuen Stelle eingefügt.

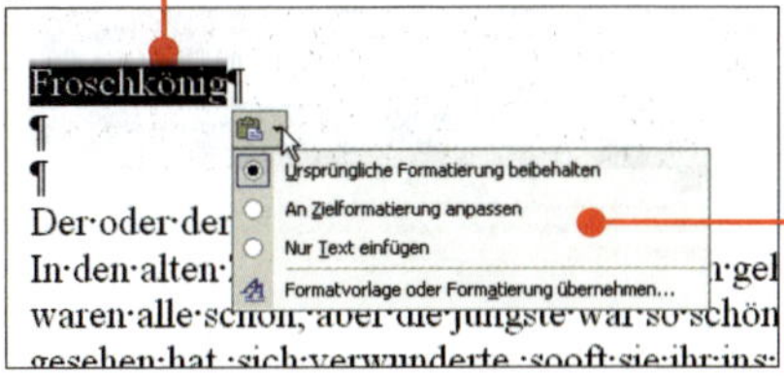

Die Optionen, die Ihnen nach dem Verschieben zur Verfügung stehen, brauchen Sie momentan nicht weiter zu interessieren. Klicken Sie einfach irgendwo in Ihren Text, dann verschwindet das Auswahlmenü.

4 Sie können nicht nur einzelne Wörter markieren, sondern auch größere Textblöcke. Positionieren Sie dazu die Einfügemarke vor dem ersten zu markierenden Wort. Drücken Sie dann die linke Maustaste, und bewegen Sie den Mauszeiger mit weiterhin gedrückter Maustaste bis hinter das letzte zu markierende Wort. Dort lassen Sie dann die Maustaste los.

5 Auch ganze Absätze können Sie mit der Maus markieren: Verschieben Sie den Mauszeiger links auf den Textrand, bis ein von links unten nach rechts oben weisender Pfeil erscheint. Wenn Sie nun einfach auf die linke Maustaste klicken, markieren Sie die betreffende Zeile.

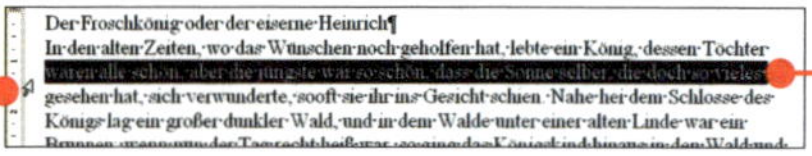

→ Demgegenüber führt ein **Doppelklick** dazu, dass der gesamte Absatz markiert wird.

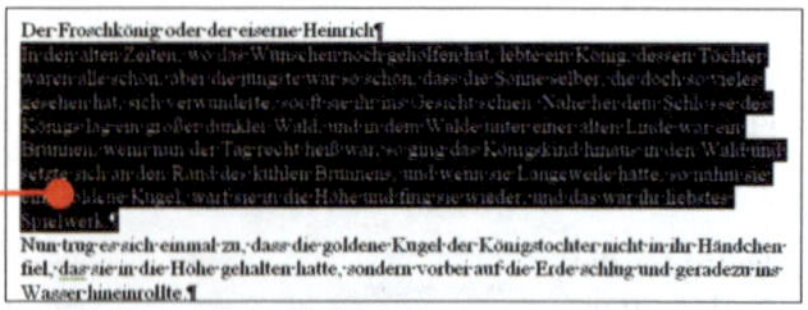

→ Klicken Sie sogar drei Mal hintereinander, haben Sie das gesamte Dokument markiert.

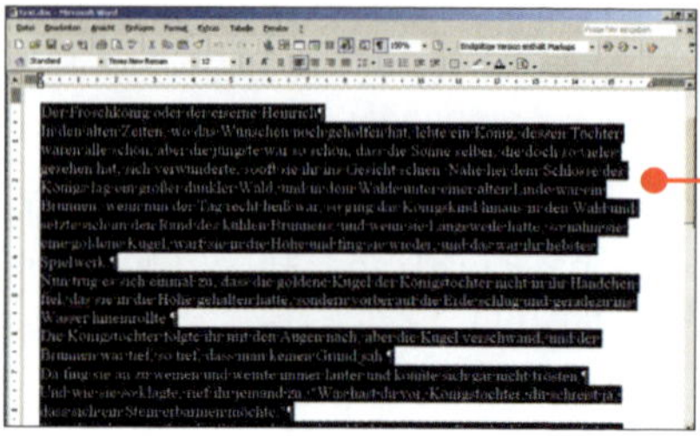

Texte gestalten

Word bietet Ihnen zahllose Möglichkeiten, einen Text optisch zu verschönern. So stehen Ihnen zum Beispiel viele verschiedene Schriftarten und Schriftgrößen zur Verfügung. Alle diese Gestaltungsmöglichkeiten bezeichnet man als Formatierungen.

1 Markieren Sie zunächst beispielsweise ein Wort, aus dem Sie eine Überschrift machen wollen.

! Den ganzen Text markieren

Alternativ zum Dreifachklick können Sie das komplette Dokument auch mit einer Tastenkombination markieren. Gehen Sie dazu an den Anfang des Dokuments, und drücken Sie dann gleichzeitig die Tasten [Strg] [A] – und schon ist Ihr gesamter Text markiert.

2 Klicken Sie dann in der Symbolleiste auf den nach unten weisenden Pfeil, um die Schriftenliste zu öffnen.

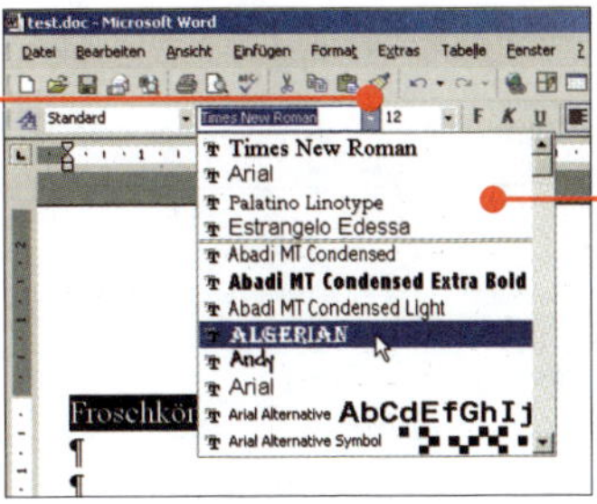

3 Aus dieser Liste können Sie nun eine Schrift auswählen, indem Sie mit der Maus auf den entsprechenden Eintrag klicken.

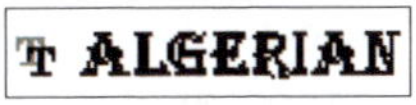

Der zuvor markierte Text wird daraufhin in der gewählten Schrift dargestellt.

4 Da die Markierung immer noch besteht, können Sie Ihrer Überschrift auch gleich eine passende Größe zuweisen. Genauso wie Sie die Schriftarten-Liste geöffnet haben, gelangen Sie auch an die Liste mit den verschiedenen Schriftgrößen. Klicken Sie einfach auf den nach unten weisenden Pfeil

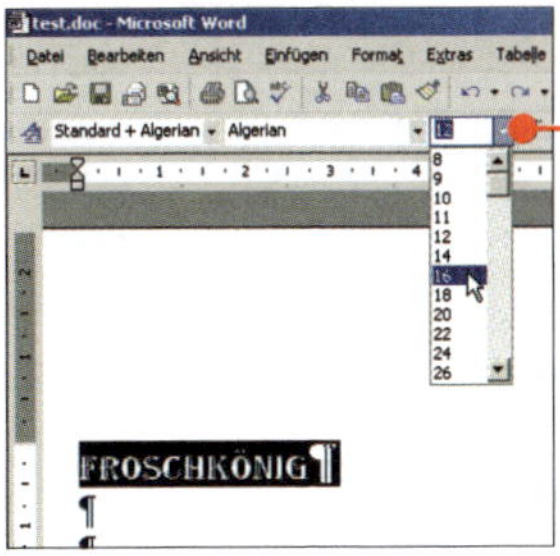

> **Kleine Hilfestellung**
>
> Sollten Sie einmal vergessen haben, welche Bedeutung ein Symbol hat, so zeigen Sie mit dem Mauszeiger einfach darauf. Nach wenigen Augenblicken wird eine Beschriftung eingeblendet.

und dann in der geöffneten Liste auf einen Eintrag, etwa

5 Eine weitere Gestaltungsmöglichkeit, die häufig zum Einsatz kommt, besteht darin, eine Textstelle **fett**, *kursiv* oder durch eine Unterstreichung hervorzuheben. Markieren Sie das Wort oder die Zeile, und klicken Sie auf das entsprechende Symbol:

6 Natürlich können Sie auch mehrere Hervorhebungen gleichzeitig verwenden. Die zweite Zeile in der Beispielabbildung etwa wurde fett und kursiv formatiert.

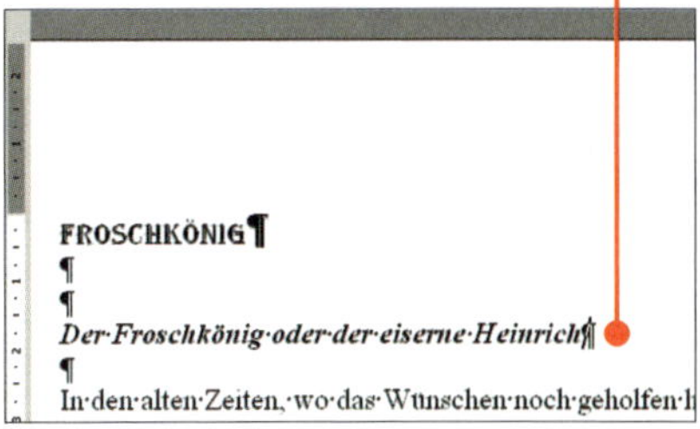

Solange sich die Einfügemarke innerhalb dieser Zeile befindet, erscheinen „Fett“ und „Kursiv“ in der Symbolleiste optisch hervorgehoben

- im Gegensatz zum nicht ausgewählten Symbol für die Unterstreichung .

7 Um eine Hervorhebung zu entfernen, markieren Sie das Textstück erneut und klicken auf das hervorgehobene Symbol. Die Formatierung wird dadurch aufgehoben.

8 In der Symbolleiste sind nur die wichtigsten Zeichenformatierungen zu finden. Damit Sie auf das komplette Angebot zugreifen können, klicken Sie in der Menüleiste auf

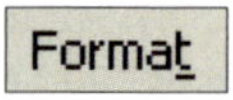

und im aufklappenden Menü auf .

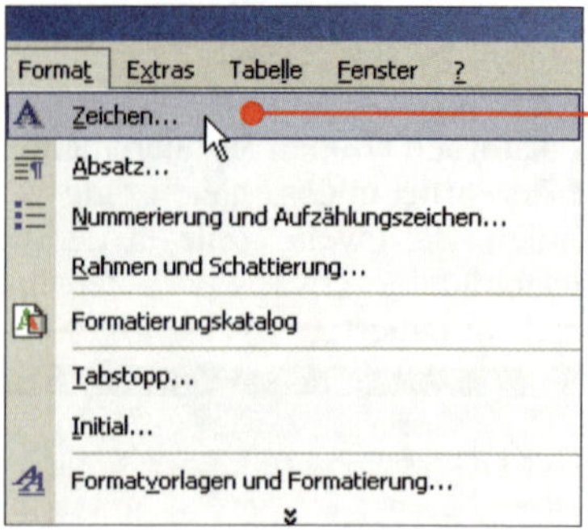

9 Daraufhin wird ein Registerfenster angezeigt, in dem Sie alle möglichen Zeichenformatierungen festlegen können.

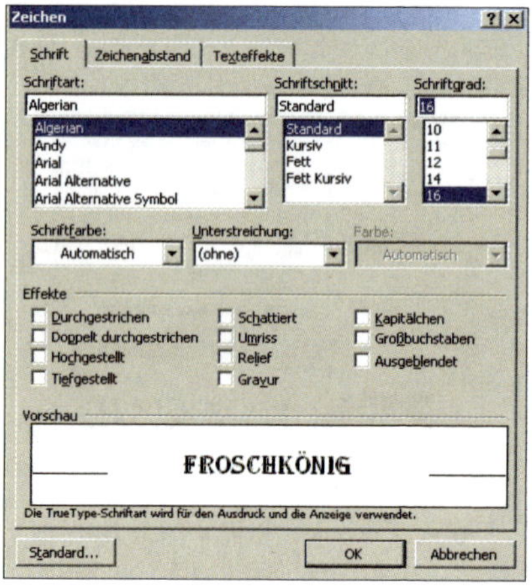

Im Vorschaubereich

bekommen Sie einen Eindruck davon, wie sich die jeweilige Formatierung auswirken würde. Sie können so viel ausprobieren, wie Sie wollen. Ihr eigentlicher Text bleibt nämlich zunächst noch unverändert.

10 Erst wenn Sie sich entschieden haben, im Beispiel für eine doppelte Unterstreichung und Kapitälchen ,

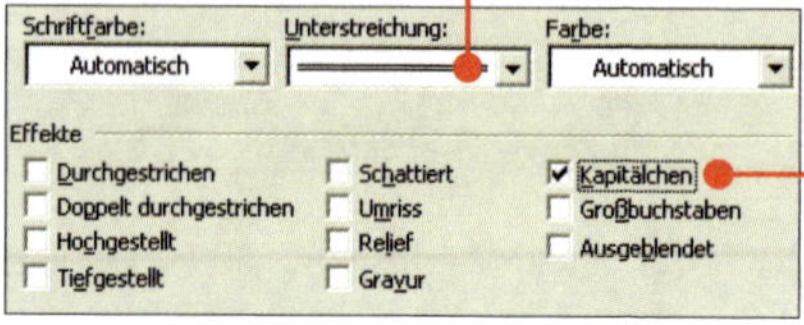

klicken Sie auf

Bunter Text

Darüber hinaus können Sie Text auch farbig hervorheben, was allerdings erst dann interessant wird, wenn Sie über einen Farbdrucker verfügen. Klicken Sie dazu auf den Abwärtspfeil neben dem Feld „Schriftfarbe" ●. In der aufklappenden Farb-Palette ● können Sie die gewünschte Farbe dann per Mausklick auswählen. Außerdem haben Sie die Wahl zwischen verschiedenen Unterstreichungsarten. Die Auswahl öffnen Sie analog zur Farbwahl durch einen Klick auf ●. Im Feld ● schließlich können Sie auch die Unterstreichung bunt gestalten.

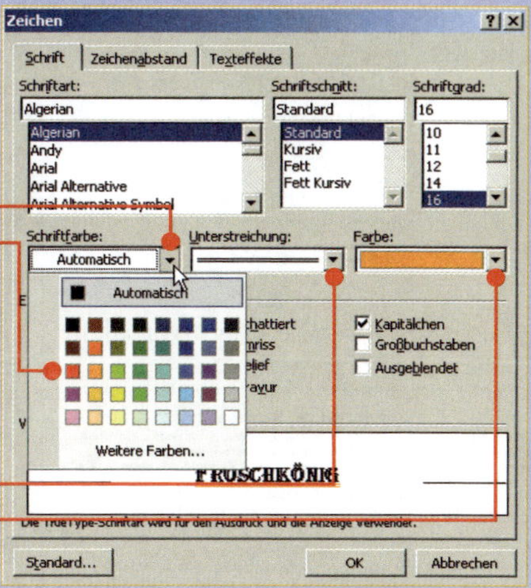

und übernehmen so Ihre Gestaltung in den Text. Das funktioniert natürlich nur, wenn Sie den entsprechenden Text zuvor markiert haben.

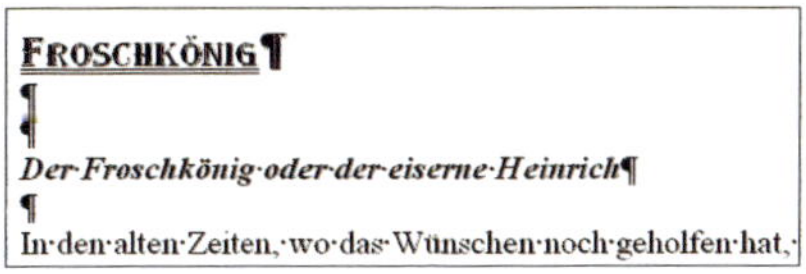
FROSCHKÖNIG¶
¶
Der·Froschkönig·oder·der·eiserne·Heinrich¶
¶
In·den·alten·Zeiten,·wo·das·Wünschen·noch·geholfen·hat,·

Absätze ausrichten

Damit die Gestaltung kompletter Absätze einheitlich aussieht, kommt meist die Textausrichtung zum Einsatz. Demzufolge finden Sie auch die Befehle, die Sie zur Formatierung benötigen, in der Symbolleiste. 

Die einzelnen Symbole stehen für **linksbündig** , mittig (= **zentriert**) , **rechtsbündig** , und den so genannten **Blocksatz** .

Markieren Sie einfach den Absatz, den Sie gestalten möchten, und klicken Sie dann auf die gewünschte Ausrichtungsart.

- Die meisten Texte sind linksbündig ausgerichtet. Das heißt: Die Zeilenanfänge stehen exakt untereinander, dagegen laufen die Zeilenenden ungleichmäßig aus.

> Video oder auf DVD ausgeliehen werden können. Naturgemäß wird es sich bei diesen Videotheken um so genannte Programmvideotheken handeln, um Verleiher also, die sich jenseits des tagesaktuellen Filmgeschehens auch als Sammler und Bewahrer von Raritäten oder als Anbieter von Filmen außerhalb des Mainstream-Geschmacks verstehen. Als langjährigem Betreiber einer solchen Programmvideothek sind dem Initiator des Projektes die Schwierigkeiten des sinnvollen Zugänglichmachens einer solchen Sammlung bestens vertraut. Genauso vertraut sind ihm die manchmal geradezu verzweifelten Suchbemühungen von Filmfans, einen ungewöhnlichen Film,

- Mittig (zentriert) werden vor allem Überschriften gesetzt.

> **Das Konzept der Datenbank**
>
> Voraussichtlich unter der Webadresse www.programmvideothek.de soll eine Filmdatenbank online zur Verfügung gestellt werden. In dieser Filmdatenbank werden Filme gelistet, die bei den angeschlossenen Videotheken als VHS-Video oder auf DVD ausgeliehen werden können. Naturgemäß wird es sich bei diesen Videotheken um so genannte Programmvideotheken handeln, um Verleiher also, die sich jenseits des tagesaktuellen Filmgeschehens auch als Sammler und Bewahrer von Raritäten oder als Anbieter von Filmen außerhalb des Mainstream-Geschmacks verstehen. Als langjährigem Betreiber einer solchen Programmvideothek sind dem Initiator des Projektes die Schwierigkeiten des sinnvollen Zugänglichmachens einer solchen Sammlung bestens vertraut. Genauso vertraut sind ihm die manchmal geradezu verzweifelten Suchbemühungen von Filmfans, einen ungewöhnlichen

- Rechtsbündig bedeutet, dass die Zeilenenden direkt untereinander stehen, während die Zeilenanfänge ungleichmäßig sind. Dieser Ausrichtung begegnet man zum Beispiel häufig bei Absenderangaben am Anfang eines Briefes.

> Peter Maier
Felsenstraße 9
41061 Neuss

- Beim Blocksatz schließlich sind sowohl Zeilenanfänge als auch Zeilenenden „glatt“, also „im Block“ gesetzt.

> Voraussichtlich unter der Webadresse www.programmvideothek.de soll eine Filmdatenbank online zur Verfügung gestellt werden. In dieser Filmdatenbank werden Filme gelistet, die bei den angeschlossenen Videotheken als VHS-Video oder auf DVD ausgeliehen werden können. Naturgemäß wird es sich bei diesen Videotheken um so genannte Programmvideotheken handeln, um Verleiher also, die sich jenseits des tagesaktuellen Filmgeschehens auch als Sammler und Bewahrer von Raritäten oder als Anbieter von Filmen außerhalb des Mainstream-Geschmacks verstehen. Als langjährigem Betreiber einer solchen Programmvideothek sind dem Initiator des Projektes die Schwierigkeiten des sinnvollen Zugänglichmachens einer solchen Sammlung bestens vertraut. Genauso vertraut sind ihm die manchmal geradezu verzweifelten Suchbemühungen von Filmfans, einen ungewöhnlichen Film, den es eben nicht in der Nachbarschaftsvideothek gibt, die mit Blockbustern und Pornos ihr Geld verdient, zu finden.
>
> In der derzeit vorliegenden Grund-Datenbank sind Angaben zu ca. 10.000 Videos und DVDs erfasst. Im Wesentlichen handelt es sich dabei um Datenmaterial, das dem Videolex, einem Filmlexikon mit vergleichbarem inhaltlichen Anspruch, zu Grunde lag. Die redaktionelle Linie des Videolex wird auch den künftigen Filmbesprechungen zu Grunde liegen, also eher sachliche Information als wertende Kritik.

Ein Symbol in ein Word-Dokument einfügen

Ein Text, beispielweise eine Einladung oder ein Brief, kann auch mit einem Bildsymbol geschmückt werden. Eine Spezial-Schriftart in Word, „Wingdings“, hält eine große Anzahl kleiner Symbole genau für diesen Zweck bereit.

1 Klicken Sie auf die Stelle in Ihrem Dokument, an der Sie das Symbol einfügen wollen. Klicken Sie dann in der Menüleiste auf

Einfügen

und im aufklappenden Menü auf .

2 Anschließend wählen Sie im geöffneten Dialogfenster die Schriftart „Wingdings“ per Klick auf den nach unten weisenden Pfeil neben „Schriftart“ aus.

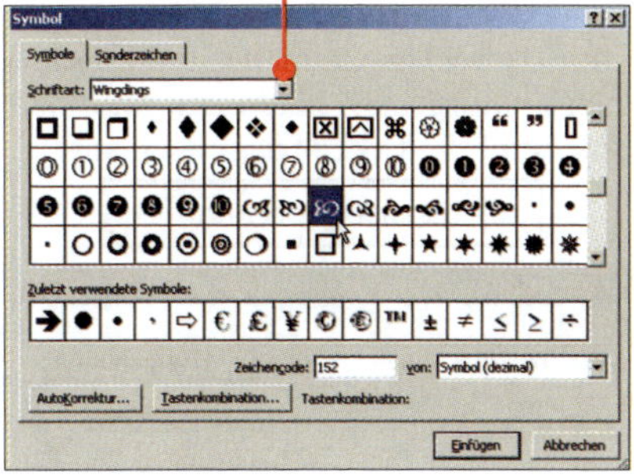

3 Wenn Sie sich dann per Mausklick für ein Symbol entschieden haben, klicken Sie zur Bestätigung auf

Einfügen.

Mit diesen so unscheinbar wirkenden Symbolen können Sie Ihren Text erheblich aufwerten, wie diese Verzierung zeigt.

4 Falls Sie das Symbolfenster nicht mehr benötigen, klicken Sie auf die Schaltfläche

Schließen.

Rechtschreibung und Grammatik

Word hilft Ihnen nicht nur dabei, Texte optisch überzeugend zu gestalten. Das Programm ist auch in der Lage, Rechtschreib- und sogar grammatikalische Fehler auszumerzen.

1 Sie starten die Rechtschreibprüfung, indem Sie in der Menüleiste auf

Extras

klicken und im Menü, das sich daraufhin öffnet, auf.

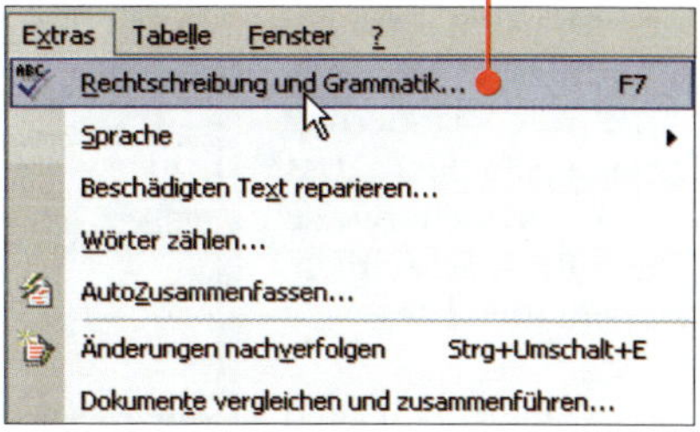

2 Das nachfolgende Dialogfenster zeigt Ihnen im Textzusammenhang gleich das erste Wort, das korrigiert werden soll. Die rote Darstellung bedeutet, dass es sich vermutlich um einen Rechtschreibfehler handelt.

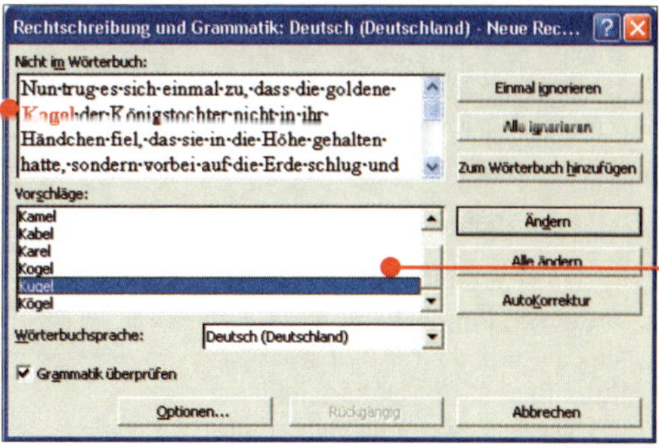

Im Fensterbereich darunter sind die Korrekturvorschläge zu sehen. Falls Sie mit dem blau markierten Korrekturvorschlag einverstanden sein sollten, klicken Sie auf

.

3 Daraufhin wird der Korrekturvorschlag in Ihren Text übernommen, und die Rechtschreibprüfung springt automatisch zum nächsten vermuteten Fehler. ●

Die rote Markierung zeigt auch hier, dass Word möglicherweise einen Rechtschreibfehler gefunden hat.

➔ Es gibt jedoch auch Fälle, in denen ein richtig geschriebenes Wort rot markiert wird. Dies kann daran liegen, dass das beanstandete Wort im Wörterbuch der Rechtschreibprüfung nicht enthalten ist. Besonders bei Eigennamen tritt dieses Problem naturgemäß häufig auf. In einem solchen Fall klicken Sie einfach auf

.

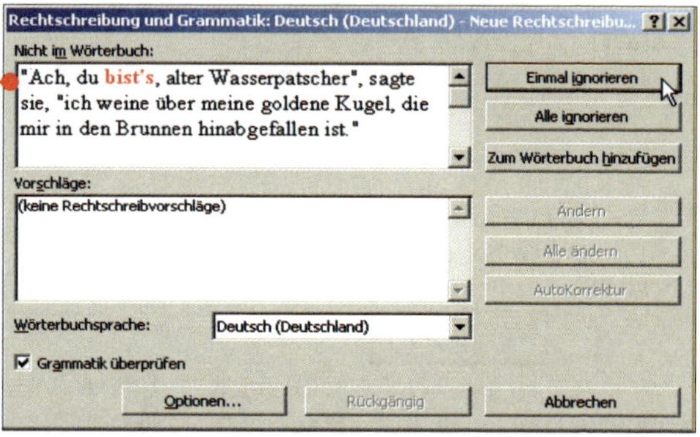

Rechtschreibprüfung beeinflussen

Wollen Sie die Rechtschreibprüfung gezielt auf Ihre individuellen Bedürfnisse „zuschneiden"? Dann klicken Sie bei geöffneter Rechtschreibprüfung auf die Schaltfläche

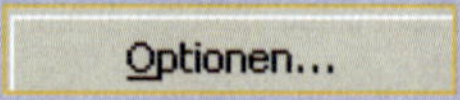

.

In dem nachfolgend angezeigten Einstellungsfenster ● können Sie – je nach Anforderung Ihres Textes – die Optionsfelder per Mausklick auswählen und damit das Verhalten der Rechtschreibprüfung beeinflussen.

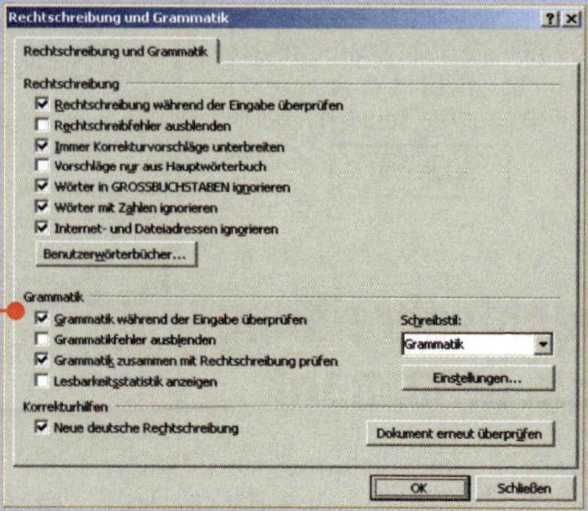

4 Wenn Sie auf diese Weise den kompletten Text überarbeitet haben, erscheint ein Meldungsfenster, das Sie mit einem Klick auf ● schließen.

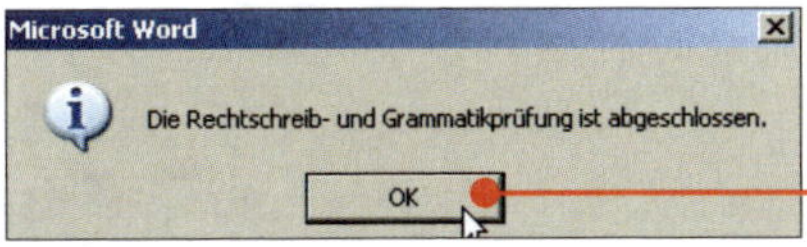

Silbentrennung

Word verfügt über ein Programm-Modul, das Ihnen die Überlegung abnimmt, wie Sie Wörter korrekt trennen.

1 Klicken Sie zunächst in der Menüleiste auf den Eintrag

Extras,

führen Sie dann den Mauszeiger im geöffneten Menü über den Eintrag

Sprache,

und klicken Sie schließlich im seitlich aufklappenden Untermenü auf

Silbentrennung... .

2 Daraufhin wird das gleichnamige Dialogfenster angezeigt.

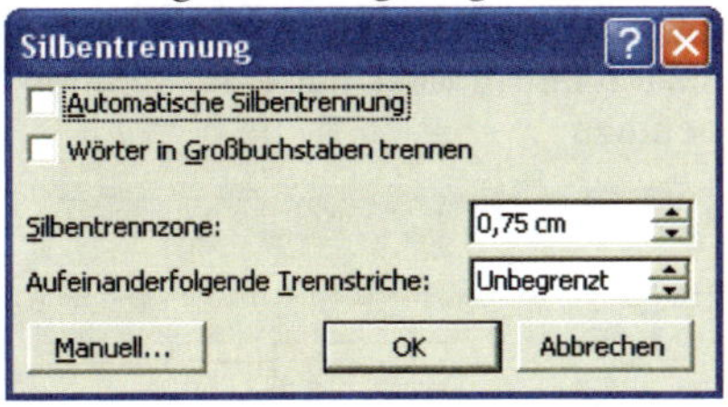

Klicken Sie in diesem Fenster in das Kästchen ●,

☐ Automatische Silbentrennung

das daraufhin mit einem Haken versehen wird:

☑ Automatische Silbentrennung.

3 Sowie Sie dann zur Bestätigung auf die Schaltfläche

OK

klicken, wird in Ihrem Dokument die Silbentrennung automatisch durchgeführt.

Text suchen und ersetzen

Stellen Sie sich vor, Sie haben einen langen Geschäftsbrief an die Firma „Meyer" geschrieben, und plötzlich fällt Ihnen siedendheiß ein, dass die Firma in Wirklichkeit „Mayer" geschrieben wird. Sie müssen jetzt nicht etwa mühsam Ihren Text Zeile für Zeile durchforsten und die falsche Namensschreibung ersetzen. Gehen Sie stattdessen wie folgt vor:

1 Klicken Sie zunächst in der Menüleiste auf den Eintrag

Bearbeiten

und im danach aufklappenden Menü auf Ersetzen... Strg+H.

2 Im daraufhin geöffneten Eingabefenster können Sie das falsch geschriebene Wort in die Zeile ● eintippen und die korrekte Schreibweise in die Zeile darunter ●.

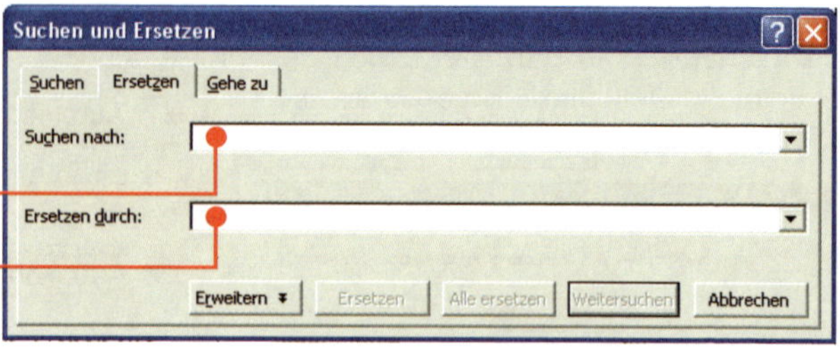

Die ausgefüllten Felder sehen im Geschäftsbrief-Beispiel also so aus: ●

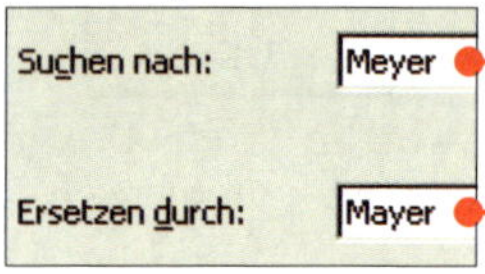

3 Klicken Sie nun auf die Schaltfläche

, um den Suchvorgang auszulösen.

4 Word zeigt Ihnen kurz danach die erste Fundstelle des Wortes im Text an ●.

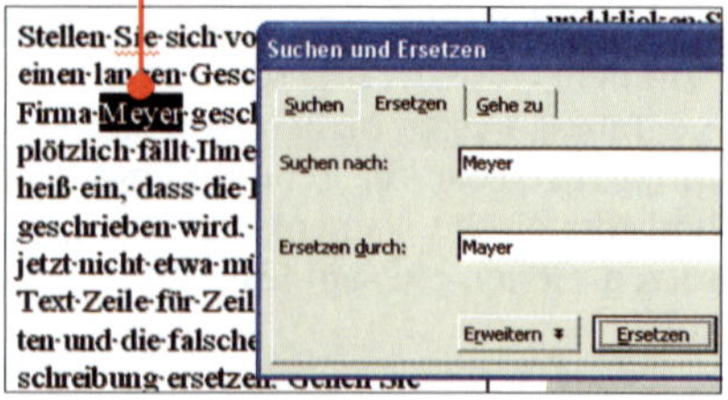

Wenn Sie jetzt auf

klicken, führt Word die Ersetzung an dieser Stelle durch und sucht anschließend selbstständig nach dem nächsten Vorkommen. Auf diese Weise können Sie den Text nach und nach durcharbeiten und behalten dabei die volle Kontrolle über alle Ersetzungen.

➜ Sollten Sie sich jedoch absolut sicher sein, dass Sie alle falschen Schreibweisen ersetzen wollen und auch keine Missverständnisse möglich sind, können Sie auch sämtliche Ersetzungen auf einen Schlag durchführen – und zwar indem Sie auf

klicken.

➜ Wollen Sie die nächste Fundstelle ansehen, ohne eine Ersetzung durchzuführen, klicken Sie einfach auf

.

5 Nachdem Sie Ihren Text komplett durchsucht haben, wird Ihnen eine entsprechende Meldung angezeigt, die Sie mit einem Klick auf ● zur Kenntnis nehmen.

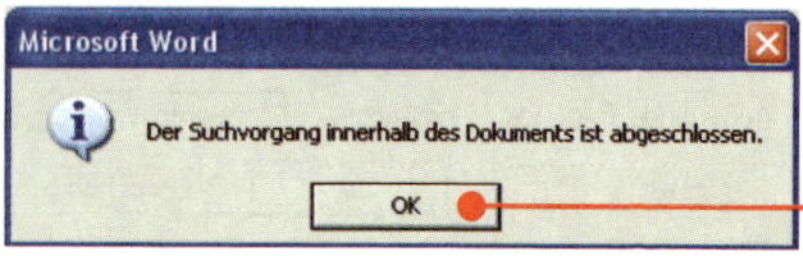

Ein Dokument drucken

Die meisten Dokumente, die Sie erstellen, werden Sie auch als Ausdruck benötigen. Oft genügt es, in der Symbolleiste auf

zu klicken, damit Ihr Dokument ausgedruckt wird. Word verwendet dann Ihren Standard-Drucker und druckt ein komplettes Exemplar Ihres Dokuments aus. Sie können jedoch auch gezielter vorgehen:

1 Klicken Sie in der Menüleiste auf

und im dann aufklappenden Menü auf

.

Daraufhin wird das gleichnamige Dialogfenster angezeigt, in dem Sie den Druckvorgang auf verschiedenste Weise beeinflussen können.

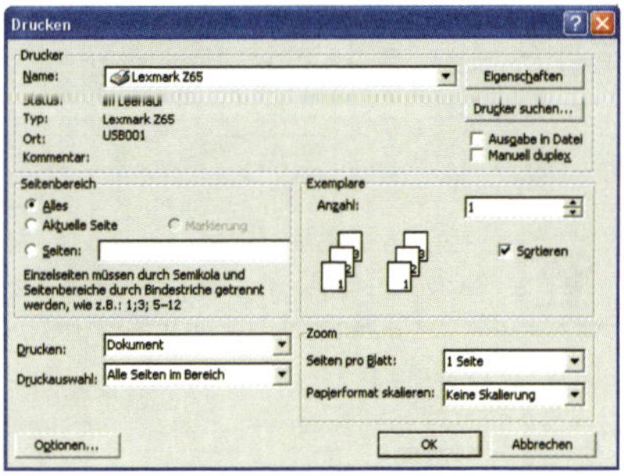

2 So können Sie beispielsweise durch Auswahl der entsprechenden Option festlegen, ob das gesamte Dokument, nur die aktuelle Seite oder lediglich bestimmte Seiten ausgedruckt werden sollen.

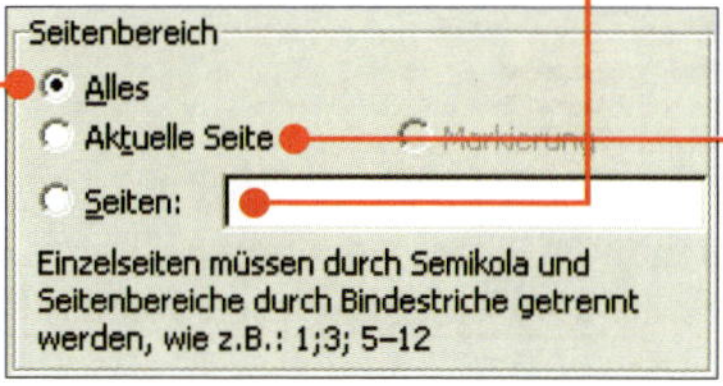

3 Wenn Sie mehrere Exemplare auf einmal ausdrucken möchten, tippen Sie die entsprechende Anzahl in das Feld ein.

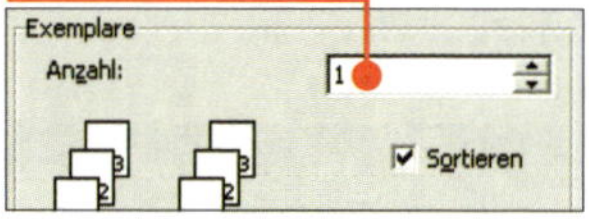

4 Feinabstimmungen können Sie vornehmen, indem Sie auf die Schaltfläche

klicken und damit das nachfolgende Fenster öffnen:

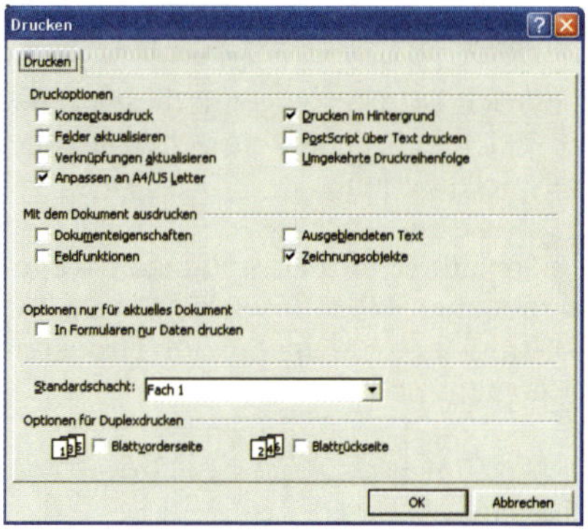

5 Falls Sie Zugriff auf mehrere Drucker haben, können Sie im Drucken-Dialogfenster von Schritt 1 im Bereich

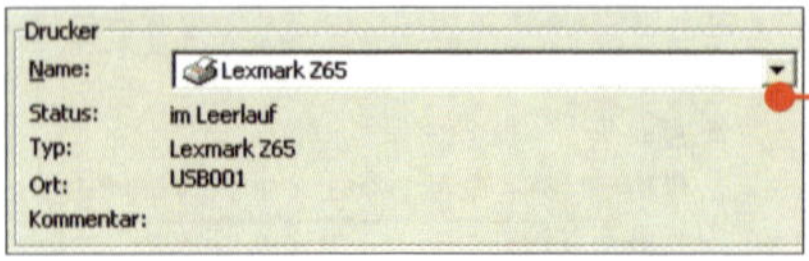

das gewünschte Gerät auswählen, indem Sie auf den nach unten weisenden Pfeil ● klicken.

6 Mit einem Klick auf die Schaltfläche

Eigenschaften

wird ein Fenster eingeblendet, in dem Sie das Verhalten genau dieses Druckers bestimmen können.

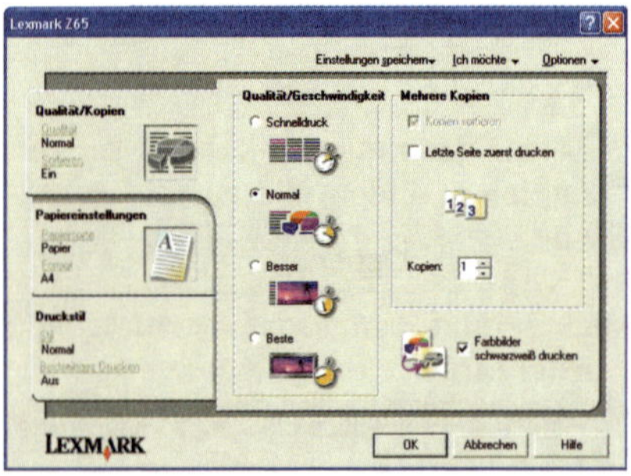

Je nach Druckertyp kann dieses Fenster bei Ihnen anders aussehen als die Beispielabbildung.

7 Sobald Sie alle Einstellungen vorgenommen haben, lösen Sie den Druckvorgang aus, indem Sie im Drucken-Dialogfenster auf

OK

klicken.

Vorlagen für jeden Zweck

Es macht zwar Spaß, ein Dokument ganz individuell zu gestalten. Mitunter werden Sie aber auch froh sein, wenn Sie die Gestaltungsarbeit auf ein Minimum beschränken können und nicht so viel Zeit benötigen. In dem Fall greifen Sie einfach auf eine der Vorlagen zu, die mit Works geliefert werden. Im folgenden Beispiel schreiben Sie einen Brief an den Abonnenten-Service der Zeitschrift COMPUTERBILD, um eine Adressänderung mitzuteilen.

1 Klicken Sie im Works-Start-Fenster zunächst auf

Programme

und danach in der geöffneten Programmliste auf den Eintrag

Word.

2 Im Anzeigebereich sehen Sie daraufhin eine Fülle von Vorlagen und Assistenten.

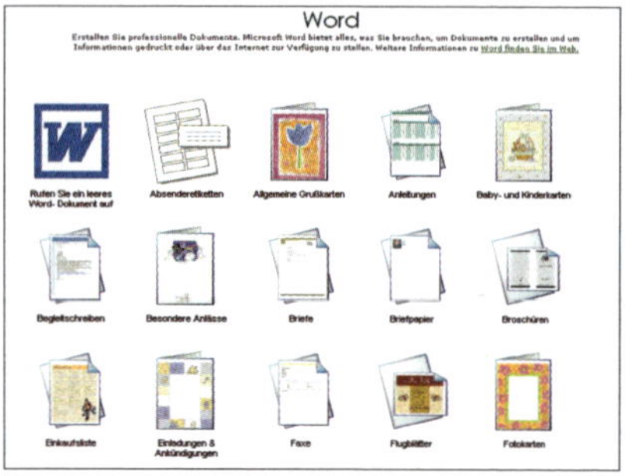

Klicken Sie in dieser Übersicht doppelt auf das Symbol

3 Sie starten dadurch den Brief-Assistenten, der Sie Schritt für Schritt zu einem professionell gestalteten Schreiben führen wird.

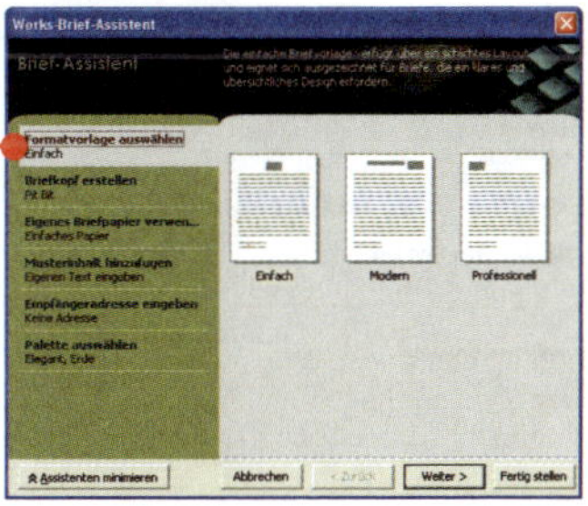

In der linken Spalte ist der aktuelle Arbeitsschritt optisch hervorgehoben.

4 Im Bereich rechts legen Sie jetzt den Stil des Briefes fest. Klicken Sie dazu beispielsweise auf

Ist Ihre Auswahl markiert, folgt ein Klick auf

um zum nächsten Arbeitsschritt zu wechseln.

5 Tragen Sie nun Ihre Absenderangaben in die dafür vorgesehen Felder ein,und klicken Sie wieder auf

6 Wenn Sie nicht über eigenes Briefpapier verfügen, in das bereits ein Briefkopf eingearbeitet ist, können Sie die Einstellung im dritten Assistenten-Fenster belassen, wie sie ist,

und gleich auf

klicken.

7 Der Brief-Assistent kann Ihnen auf Wunsch sogar Formulierungshilfen für Ihren Brief anbieten. Für eine einfache Übermittlung einer Adressänderung wie im Beispiel dürfte dies aber nicht nötig sein. Behalten Sie daher die Einstellung bei,

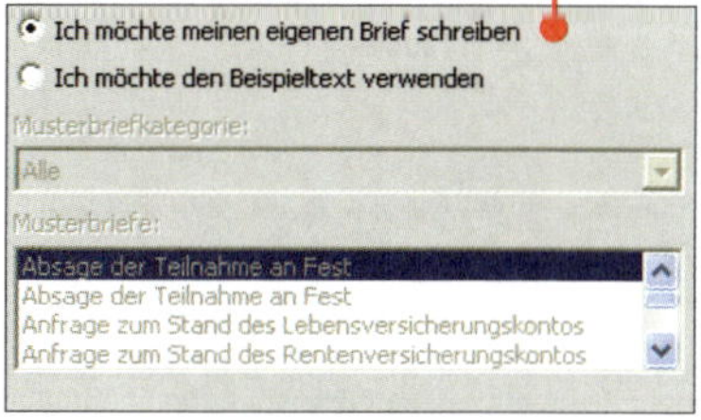

und fahren Sie gleich mit einem Klick auf

fort.

8 Den Vorschlag im nächsten Assistenten-Fenster ● nehmen Sie nicht an. Stattdessen klicken Sie in den Auswahlkreis ● im **Optionsfeld**,

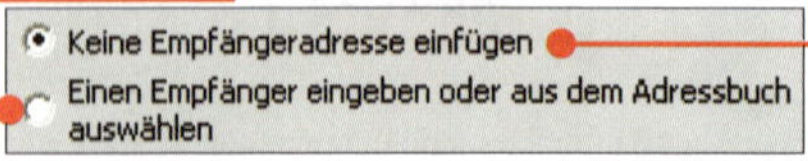

der daraufhin mit einem Punkt versehen wird:

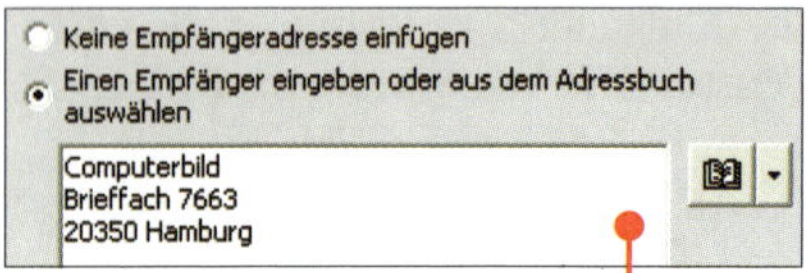

Ins darunter liegende Feld ● tippen Sie dann die Empfängeradresse ein, bevor Sie erneut auf

klicken.

9 Durch Ziehen der Schieberegler im letzten Assistenten-Fenster können Sie Schrift- ● und Farbzusammenstellungen ●, so genannte Paletten, für Ihren Brief auswählen.

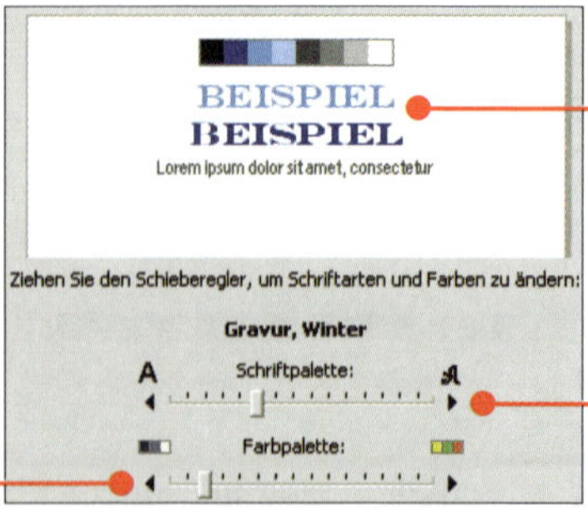

Im Vorschaubereich oberhalb bekommen Sie einen optischen Eindruck von der gewählten Palette. ●

10 Zum Schluss brauchen Sie nur noch auf

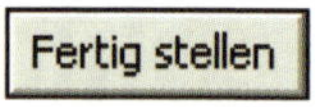

zu klicken, damit der Assistent verschwindet und Sie im Word-Programmfenster das Grundgerüst Ihres Briefes angezeigt bekommen.

11 Dieses Dokument können Sie nun wie gewohnt weiterbearbeiten. Markieren Sie beispielsweise die Anredezeile,

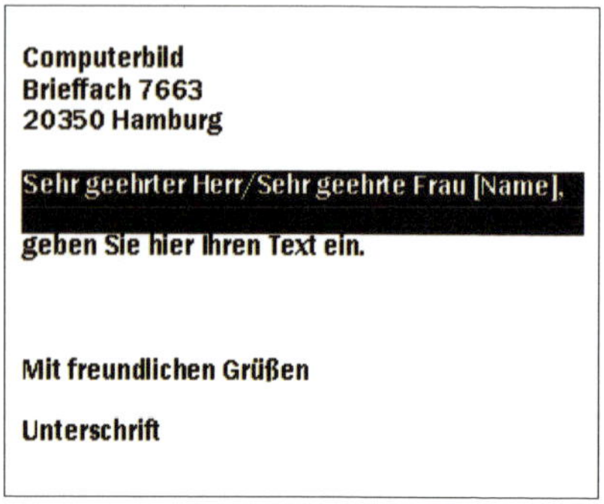

und überschreiben Sie sie mit Ihrem eigenen Text.

4 Listen anlegen und Berechnungen durchführen

Tabellen sind Bestandteile des täglichen Lebens und dienen dazu, Tätigkeiten übersichtlich zu gliedern. Ein Beispiel für eine Tabelle, an das Sie sich sicher noch aus Ihrer Schulzeit erinnern, ist der Stundenplan. Aber auch Einkaufslisten oder Rechen-Operationen erhalten durch die Tabellenform klare Strukturen.

Die Works-Suite enthält ein Programm, das auf das Bearbeiten von Tabellen spezialisiert ist. Mit dieser Tabellenkalkulation können Sie aber nicht nur Daten übersichtlich erfassen. Die eigentliche Stärke des Programms liegt darin, dass Sie auch umfangreiche Berechnungen durchführen können, wenn Zahlen in den Tabellen erfasst sind.

Im vierten Kapitel dieses Buches erfahren Sie,

- wo Sie fix und fertige Tabellen finden,
- wie Sie Daten in eine Tabelle eingeben,
- wie Sie eine Tabelle nach Ihrem Geschmack gestalten,
- wie Sie in einer Tabelle Daten sortieren und in einer Tabelle rechnen,
- und wie Sie Ihre Daten mit Diagrammen veranschaulichen.

Kapitel-Wegweiser

Eine fertige Tabelle nutzen

Um sich mit dem Arbeitsprinzip der Tabellenkalkulation vertraut zu machen, nutzen Sie am besten eine der vielen **Vorlagen**, die zum Lieferumfang von Works gehören. Als Beispiel dient eine Auflistung Ihrer wöchentlichen Termine, also eine Art Stundenplan.

1 Klicken Sie zunächst in der Navigationszeile im Works-Start-Fenster auf

, um zur Programm-Übersicht zu gelangen. In der geöffneten Programmliste

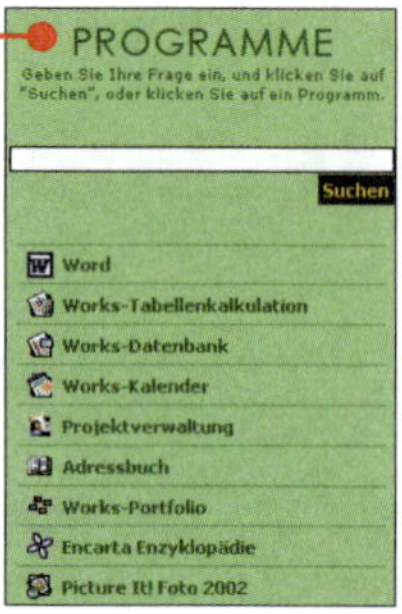

folgt dann ein Klick auf den Eintrag

.

2 Daraufhin wird Ihnen eine beachtliche Menge von Tabellenvorlagen präsentiert.

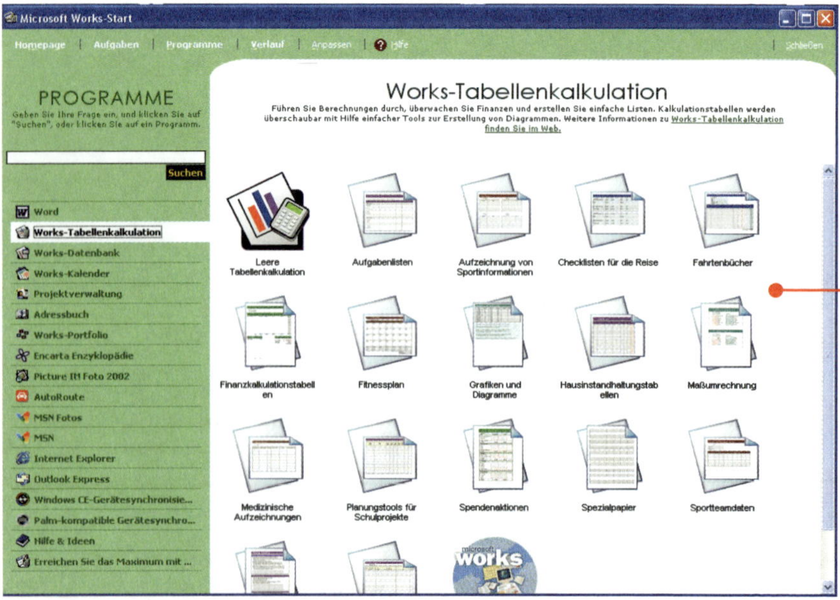

Für unser Beispiel klicken Sie in dieser Auswahl auf

.

3 Anschließend stehen Ihnen in einem Assistenten-Fenster verschiedene Aufgabenlisten zur Verfügung.

Über die Bildlaufleiste können Sie sich die nicht sichtbaren Symbole anzeigen lassen.

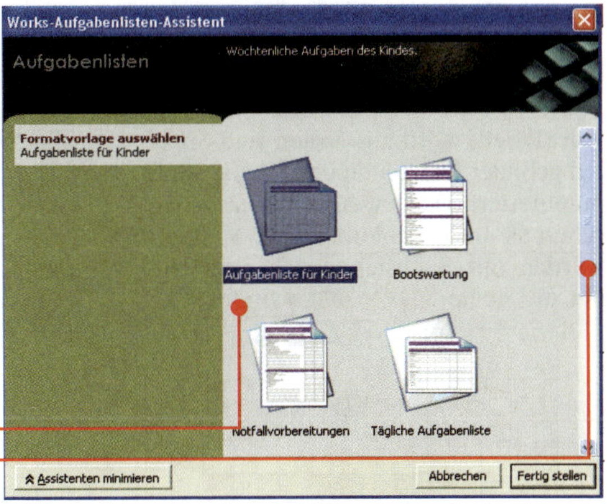

4 Klicken Sie nun in dieser Auswahl auf das Symbol

, damit der Eintrag markiert wird:

.

5 Mit einem Klick auf die Schaltfläche

beenden Sie den Assistenten. In die Tabelle, die der Assistent daraufhin anlegt, können Sie jetzt Ihre Termine eintragen.

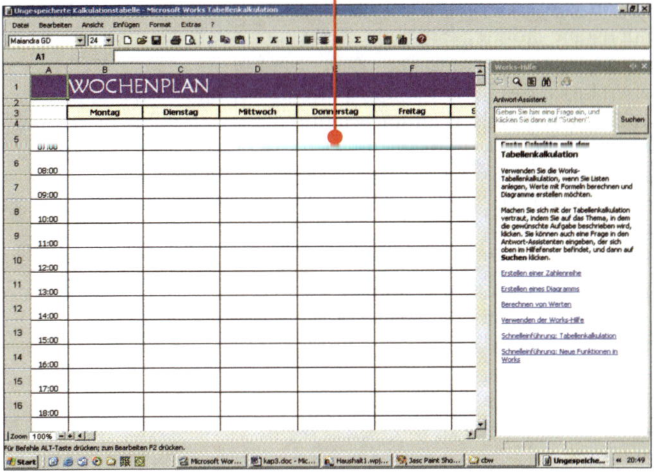

Daten in eine Tabelle eingeben

Eine Tabelle wird aus Zeilen und Spalten gebildet. Die Zeilen der Tabelle sind nummeriert. Die jeweiligen Nummern sehen Sie im Zeilenkopf. Die Spalten werden mit Buchstaben gekennzeichnet, die Sie im **Spaltenkopf** finden.

Die einzelnen Kästchen bezeichnet man als **Zellen**. Durch die Kombination von Zeilennummer und Spaltenbuchstabe können Sie jede Zelle eindeutig identifizieren. Die Zelle ganz oben links, also in der ersten Spalte und in der ersten Zeile, trägt folgerichtig die Bezeichnung A1. Diese Bezeichnungen sind später sehr wichtig, wenn Sie in einer Tabelle Berechnungen durchführen.

Zum Ausfüllen Ihrer Tabelle klicken Sie einfach in die Zelle, in die Sie Text oder auch Zahlen eingeben wollen. Diesen Vorgang bezeichnet man als Aktivieren einer Zelle. Jede markierte Zelle erkennen Sie an ihrer dicken Umrandung.

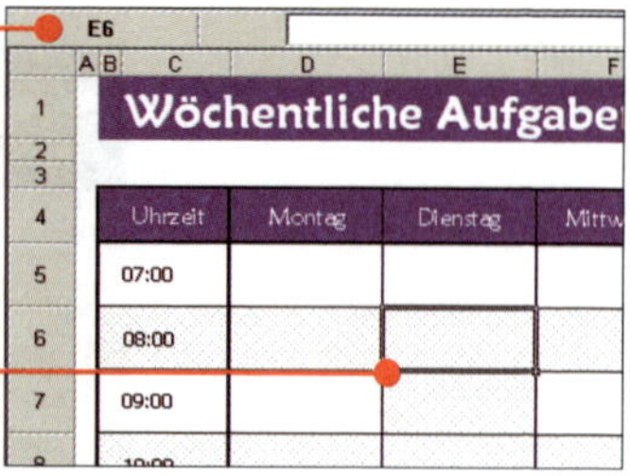

Die Bezeichnung einer aktiven Zelle, im Beispiel die Zelle E6, sehen Sie in dem Feld links oberhalb des Spaltenkopfes.

Die aktive Zelle enthält die Einfügemarke. Das heißt, dort können Sie nun Text oder Zahlen eintippen. Um eine andere Zelle anzusteuern, können Sie die Einfügemarke nicht nur per Mausklick, sondern auch mit Hilfe der Richtungstasten

an die gewünschte Position bewegen.

Einträge, die Sie in einer Zelle vornehmen, erscheinen gleichzeitig auch in der so genannten Bearbeitungsleiste.

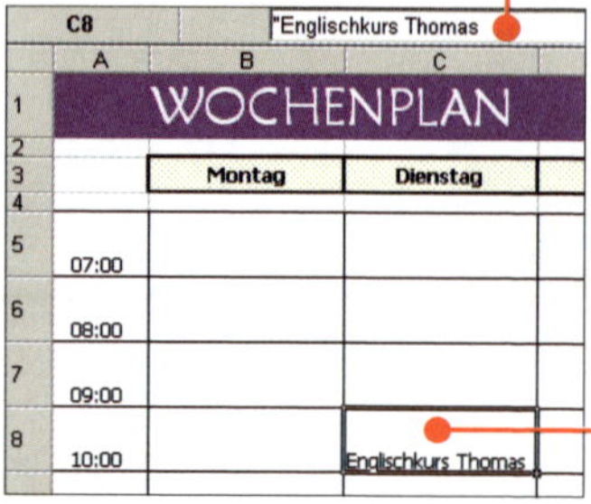

Korrekturen in der Tabelle ausführen

Wie Sie einen Eintrag in einer Tabelle korrigieren, wird an folgendem Beispiel erklärt: Sie wollen den Ausdruck „Englischkurs Thomas“ durch den Ausdruck „Spanischkurs Thomas“ ersetzen.

1 Aktivieren Sie zuerst die betreffende Zelle, im Beispiel also die Zelle C8, indem Sie mit der Maus hineinklicken. Würden Sie jetzt direkt lostippen, würde der bisherige Eintrag in dieser Zelle sofort verschwinden und durch Ihre Neueingabe ersetzt.

Daher ist es praktischer, die vorhandene Eingabe in der **Bearbeitungszeile** zu bearbeiten. Darin können Sie den Text nämlich korrigieren wie in einer Textverarbeitung. Klicken Sie dazu in die Bearbeitungszeile, markieren Sie den Teil des Wortes, den Sie überschreiben möchten, und tippen Sie dann das Wort „Spanisch“ ein.

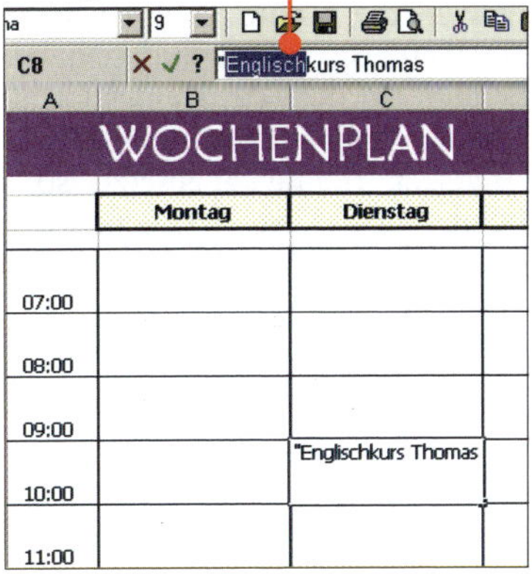

2 Sofort sehen Sie in der Bearbeitungszeile und in der Zelle das Ergebnis.

3 Auch bereits in der Works-Tabelle vorgegebene Zellen können Sie auf vergleichbare Weise verändern: Aktivieren Sie per Mausklick beispielsweise eine Zelle, die eine Uhrzeit enthält.

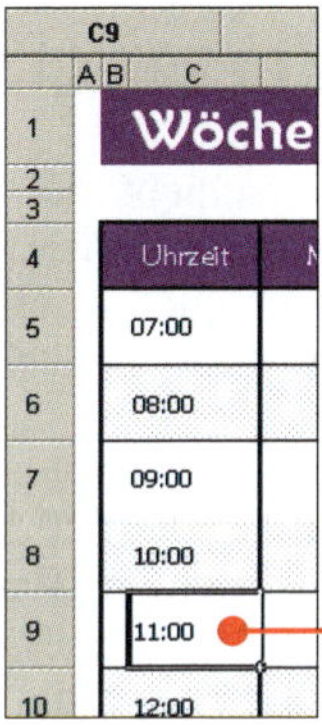

4 Anschließend gehen Sie wieder zur Bearbeitungsleiste und setzen die Einfügemarke per Mausklick an die zu korrigierende Stelle.

5 Tippen Sie die gewünschte Änderung ein, und löschen Sie die überzähligen Zeichen mit der [Entf]-Taste. Schon haben Sie die Uhrzeit in dieser vorgefertigten Liste an Ihre persönlichen Bedürfnisse angepasst.

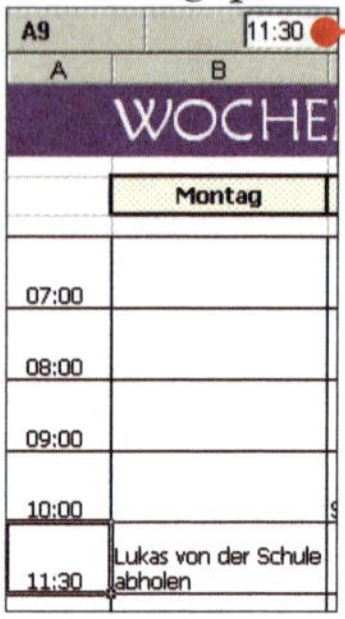

Zellinhalte verschieben

Manchmal verschiebt sich ein Termin, was Sie dann in Ihrem Wochenplan entsprechend korrigieren müssen. Auch dies ist mit der Tabellenkalkulation ein Kinderspiel.

1 Aktivieren Sie die betreffende Zelle zunächst mit einem Mausklick, und führen Sie den Mauszeiger dann von einer beliebigen Seite an die Zelle heran, bis das Wort „Ziehen" erscheint.

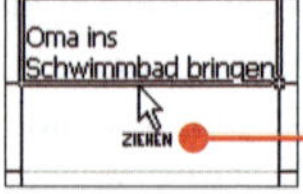

2 Drücken Sie nun die linke Maustaste, und halten Sie sie gedrückt. Beim Mauszeiger taucht daraufhin das Wort „Ablegen" auf.

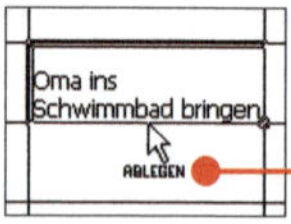

Das bedeutet, dass Sie die Zelle jetzt verschieben können. Führen Sie dazu den Mauszeiger bei weiterhin gedrückter Maustaste zu der Zelle, in der Sie den Termin platzieren möchten. Dort lassen Sie dann die Maustaste los.

Zellen kopieren

Wenn Sie mit demselben Text oder derselben Zahlenkombination mehrere Zellen belegen möchten (etwa weil der Spanischkurs im Beispiel nicht nur eine, sondern mehrere Stunden dauert), bietet die Tabellenkalkulation hierfür eine elegante Lösung.

1 Markieren Sie eine Zelle per Mausklick, und bewegen Sie den Mauszeiger an die rechte untere Ecke der Zelle. Wenn Sie genau hinsehen, dann erkennen Sie dort ein kleines Quadrat mit einem Kreuz darin. Haben Sie den Mauszeiger richtig angesetzt, so erscheint nun das Wort „Füllen", zusammen mit einem fetten Kreuz.

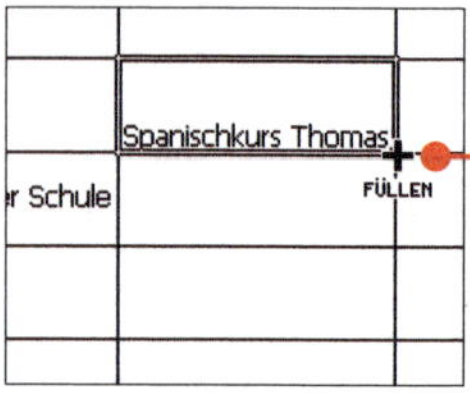

2 Drücken Sie jetzt die linke Maustaste, und führen Sie den Mauszeiger mit weiterhin gedrückter Maustaste über die Zellen, in die Sie den Text kopieren möchten.

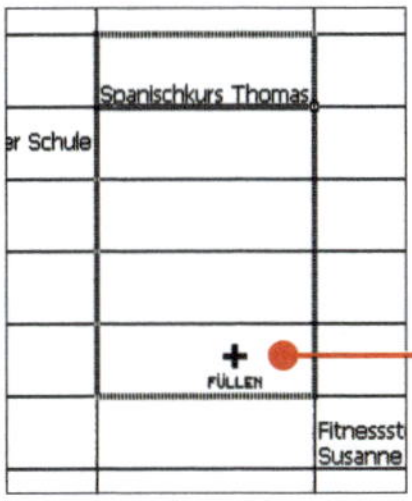

3 Sowie Sie an der richtigen Position angelangt sind, lassen Sie die Maustaste einfach los. Sofort sind die Zellen unterhalb des Ausgangstextes mit demselben Text gefüllt:

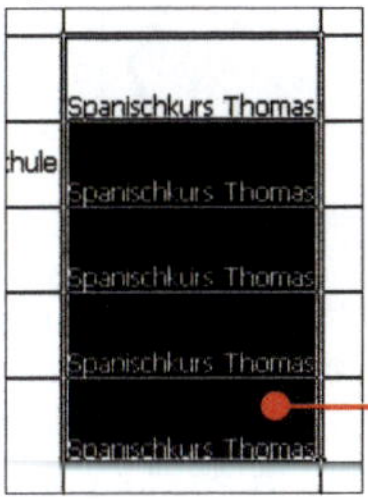

4 Ein Klick in eine beliebige Zelle hebt die Markierung der Zellen wieder auf.

Zellinhalte löschen

Wollen Sie den Inhalt einer Zelle komplett löschen, also nicht durch einen anderen Text ersetzen, können Sie sich den Umweg über die Bearbeitungsleiste ersparen. Aktivieren Sie einfach die betreffende Zelle,

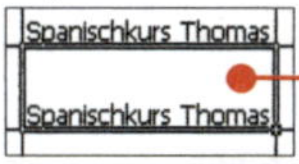

und drücken Sie die Entf-Taste. Schon ist der Zellinhalt entfernt:

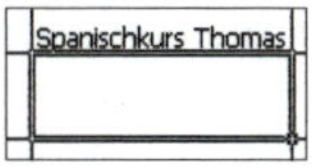

Text über mehrere Zellen hinweg

Falls ein Zellinhalt mehr Platz benötigt als die Zellbreite zur Verfügung stellt, läuft der Text oder die eingegebene Zahl über den Rand der Zelle hinaus. In der Beispiel-Vorlage sehen Sie, dass dies offensichtlich bei der Überschrift der Fall ist.

1 Wenn Sie die Überschrift bearbeiten wollen, aktivieren Sie die Zelle, in der die Überschrift beginnt, also die Zelle B1.

2 In der Bearbeitungsleiste erkennen Sie, dass diese Zelle die komplette Überschrift enthält. Klicken Sie nun in die Bearbeitungsleiste, und tragen Sie dort die Korrekturen oder Ergänzungen ein, beispielsweise •.

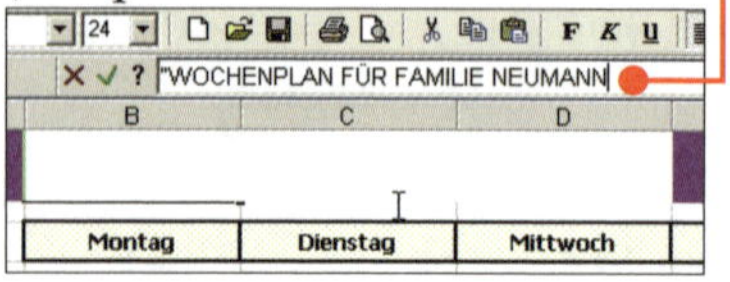

3 Nachdem Sie Ihre Änderung mit der ↵-Taste bestätigt haben, trägt Ihr Wochenplan den neuen Titel, der über mehrere Spalten hinweg läuft.

Eine Tabelle selbst einrichten

Wenn Sie Vorlagen nutzen, hat das den Vorteil, dass Sie sich viel Gestaltungsarbeit ersparen. Sie können aber auch eine Tabelle von Grund auf ganz auf Ihre Wünsche zuschneiden. Wie das geht, erfahren Sie im folgenden Beispiel. Bei dieser Gelegenheit lernen Sie außerdem die Grundzüge des Kalkulierens mit Zahlenwerten kennen.

Leere Tabellenkalkulation öffnen

1 Durch Mausklicks auf

und den Eintrag

gelangen Sie zur Tabellenkalkulations-Übersicht.

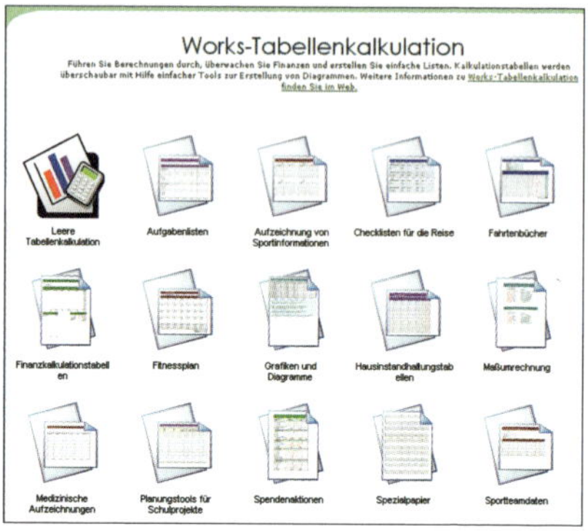

2 Dort finden Sie auch das Symbol

,

das Sie jetzt nur anzuklicken brauchen, um eine leere Tabelle anzulegen. Eine solche nüchterne Tabelle ist die Grundlage aller thematisch aufbereiteten Tabellen, die Sie in Works vorfinden.

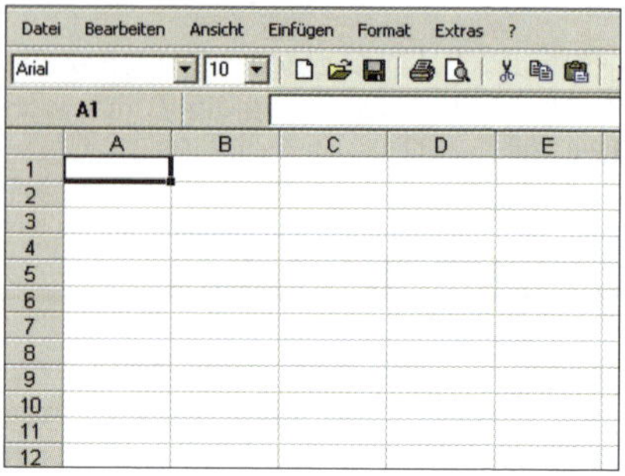

Im Folgenden lernen Sie die Gestaltungsmöglichkeiten kennen, die Ihnen das Tabellenkalkulationsprogramm bietet.

Zellen markieren und formatieren

Bevor Sie eine Tabelle umgestalten oder formatieren können, müssen Sie zunächst die betreffenden Zellen **markieren**.

1 Klicken Sie dazu in die Zelle, die sich links oben in dem Bereich befindet, der markiert werden soll - in der Beispielabbildung also die Zelle B4. Halten Sie die Maustaste gedrückt, und ziehen Sie die Maus so weit wie gewünscht nach rechts unten. Lassen Sie dann die Maustaste los.

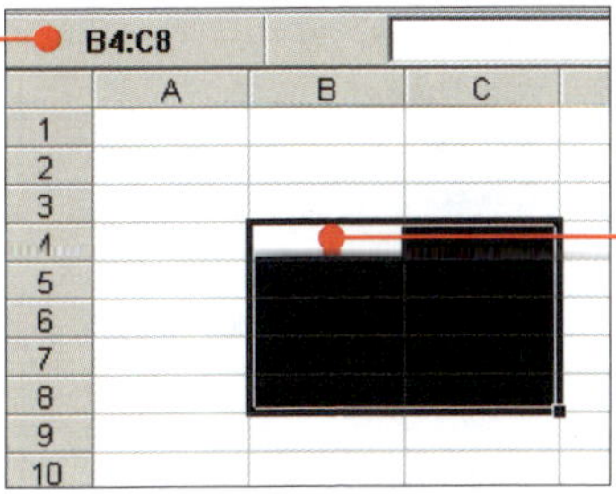

Die erste Zelle des markierten Bereichs ist jeweils weiß unterlegt. Links über dem Spaltenkopf wird die Bezeichnung des markierten Bereichs eingeblendet.

Ein Bereich können Sie also an einem Doppelpunkt erkennen: Links des Doppelpunktes steht immer die Zelle ganz links oben, rechts des Doppelpunktes die Zelle ganz rechts unten. Das genügt, um einen Bereich eindeutig zu identifizieren.

2 Damit eine Markierung wieder aufgehoben wird, klicken Sie einfach auf eine beliebige Zelle außerhalb des markierten Zellbereichs.

3 Wenn Sie eine gesamte Spalte markieren möchten, genügt ein Mausklick auf den Spaltenkopf.

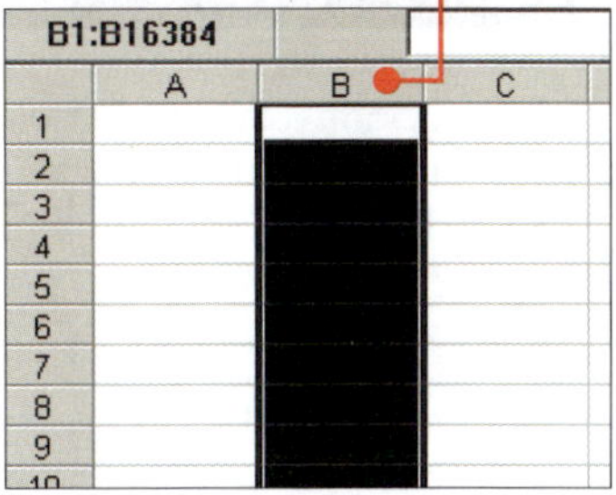

Entsprechend markieren Sie eine ganze Zeile, indem Sie auf den Zeilenkopf klicken.

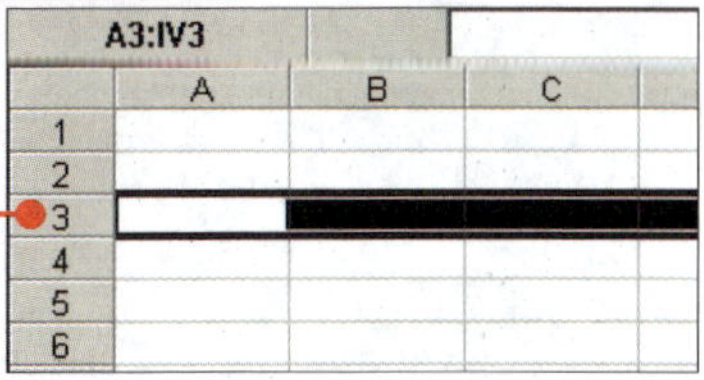

4 Wollen Sie mehrere Zeilen oder Spalten markieren, klicken Sie ebenfalls auf den Kopf, halten die Maustaste gedrückt und ziehen dann die Maus bis zum letzten Zeilen- oder Spaltenkopf des Bereichs. Die Beispielabbildung zeigt die Markierung von mehreren Zeilen.

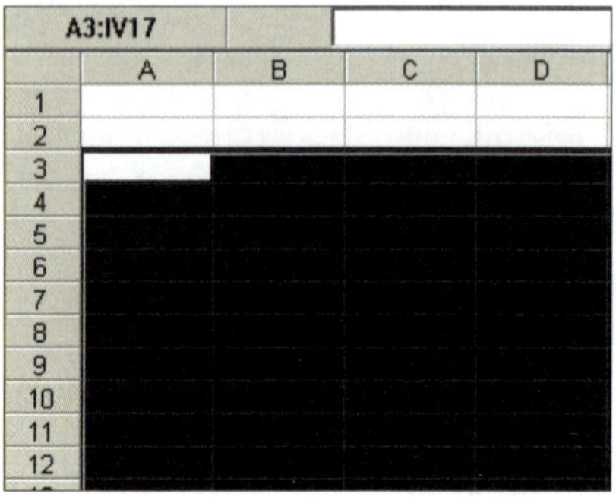

5 Um die gesamte Tabelle auf einen Schlag zu markieren, klicken Sie auf das Eckfeld, wo sich Zeilen- und Spaltenkopf treffen:

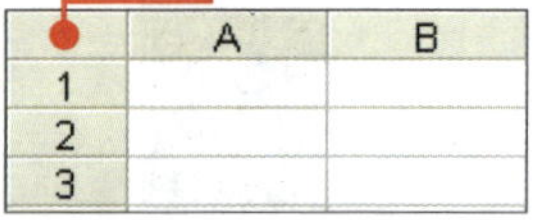

Sofort sehen Sie das Ergebnis:

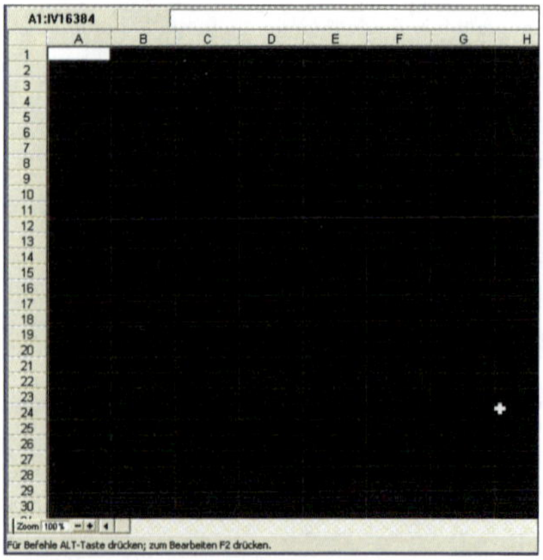

Tabelle gestalten

Die Tabellenkalkulation erfasst Ihre Eingaben normalerweise in einem Standardformat. Sie erkennt automatisch, ob es sich um Text oder Zahlen handelt. Zahlen werden rechtsbündig, Text linksbündig angezeigt.

Je nach Verwendungszweck Ihrer Tabelle können Sie Zellbereichen jedoch auch andere Formate als dieses Standardformat zuweisen.

1 Markieren Sie dazu als Erstes den Zellbereich, in den Sie die Werte eingeben wollen. Klicken Sie dann in der Menüleiste auf

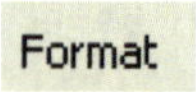

und anschließend im geöffneten Menü

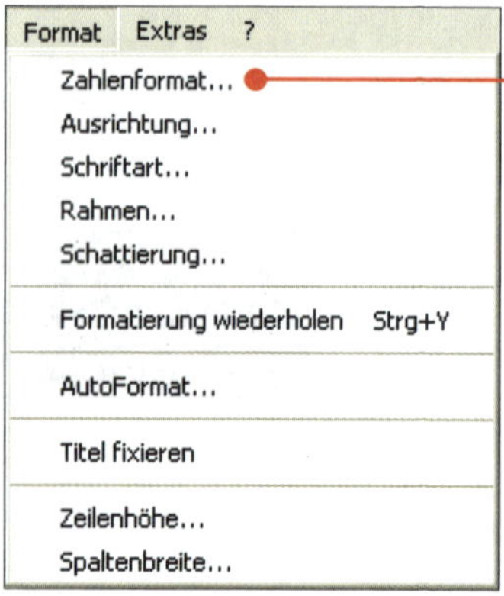

auf den Eintrag.

2 Im Registerfenster, das Sie dadurch öffnen, wählen Sie nun im Bereich

„Formatierung“ den Datentyp aus, der am besten zu den Werten passt, die erfasst werden sollen.

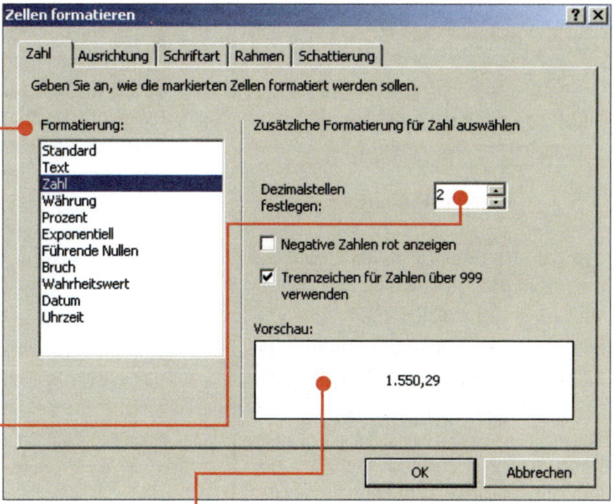

➔ Rechts im Fenster können Sie zu-sätzliche Feineinstellungen vornehmen, beispielsweise die Zahl der Dezimalstellen hinter dem Komma angeben.

➔ Eine Vorschau gibt Ihnen einen Eindruck davon, wie die Werte in Ihrer Tabelle aussehen würden.

3 Die Beispielabbildung zeigt, wie sich unterschiedliche Formate optisch auswirken. Dargestellt wird in der linken Spalte immer die Eingabe der Zahl „100“. In der rechten Spalte sehen Sie die dazugehörige Format-Bezeichnung.

B	C
100	Standard
100,00	Zahl
100,00 €	Währung
1,00E+02	Exponentiell
00100	Führende Nullen

4 Wenn Sie im Fenster von Schritt 2 auf den Registerreiter

klicken, bekommen Sie die **Registerkarte** angezeigt, in der Sie die Ausrichtung der Daten innerhalb der Zelle bestimmen können.

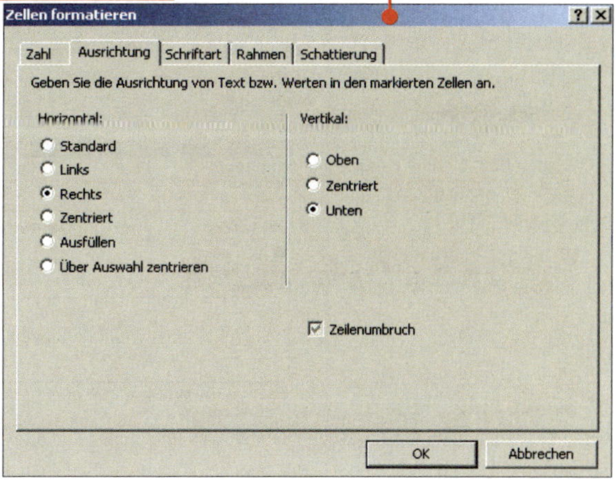

Zeilenumbruch einstellen

Oftmals passt der Inhalt einer Zelle nicht in eine Zeile, sondern ragt in die benachbarte Zelle hinein.

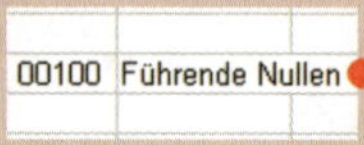

Um dies zu verhindern, aktivieren Sie im Ausrichtungs-Register per Mausklick das Kontrollkästchen vor „Zeilenumbruch", das daraufhin mit einem Häkchen versehen wird:

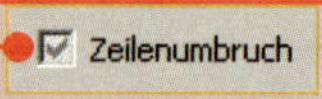

Dadurch legen Sie fest, dass die Zeilenhöhe automatisch angepasst und der Inhalt der Zelle auf mehrere Zeilen verteilt wird.

Unterschied zur Textverarbeitung

Im Prinzip stehen Ihnen für die Gestaltung von Zellen die gleichen Formatierungen zur Verfügung wie bei einer Textverarbeitung. Ein Unterschied besteht jedoch darin, dass sich mit einer Textverarbeitung jedes einzelne Zeichen anders gestalten lässt. Bei der Tabellenkalkulation dagegen wirken sich alle Gestaltungsmittel stets auf die gesamte Zelle aus. Einzelne Zeichen einer Zelle lassen sich nicht unterschiedlich darstellen!

6 Als Nächstes bestimmen Sie in der Registerkarte „Schriftart"

die Schriftart und -größe sowie den Schriftschnitt. Auch Farbe und Effekte können Sie festlegen.

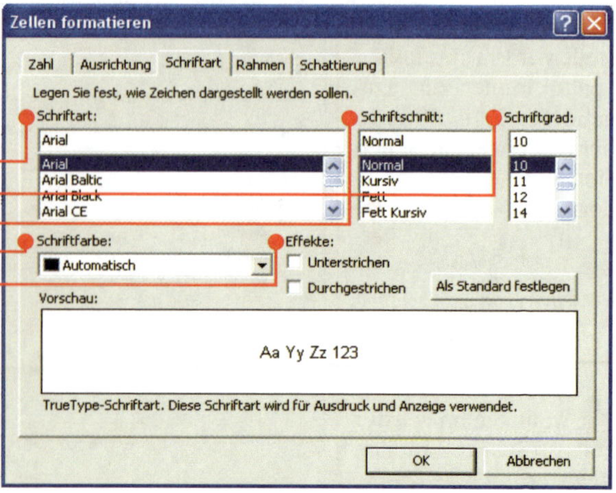

7 Das Gitternetz, das Sie in einer Tabelle sehen, dient Ihrer Orientierung. Im Druck erscheint es nicht. Sie können jedoch Rahmen und Trennlinien in Ihre Tabelle einfügen, die dann auch im Ausdruck zu sehen sind. Benutzen Sie dazu das Register „Rahmen".

➜ Per Mausklick bestimmen Sie Linienart ● und Linienfarbe ●.

➜ Über die Symbole ● legen Sie fest, für welche Linie die Formatierung gelten soll. Für jede Rahmenlinie müssen Linienart und Linienfarbe gesondert gewählt werden.

➜ Die Schaltfläche für bereits festgelegte Linien erscheinen gedrückt ●.

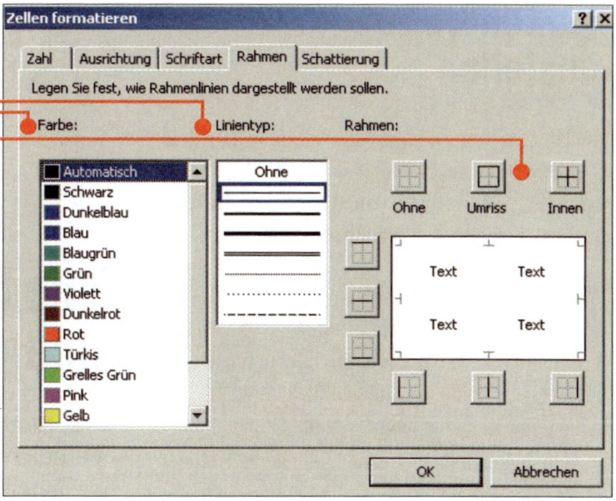

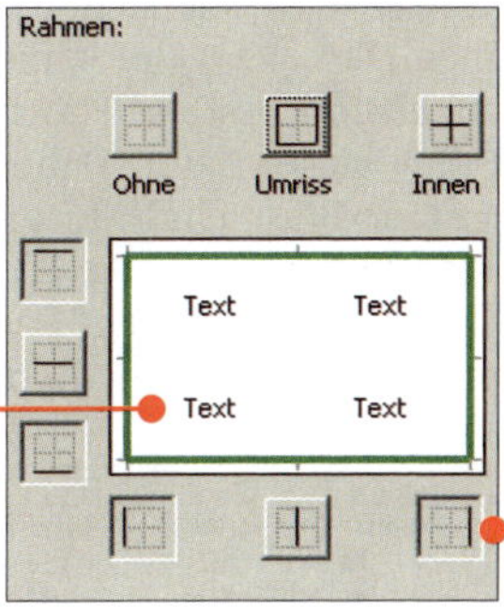

Hier wählen Sie dann die gewünschte Vorder- und Hintergrundfarbe sowie ein Muster aus.

9 Jedes Mal, wenn Sie Formatierungseinstellungen übernehmen wollen, klicken Sie auf die Schaltfläche

.

➜ Im Vorschaubereich sehen Sie die Auswirkungen Ihrer Gestaltung. ●

8 Falls Sie auch die Zellen mit einem farbigen Hintergrund versehen wollen, holen Sie per Mausklick auf „Schattierung" ● die letzte Registerkarte in den Bildschirmvordergrund:

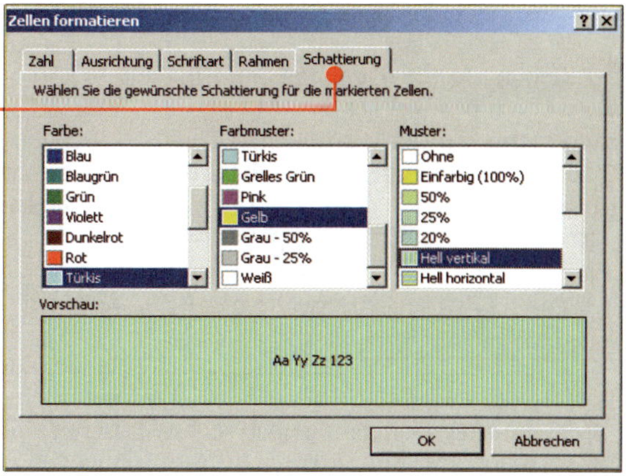

Spaltenbreite einstellen

Nicht immer haben die Zellen für die eingegebenen Inhalte schon die richtige Größe. Sie können jedoch leicht passend gemacht werden.

1 In der Beispielabbildung sind die Bezeichnungen in der Spalte B und in der Spalte C breiter als die jeweiligen Zellen.

Um dies zu ändern, führen Sie den Mauszeiger auf die Trennlinie der beiden Spalten im Spaltenkopf. Der Mauszeiger verändert sich.

2 Ziehen Sie die Trennlinie nun mit weiterhin gedrückter Maustaste nach rechts. An der gestrichelten Linie können Sie erkennen, wie weit Sie die Linie verschieben.

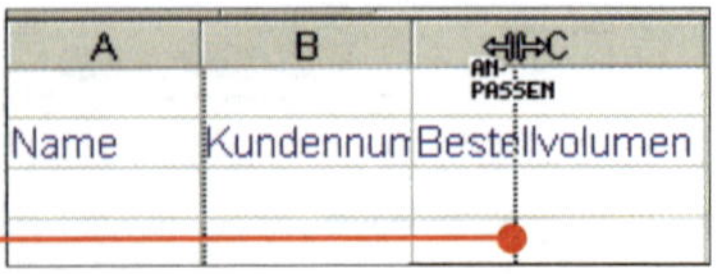

3 Ist die Linie weit genug nach rechts verschoben, lassen Sie die Maustaste los. Damit ist die Spaltenbreite neu eingestellt.

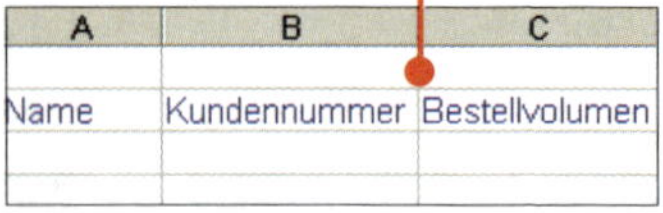

Eine Umsatztabelle anlegen

Bisher haben Sie Grundtechniken kennen gelernt, mit denen Sie Daten in einer Tabelle erfassen und übersichtlich darstellen können. Die eigentliche Stärke der Tabellenkalkulation besteht jedoch in der Bearbeitung dieser Daten. Daher sollten Sie nun eine Beispieltabelle anlegen. Am besten übernehmen Sie alle Einträge exakt aus der Abbildung. Das erleichtert Ihnen in den folgenden Abschnitten die Orientierung.

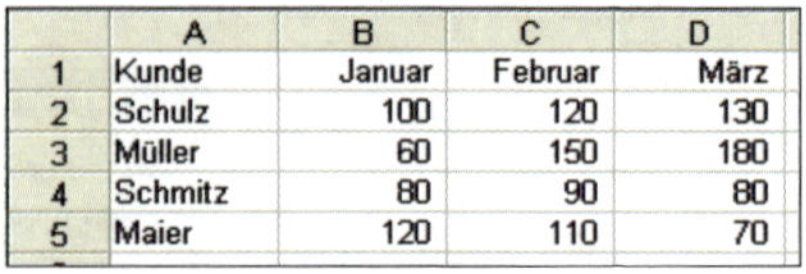

	A	B	C	D
1	Kunde	Januar	Februar	März
2	Schulz	100	120	130
3	Müller	60	150	180
4	Schmitz	80	90	80
5	Maier	120	110	70

Bei den erfassten Zahlen kann es sich beispielsweise um Umsätze oder Bestellungen handeln.

Daten sortieren

In der kleinen Beispieltabelle fällt es natürlich noch leicht, sich zu orientieren. Sobald Sie aber größere Datenmengen erfassen, ist es sicher sinnvoll, die Tabelle nach Kundennamen zu sortieren.

1 Klicken Sie zunächst auf das Eckfeld von Zeilen- und Spaltenkopf ●,

●	A
1	Kunde
2	Schulz

um die gesamte Tabelle zu markieren.

	A	B	C	D
1	Kunde	Januar	Februar	März
2	Schulz	100	120	130
3	Müller	60	150	180
4	Schmitz	80	90	80
5	Maier	120	110	70
6				

2 Anschließend klicken Sie in der Menüleiste auf

Extras

und im aufklappenden Menü auf

Sortieren....

3 Sie öffnen dadurch ein Dialogfenster, in dem Sie die Sortierung der Tabelle festlegen können.

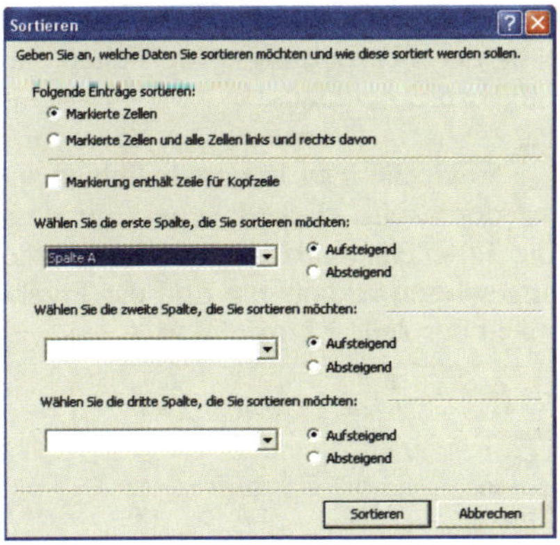

➔ Belassen Sie die Einstellung ●, wie sie ist.

Folgende Einträge sortieren:
(•) Markierte Zellen ●

➔ Klicken Sie dann in das Kästchen ●,

☐ Markierung enthält Zeile für Kopfzeile

das daraufhin mit einem Haken versehen wird: ●

☑ Markierung enthält Zeile für Kopfzeile

Dadurch verhindern Sie, dass die Spaltenüberschrift in die Sortierung miteinbezogen wird, was natürlich nicht erwünscht ist.

➔ Auch die Einstellung, nach welcher Spalte Ihrer Tabelle sortiert werden soll, behalten Sie bei.

Wählen Sie die erste Spalte, die Sie sortieren möchten:
Kunde — (•) Aufsteigend ( ) Absteigend

➔ Die Felder ●,

Wählen Sie die zweite Spalte, die Sie sortieren möchten:
● — (•) Aufsteigend ( ) Absteigend
Wählen Sie die dritte Spalte, die Sie sortieren möchten:
● — (•) Aufsteigend ( ) Absteigend

mit denen Sie eine Untersortierung durchführen könnten, lassen Sie leer.

4 Wenn Sie nun unten in diesem Dialogfenster auf die Schaltfläche

Sortieren

klicken, wird Ihre Tabelle alphabetisch nach den Kundennamen sortiert.

	A	B	C	D
1	Kunde	Januar	Februar	März
2	Maier	120	110	70
3	Müller	60	150	180
4	Schmitz	80	90	80
5	Schulz	100	120	130

Wie Sie sehen, bleiben aber jedem Kunden die korrekten Zahlen zugeordnet.

5 Mit einem Klick in eine beliebige Zelle heben Sie die Markierung auf.

	A	B	C	D
1	Kunde	Januar	Februar	März
2	Maier	120	110	70
3	Müller	60	150	180
4	Schmitz	80	90	80
5	Schulz	100	120	130

Berechnungen durchführen

Wenn Sie die Tabellenkalkulation nutzen, gehört das endlose Addieren von Zahlenkolonnen mit dem Taschenrechner der Vergangenheit an.

1 Klicken Sie zunächst in die erste freie Zelle in der ersten Datenzeile, in der Beispielabbildung also die Zelle E2.

A	B	C	D	E
Kunde	Januar	Februar	März	
Maier	120	110	70	
Müller	60	150	180	
Schmitz	80	90	80	
Schulz	100	120	130	

2 Dann tippen Sie ein Gleichheitszeichen („=“) ein. Damit teilen Sie dem Programm mit, dass Sie in dieser Zelle eine Berechnung durchführen

> **! Die Grundrechenarten**
>
> Für die vier Grundrechenarten stehen folgende Zeichen zur Verfügung:
>
> + Addition
> - Subtraktion
> * Multiplikation
> / Division
>
> Das Multiplikations-Symbol geben Sie ein, indem Sie [⇧] und [+] drücken. Das Divisions-Symbol geben Sie ein, indem Sie [⇧] und [7] drücken.

wollen. Danach tippen Sie „B2+C2+D2“ ein. Durch die Angabe dieser Zelladressen bestimmen Sie, welche Werte der Berechung zu Grunde gelegt werden sollen. Die Pluszeichen schließlich geben an, dass diese Werte addiert werden sollen. Die komplette Formel, wie man eine solche Rechenanweisung nennt, sieht also wie folgt aus:

=B2+C2+D2

C	D	E
Februar	März	
110	70	=B2+C2+D2
150	180	

In der Bearbeitungsleiste sehen Sie die Formel ebenfalls.

3 Sowie Sie jetzt in eine beliebige andere Zelle klicken, sehen Sie, dass die Tabellenkalkulation die Werte wie angewiesen addiert hat und das Ergebnis in der Zelle E2 anzeigt.

A	B	C	D	E
Kunde	Januar	Februar	März	
Maier	120	110	70	300
Müller	60	150	180	
Schmitz	80	90	80	
Schulz	100	120	130	

4 Ganz wichtig für das Verständnis ist: Die Zelle zeigt zwar eine Zahl, nämlich das Ergebnis Ihrer Berechnung. Tatsächlich enthält die Zelle aber eine **Formel**. Dieser Unterschied wird klarer, wenn Sie erneut in die Zelle klicken.

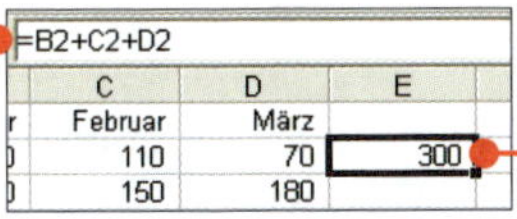

In der Bearbeitungsleiste ist der tatsächliche Zellinhalt aufgeführt, nämlich die Formel ●. In der Zelle selbst finden Sie das Ergebnis der Berechung, im Beispiel den Wert 300 ●.

5 Nun möchten Sie natürlich auch gerne die Summen der anderen Kunden wissen. Nichts einfacher als das: Führen Sie den Mauszeiger an die rechte untere Ecke der Zelle, die die Formel enthält, bis der Mauszeiger seine Form verändert. ●

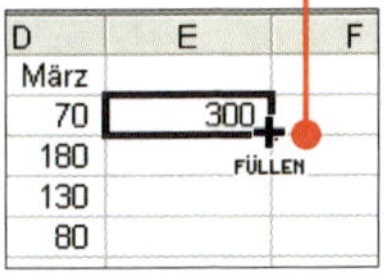

6 Drücken Sie dann die linke Maustaste, und führen Sie den Mauszeiger mit weiterhin gedrückter Maustaste hinunter bis zur letzten Datenreihe. Dort lassen Sie die Maustaste los.

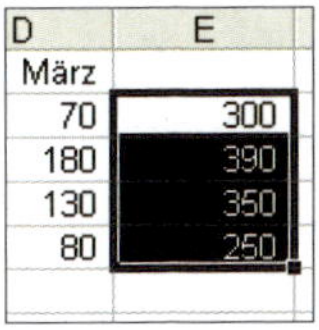

7 Wie Sie sehen, können Sie die Füll-Funktion also auch auf Formeln anwenden. Die Formeln werden automatisch richtig angepasst, wovon Sie sich durch einen Blick in eine der ausgefüllten Zellen überzeugen können. ●

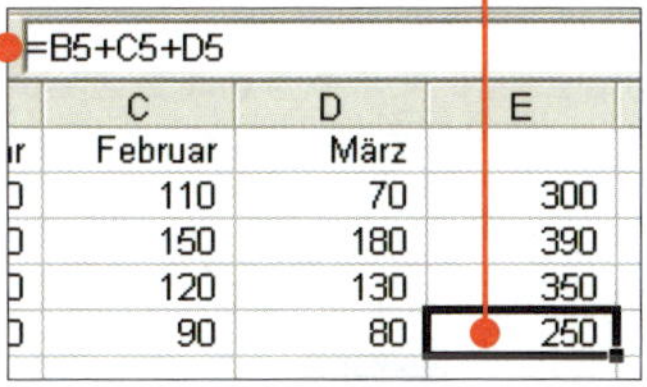

In der Bearbeitungsleiste sehen Sie nämlich, dass die Tabellenkalkulation automatisch die richtigen Zelladressen ● verwendet hat.

AutoSumme

Bei Tabellen kommt es sehr häufig vor, dass Sie Spalten- oder Zeilensummen bilden wollen. Daher stellt Ihnen die Tabellenkalkulation von Works eine sehr hilfreiche Funktion zur Verfügung, die so genannte „AutoSumme".

1 Klicken Sie zunächst in die erste freie Zelle unter der ersten Datenspalte, im Beispiel ●.

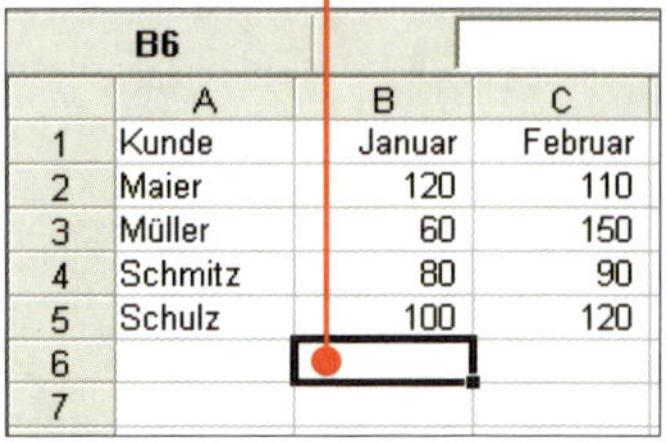

2 Danach folgt ein Klick in der Symbolleiste auf das Summenzeichen

Σ.

3 Die Tabellenkalkulation schlägt Ihnen daraufhin einen Zellbereich zur Summenbildung vor. In der Bearbeitungsleiste sehen Sie den Ausdruck „Summe“, in der Klammer dahinter den vorgeschlagenen Bereich.

B2:B5 | X ✓ ? | =SUMME(B2:B5)

	A	B	C	D
1	Kunde	Januar	Februar	März
2	Maier	120	110	70
3	Müller	60	150	180
4	Schmitz	80	90	80
5	Schulz	100	120	130
6		=SUMME(B2:B5)		

An der optischen Hervorhebung in der Tabelle können Sie leicht erkennen, dass dieser Vorschlag sinnvoll ist.

4 Drücken Sie daher zur Bestätigung die Taste [↵]. Anschließend wird das korrekte Rechenergebnis in der Tabelle angezeigt.

	A	B	C	D	E
1	Kunde	Januar	Februar	März	
2	Maier	120	110	70	300
3	Müller	60	150	180	390
4	Schmitz	80	90	80	250
5	Schulz	100	120	130	350
6		360			

5 Die im vorigen Abschnitt (Schritt 5-7) beschriebene Füll-Funktion können Sie auch verwenden, um Zellen horizontal aufzufüllen.

A	B	C	D	E
Kunde	Januar	Februar	März	
Maier	120	110	70	300
Müller	60	150	180	390
Schmitz	80	90	80	250
Schulz	100	120	130	350
	360	470	460	

6 Im Nu haben Sie also Werte sowohl zeilen- als auch spaltenweise addiert.

Auf einen Blick sehen Sie, welche Gesamtumsätze Sie im Januar gemacht ha-

! Rechenhilfen für nahezu jeden Zweck

Die Tabellenkalkulation von Works verarbeitet nicht nur die Grundrechenarten. Klicken Sie in der Menüleiste auf

Einfügen

und dann auf den Eintrag

Funktion... .

Über das daraufhin geöffnete Fenster bekommen Sie Zugriff auf alle denkbaren Rechenfunktionen.

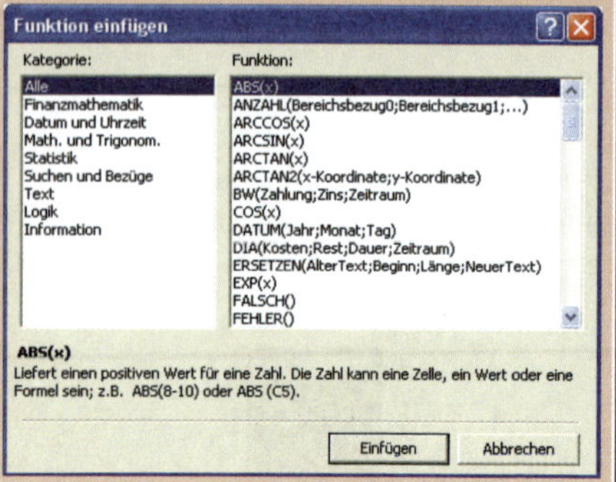

ben ●, oder auch wie hoch der Umsatz des Kunden Müller in den drei erfassten Monaten war. ●

	A	B	C	D	E
1	Kunde	Januar	Februar	März	
2	Maier	120	110	70	300
3	Müller	60	150	180	390
4	Schmitz	80	90	80	250
5	Schulz	100	120	130	350
6		360	470	460	

7 Mitunter müssen Sie Werte in einer Tabelle nachträglich verändern. Sie brauchen dann aber nicht alle Berechnungen erneut durchzuführen. Wenn Sie beispielsweise beim Kunden Schulz den Januar-Umsatz ●

A	B
Kunde	Januar
Maier	120
Müller	60
Schmitz	80
Schulz	100
	360

durch den neuen Wert 300 ●

Kunde	Januar	Februar	März	
Maier	120	110	70	300
Müller	60	150	180	390
Schmitz	80	90	80	250
Schulz	300	120	130	550
	560	470	460	

ersetzen, werden sowohl der Gesamtumsatz im Januar ● als auch der Gesamtumsatz vom Kunden Schulz ● sofort automatisch korrigiert.

Mit Diagrammen Daten veranschaulichen

Die exakten Daten, die Sie in einer Tabelle erfassen, eignen sich vorzüglich für Analysen. Mit Grafiken lassen sich Daten jedoch noch anschaulicher darstellen.

1 Markieren Sie die Umsatztabelle wie in der Beispielabbildung.

	A	B	C	D	E
1	Kunde	Januar	Februar	März	
2	Maier	120	110	70	300
3	Müller	60	150	180	390
4	Schmitz	80	90	80	250
5	Schulz	300	120	130	550
6		560	470	460	

2 Anschließend folgt ein Klick in der Symbolleiste auf

.

In dem Registerfenster, das daraufhin angezeigt wird, können Sie Ihr neues Diagramm gestalten.

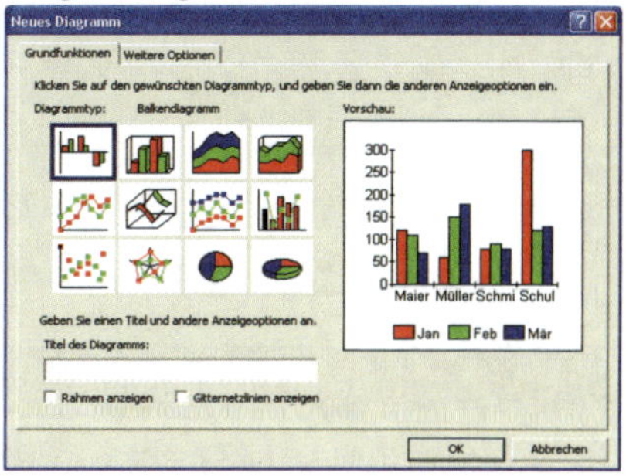

3 Im Bereich links

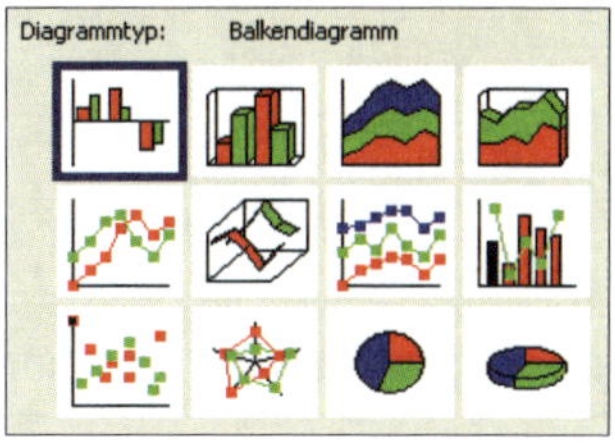

legen Sie zunächst den Typ des Diagramms fest.

Im Vorschaubereich bekommen Sie schon einen ganz guten Eindruck von der Wirkung des fertigen Diagramms.

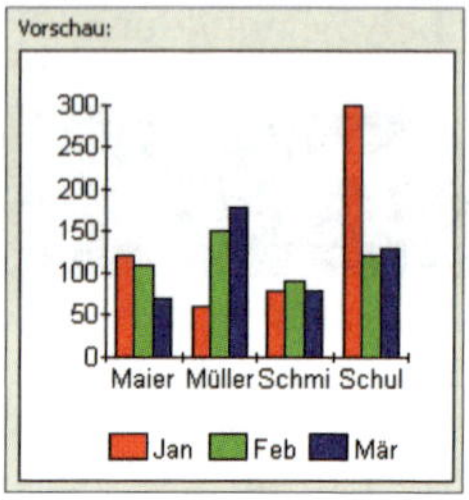

4 Danach tippen Sie in das Feld

einen aussagekräftigen Titel ein, beispielsweise ●.

5 Sowie Sie dann auf die Schaltfläche

klicken, sehen Sie über die gesamte Arbeitsfläche das soeben erstellte Diagramm.

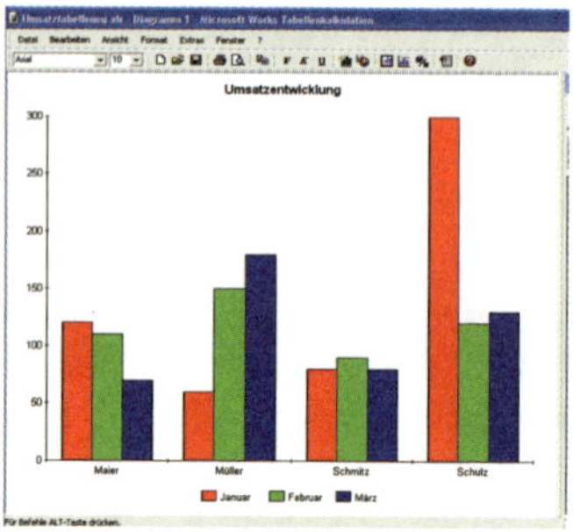

Jetzt können Sie auf einen Blick die Umsatzentwicklung Ihrer Kunden beurteilen.

6 Um zur Ansicht Ihrer Tabelle zurückzukehren, klicken Sie in der Menüleiste auf

und im aufklappenden Menü auf den Eintrag

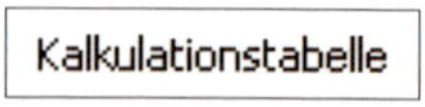

.

Verschiedene Diagramme

Sie können zu einer Tabelle auch mehrere Diagramme erstellen. Damit ein bestimmtes Diagramm angezeigt wird, klicken Sie in der Menüleiste auf

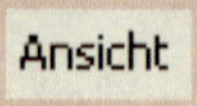

und danach auf

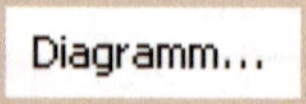

.

Im geöffneten Auswahlfenster ● erhalten Sie dann Zugriff auf sämtliche Diagramme.

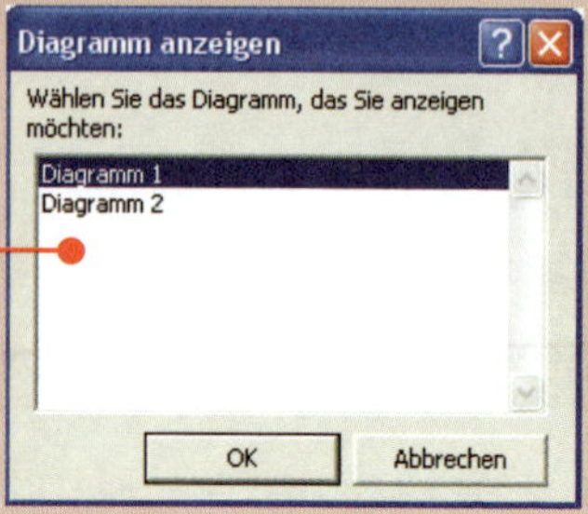

5 Informationen auf Abruf

In einer Datenbank können Sie Daten und Informationen sammeln, die im Aufbau Ähnlichkeiten aufweisen. Ein Beispiel für eine Datenbank ist etwa eine Adress-Sammlung, bei der Sie zu jeder Person Postanschriften, Telefonnummern oder Geburtstage erfassen. All diese Informationen werden in so genannten Datensätzen in der Datenbank gespeichert. Wichtig ist, dass die Datensätze einer Datenbank immer wieder die gleiche Struktur aufweisen, also die gleichen Felder haben, die Daten wie Name, Straße und Ort aufnehmen. Dabei ist es nicht notwendig, dass Sie jedes Feld ausfüllen.

Das Datenbank- und das Tabellenkalkulationsprogramm von Works sind in vielerlei Hinsicht miteinander verwandt. Auch in einer Tabelle könnten Sie beispielsweise eine Adressliste verwalten. Während die Tabellenkalkulation ihre besonderen Stärken jedoch bei der automatischen Berechnung von Zahlenwerten hat, steht bei der Datenbank die Anzeige von Daten im Vordergrund. So können Sie zum Beispiel durch Filter die Anzeige der Daten nach bestimmten Kriterien einschränken.

Im fünften Kapitel dieses Buches erfahren Sie,

- wie Sie sich in einer Datenbank bewegen,
- wie Sie eine Vorlage wunschgemäß anpassen,
- wie Sie sich nur bestimmte Datensätze anzeigen lassen,
- und wie Sie Berichte erstellen, um Ihre Daten auszudrucken.

Kapitel-Wegweiser

Eine Datenbank-Vorlage nutzen

Sie können eine Datenbank ganz nach Ihren Bedürfnissen einrichten. Um sich mit der Funktionsweise vertraut zu machen, verwenden Sie aber am besten zunächst eine vorgefertigte Datenbank, wie sie zum Lieferumfang von Works gehört.

1 Öffnen Sie als Erstes Works, wie in Kapitel 1 beschrieben. Wechseln Sie dann von der **Homepage** in die Ansicht „Programme“, indem Sie in der Navigationsleiste auf ● klicken.

2 In der geöffneten Programmliste folgt ein Klick auf den Eintrag

.

3 Anschließend sehen Sie im rechten Teil des Fensters verschiedene Datenbank-Vorlagen. ●

Klicken Sie hier auf das Symbol

.

4 Damit wird der Datenbank-**Assistent** aufgerufen.

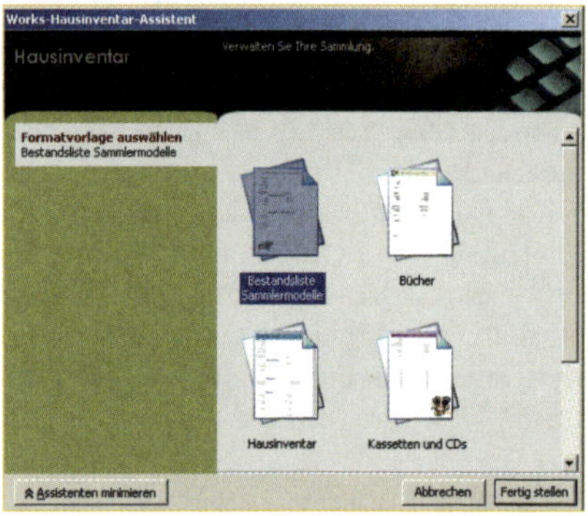

Wählen Sie per Mausklick das Symbol

,

und klicken Sie danach auf

.

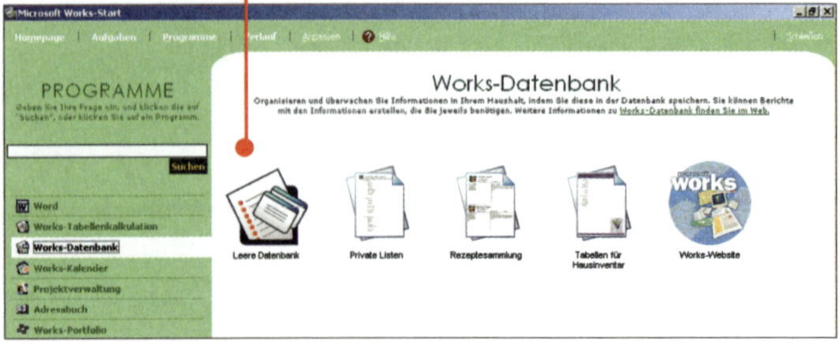

5 Kurz darauf wird die Hausinventar-Datenbank in der so genannten Formularansicht dargestellt.

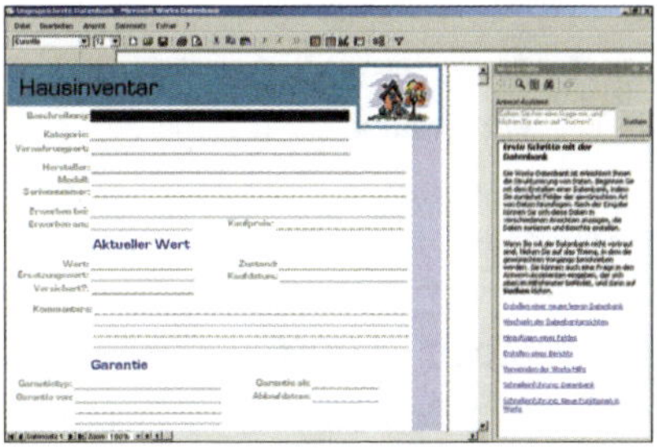

In dieser Formularansicht können Sie nun Ihre Daten eingeben. Klicken Sie dazu als Erstes in das oberste Feld, um eine Markierung zu setzen:

! Einträge korrigieren

Wie bei der Tabellenkalkulation können Sie bestehende Einträge nur in der Bearbeitungsleiste korrigieren. Vgl. dazu Seite 59.

6 Tragen Sie dann einfach den ersten Wertgegenstand Ihres Haushaltes ein, zum Beispiel .

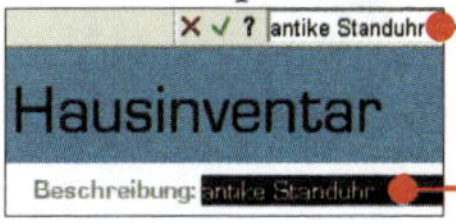

Ihre Eingabe erscheint gleichzeitig in der Bearbeitungsleiste .

Sowie Sie dann zur Bestätigung die [↵]-Taste drücken, springt die Einfügemarke automatisch zum nächsten Feld.

7 Nach und nach können Sie auf diese Weise die Felder ausfüllen, wobei Sie natürlich auch Felder auslassen können, bei denen Sie keine Eingabe vornehmen wollen.

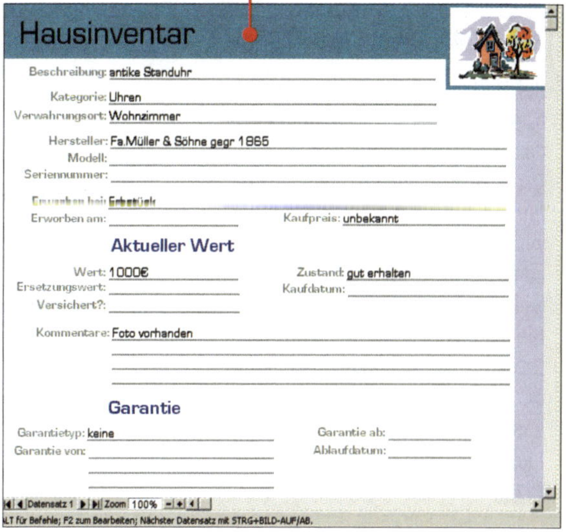

8 Eine komplett ausgefüllte Formularseite stellt einen Datensatz dar. Am unteren Fensterrand befindet sich eine Navigationsleiste, die die aktuelle Datensatznummer anzeigt.

Wenn Sie in dieser Navigationsleiste auf

klicken, blättern Sie zum nächsten (bisher noch leeren) Datensatz. Dort können Sie dann einen weiteren Eintrag vornehmen, im Beispiel also den nächsten Haushaltsgegenstand erfassen.

9 Eine Datenbank setzt sich also aus vielen einzelnen Datensätzen zusammen. Durch einen Klick auf

springen Sie zum ersten Datensatz in Ihrer Datenbank.

Demgegenüber gelangen Sie mit einem Klick auf

! Die Größe der Anzeige verändern

Mit einem (oder mehreren) Mausklick(s) auf die Plus- und Minuszeichen

können Sie die Größe der Formularansicht verändern: Plus sorgt für größere Schrift, Minus für einen besseren Überblick über das komplette Dokument.

! Fehleintrag verschieben

Bei Bedarf können Sie einen Eintrag verschieben. Markieren Sie dazu das Feld per Mausklick.
Drücken Sie die linke Maustaste, und ziehen Sie den Eintrag mit weiterhin gedrückter Maustaste zum gewünschten Feld, beispielsweise.
Sie sehen dann einen schraffierten Balken und das Wort „Ablegen“ darunter.
Lassen Sie jetzt die Maustaste los, steht der Eintrag am neuen Platz.

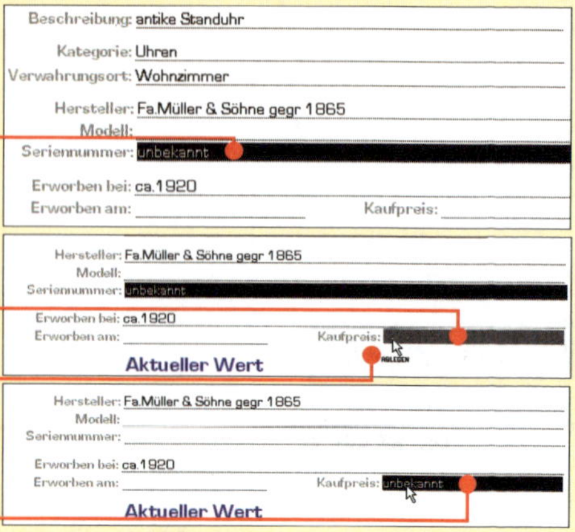

zum ersten leeren Datensatz, ganz am Ende der Datenbank.

Mit den Schaltflächen

beziehungsweise

blättern Sie sich Datensatz für Datensatz nach vorne oder nach hinten.

Ansicht wählen

Die Formularansicht dient der Datenerfassung. Daneben gibt es aber noch weitere Ansichten, in denen Sie mit Ihrer Datenbank arbeiten können.

- Wenn Sie in der Symbolleiste auf

klicken, wechseln Sie zur Entwurfsansicht. In dieser Ansicht können Sie Ihrem **Formular** auch äußerlich die Form geben, die Sie wünschen.

- Mit einem Mausklick in der Symbolleiste auf

gelangen Sie zur Listenansicht.

In der Listenansicht sehen Sie Ihre Daten in tabellarischer Form.

Beschreibung	Kategorie	Verwahrungsort
antike Uhr	Antiquitäten	Keller
PC	Elektroartikel	Arbeitszimmer
Stereoanlage	Musik	Wohnzimmer
Filmkamera		Wohnzimmer

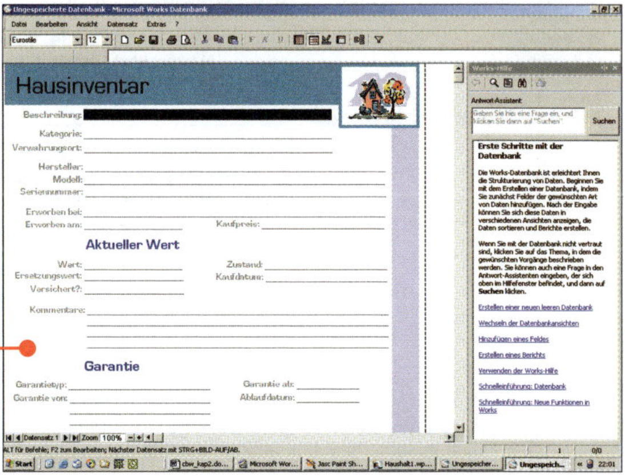

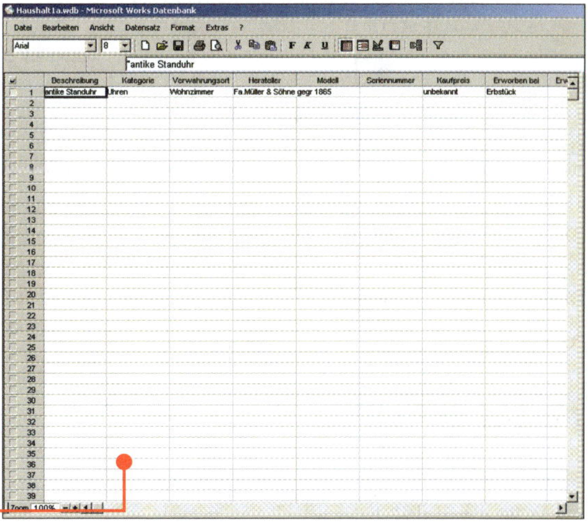

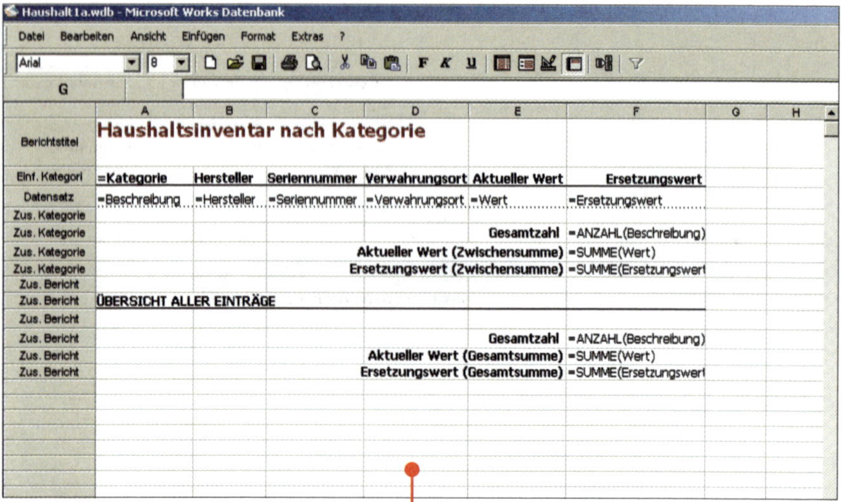

Diese Ansicht eignet sich besonders, um Ihrer Datenbank beispielsweise Felder hinzuzufügen.

- Schließlich steht noch das Symbol

zur Verfügung. Per Klick darauf bekommen Sie die Entwurfsansicht für einen Bericht angezeigt.

- Um in die Formularansicht zurückzukehren, klicken Sie in der Symbolleiste auf .

Felder einfügen

Möchten Sie wichtige Daten in Ihre Datenbank aufnehmen, es gibt jedoch kein passendes Feld? In der Listenansicht können Sie, wie eben erwähnt, leicht Felder hinzufügen.

1 Öffnen Sie die Listenansicht, indem Sie in der Symbolleiste auf

klicken.

2 Setzen Sie die Einfügemarke in der Liste in einer beliebigen Zeile in genau die Spalte, wo die neue Spalte (sie entspricht dem neuen Feld) eingefügt werden soll.

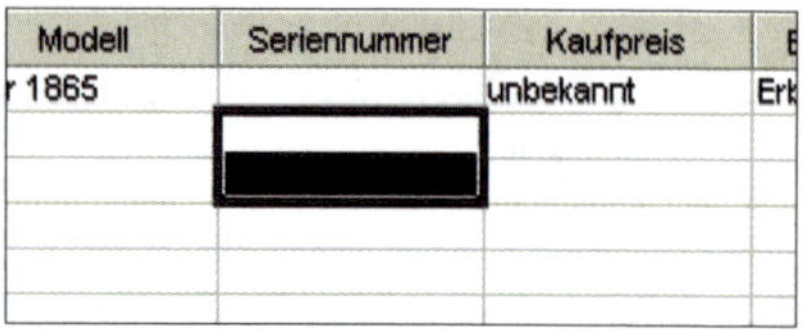

3 Klicken Sie anschließend in der Menüleiste auf ●,

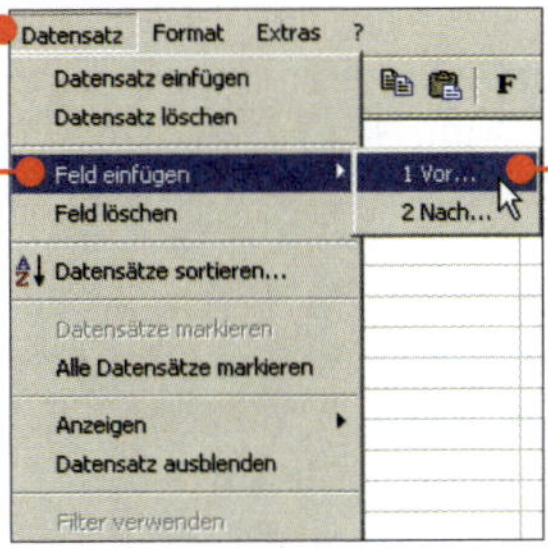

führen Sie den Mauszeiger über den Eintrag ●, und klicken Sie in der seitlich ausklappenden Auswahl auf ●.

4 Daraufhin wird ein **Dialogfenster** angezeigt, in dem Sie den Namen für das neue Feld eingeben, beispielsweise ●.

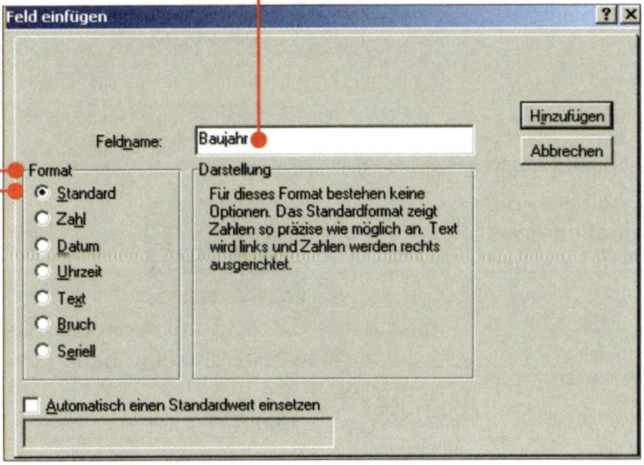

Im Bereich ● können Sie je nach Art des Feldes ein Format bestimmen. Sind Sie sich nicht ganz sicher, belassen Sie es beim voreingestellten Standardformat ●.

5 Nach einem Klick auf die Schaltfläche 

wird das neue Feld in Ihre Datenbank eingesetzt. ●

6 Um das noch immer geöffnete Dialogfenster zu schließen, genügt ein Klick auf die Schaltfläche

.

Felder löschen

Felder, die Sie nicht brauchen, können Sie aus der Datenbank entfernen, damit sie nicht unnötig Platz wegnehmen. Empfehlenswert ist es, dies in der Listenansicht zu erledigen. Andernfalls besteht die Gefahr, dass versehentlich ein Feld entfernt wird, das wichtige Daten enthält.

1 Klicken Sie in der Listenansicht in die Spalte, die Sie entfernen möchten.

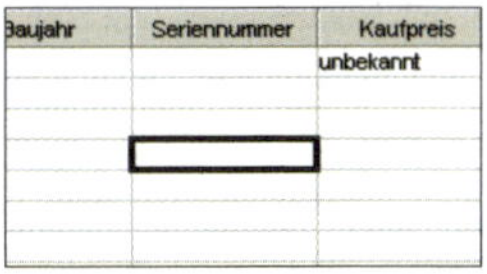

2 Danach folgt ein Klick in der Menüleiste auf

Datensatz

und im aufklappenden Menü

auf den Eintrag

Feld löschen.

3 Bestätigen Sie die Sicherheitsabfrage per Klick auf die Schaltfläche ●, wenn Sie dieses Feld mit allen darin enthaltenen Daten wirklich löschen wollen.

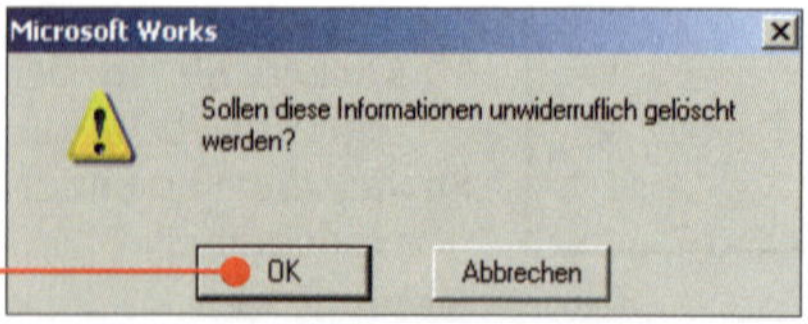

Damit haben Sie das Feld aus der Datenbank entfernt. Auf diese Weise können Sie alle Felder, die Sie nicht benötigen, aus der Datenbank löschen.

Formular anpassen

Sollten Sie ein neues Feld in die Datenbank aufgenommen oder eines entfernt haben, so müssen Sie auch das **Formular** an die neuen Gegebenheiten anpassen.

1 Dazu wechseln Sie in die Entwurfsansicht, weil Sie nur dort Zugriff auf die Formularstruktur haben. Klicken Sie also in der Symbolleiste auf

.

2 Wenn Sie in der Datenbank ein neues Feld ergänzt haben, finden Sie es bereits im Formular in der linken oberen Ecke. ●

3 Um es an die richtige Stelle zu verschieben, klicken Sie es an, halten die Maustaste gedrückt

und ziehen das Feld mit weiterhin gedrückter Maustaste an seine neue Position, etwa ●.

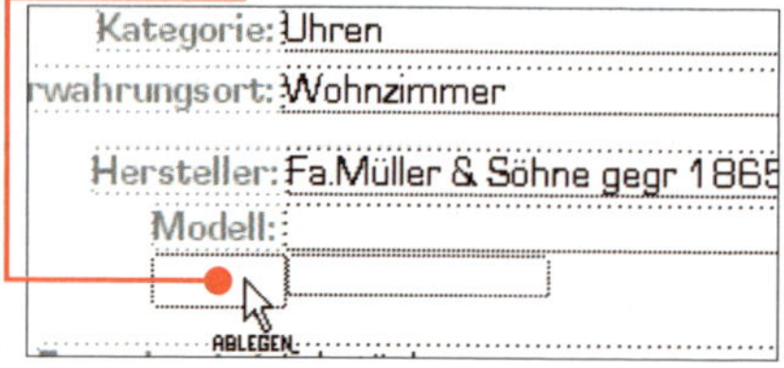

4 Sowie Sie Maustaste dort loslassen, wird das Feld an dieser Stelle in das Formular eingefügt.

5 Ein kleiner Schönheitsfehler ist noch zu bemängeln: Das neu eingefügte Feld ist nicht in der gleichen Schrift ausgezeichnet wie die anderen Felder. Um dies zu beheben, markieren Sie zunächst ein beliebiges Wort, indem Sie sich mit den Pfeiltasten dorthin bewegen. Dadurch erhalten Sie Aufschluss über den verwendeten Schrifttyp, in diesem Beispiel ●.

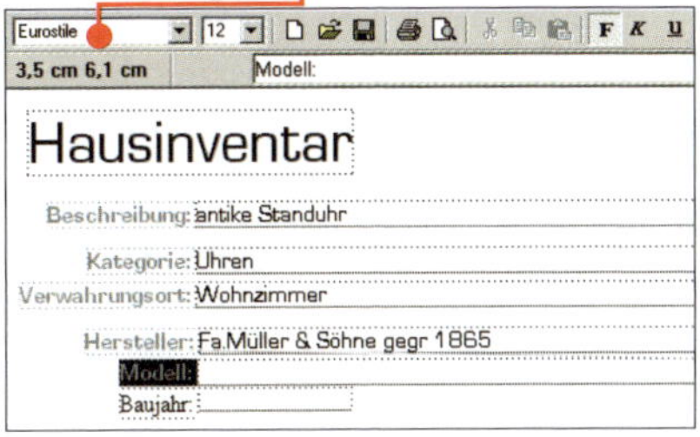

6 Klicken Sie nun mit der rechten (!) Maustaste in die Markierung, und wählen Sie im dazugehörigen **Kontextmenü** den Eintrag „Schriftart und Schriftschnitt" ● aus.

7 Im nachfolgenden Dialogfenster sind die aktuellen Einstellungen markiert.

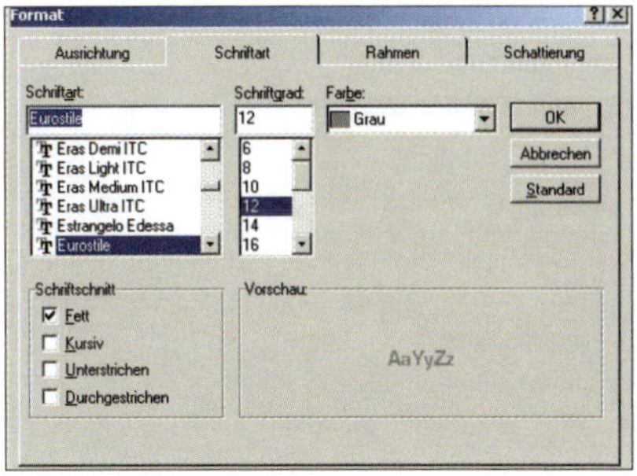

Im Beispiel handelt sich um die Schriftart Eurostile

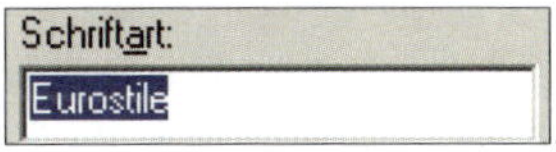

,

die in der Schriftgröße 12 Punkt

und fett

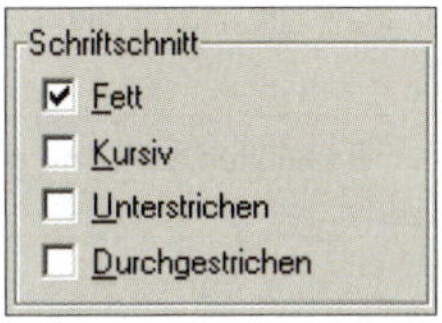

gesetzt wurde. Als Schriftfarbe wird Grau

verwendet. Merken Sie sich diese Angaben, und verlassen Sie das Dialogfenster per Klick auf

.

8 Als Nächstes klicken Sie mit der rechten (!) Maustaste in das neu eingefügte Feld und wählen aus dem Kontextmenü erneut das Dialogfenster

„Schriftart und Schriftschnitt", wie oben beschrieben.

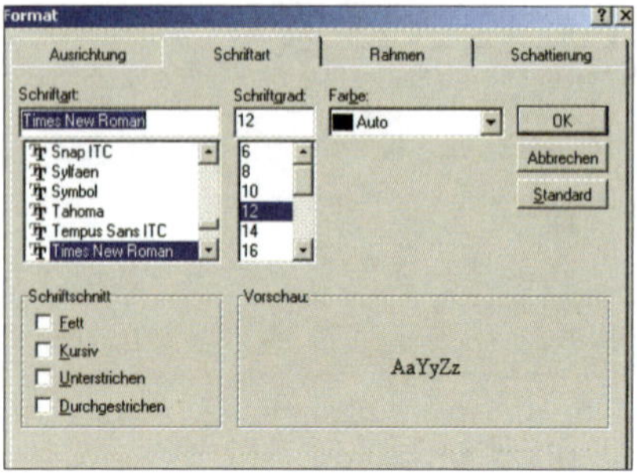

9 In diesem Dialogfenster führen Sie nun die Formatierung durch. Zum Abschluss klicken Sie auf die Schaltfläche 

.

Schon haben Sie die Schrift des neuen Feldnamens an die des Formulars angepasst.

Datensätze suchen

Wenn Sie nach einer bestimmten Information in Ihrer Datenbank suchen, müssen Sie nicht etwa alle Datensätze mühsam durchblättern.

1 Wechseln Sie zunächst in die Formularansicht durch einen Klick auf das Symbol .

2 Anschließend klicken Sie in der Menüleiste auf

und dann im aufgeklappten Menü

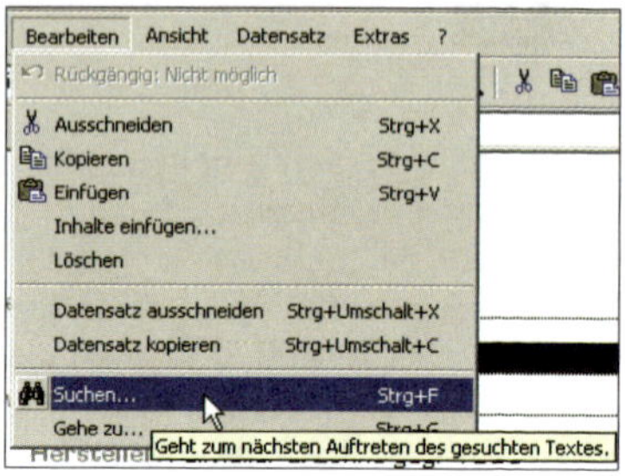

auf den Eintrag

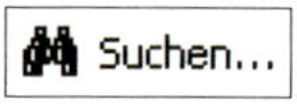

.

3 Im Dialogfenster, das daraufhin angezeigt wird, geben Sie den gesuchten Begriff oder Wert ein.

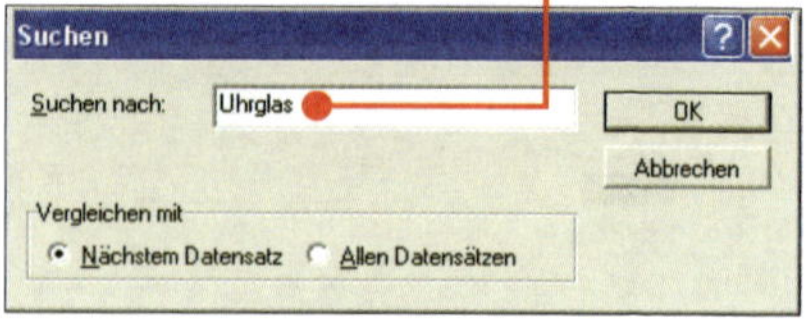

4 Behalten Sie die Option

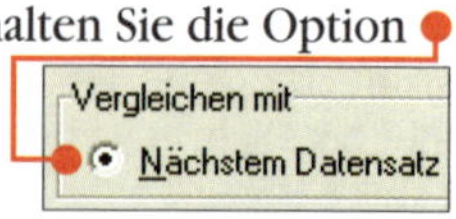

bei, und lösen Sie durch einen Klick auf

den Suchvorgang aus.

Umgehend wird der nächste Datensatz angezeigt, in dem der Suchbegriff vorkommt.

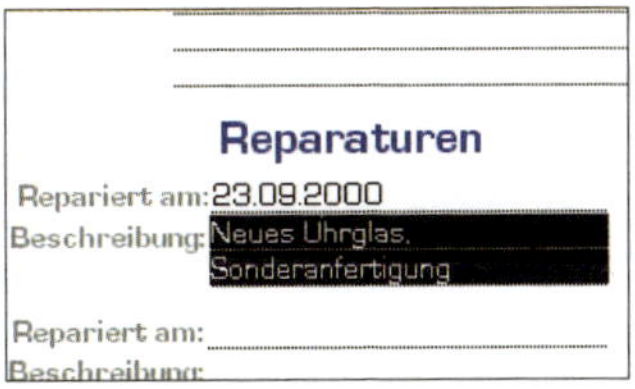

5 Wählen Sie stattdessen in Schritt 3 durch einen Mausklick die Option

Allen Datensätzen

und starten dann den Suchvorgang, werden alle Datensätze ausgeblendet, die den Suchbegriff nicht beinhalten. Das bedeutet, dass alle Datensätze, die Sie jetzt über

durchblättern, den Suchbegriff enthalten.

6 Damit wieder alle Datensätze in der Datenbank angezeigt werden, klicken Sie in der Menüleiste auf

Datensatz,

führen den Mauszeiger im aufklappenden Menü

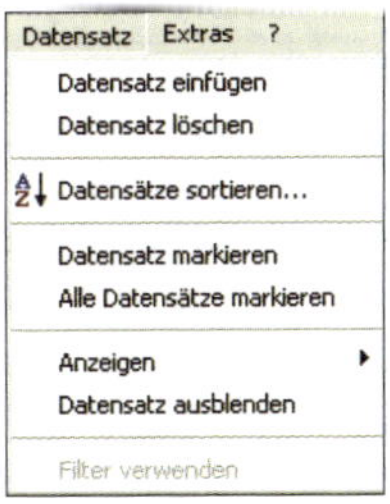

über den Eintrag

Anzeigen,

bis seitlich eine Auswahl erscheint,

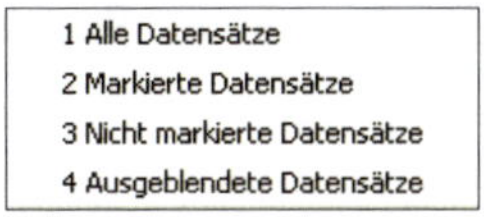

und klicken dann darin auf

1 Alle Datensätze.

Datensätze sortieren

Sie können Ihre Haushaltsgegenstände in der Datenbank in beliebiger Reihenfolge erfassen. Eine Sortierung, nach welchem Kriterium auch immer, können Sie zu jedem beliebigen Zeitpunkt vornehmen.

1 Wenn Sie beispielsweise die Gegenstände nach ihrem Wert sortieren wollen, gehen Sie wie folgt vor: Klicken Sie in der Menüleiste auf

Datensatz

und im aufklappenden Menü auf

Datensätze sortieren....

2 Im Dialogfenster, das daraufhin angezeigt wird,

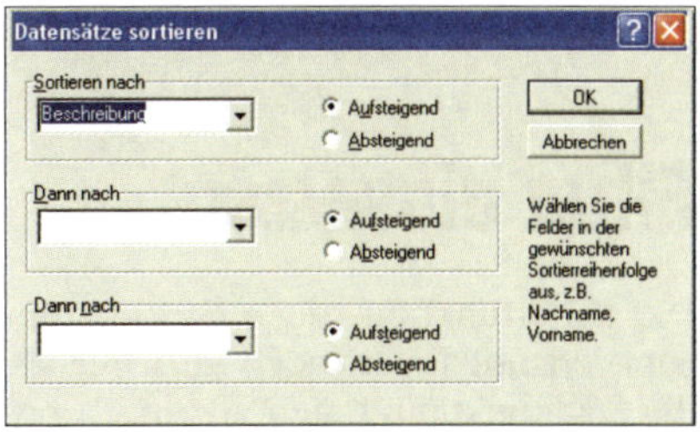

können Sie das Kriterium festlegen. Klicken Sie dazu auf den Pfeil ●

und in der geöffneten Liste auf ●.

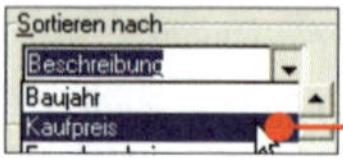

3 In den Optionsfeldern

bestimmen Sie die Sortierreihenfolge. Belassen Sie die Einstellung ●, wird der niedrigste Wert als erster Datensatz angezeigt.

4 Bei Bedarf könnten Sie noch zwei weitere Sortierungen angeben.

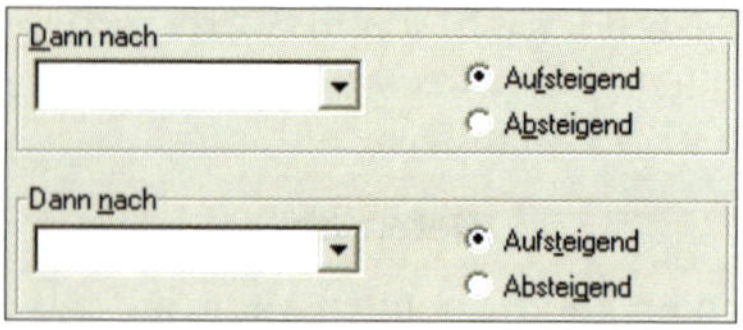

5 Mit einem Klick auf die Schaltfläche

führen Sie die Sortierung schließlich durch.

Filter einsetzen

Die Filterfunktion der Works-Datenbank erlaubt Ihnen noch gezielter als die Suchfunktion, Datensätze nach bestimmten Kriterien auszuwählen. Im folgenden Beispiel wird gezeigt, wie Sie sich nur Gegenstände in Ihrer Datenbank anzeigen lassen, die 2000 Euro oder mehr gekostet haben.

1 Klicken Sie zunächst in der Symbolleiste auf

, um die Filterfunktion aufzurufen.

2 Sie werden nun dazu aufgefordert, dem gewünschten Filter einen Namen zu geben.

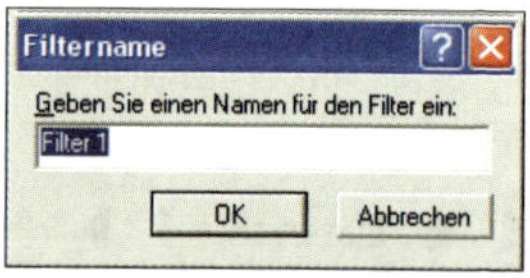

Tippen Sie die Bezeichnung in das Feld ● ein,

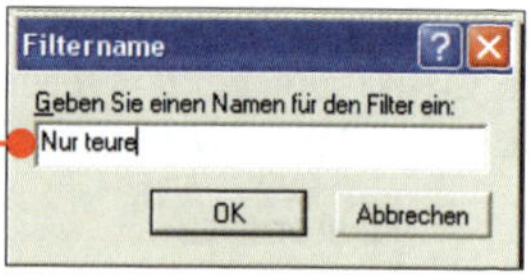

und klicken Sie anschließend auf

.

3 Im nachfolgenden Fenster legen Sie die Filterkriterien fest.

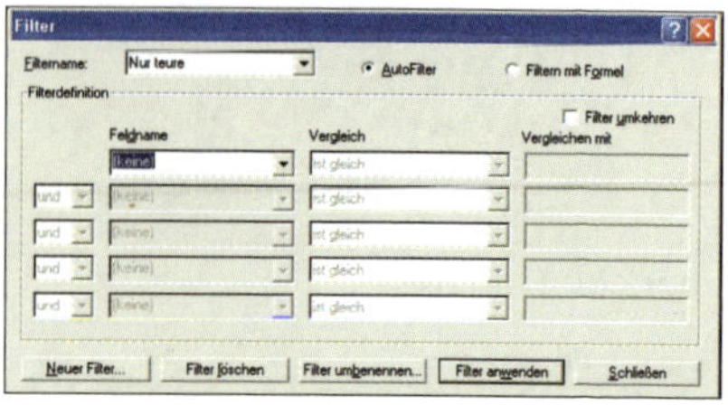

Klicken Sie dazu als Erstes auf den nach unten weisenden Pfeil

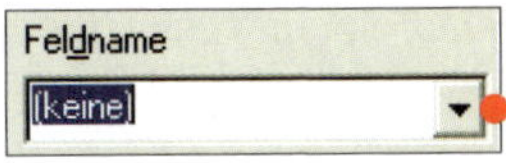

und danach in der aufgeklappten Liste der Feldnamen

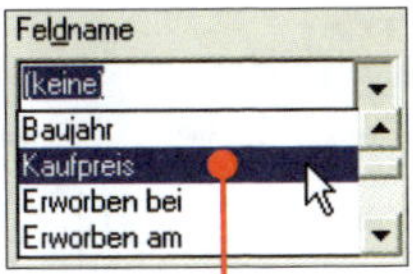

auf den Eintrag .

4 Als Nächstes klicken Sie auf den Pfeil im Feld „Vergleich“

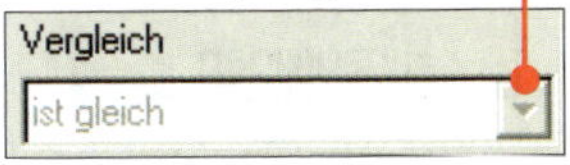

und in der geöffneten Liste der Vergleichsoperatoren auf .

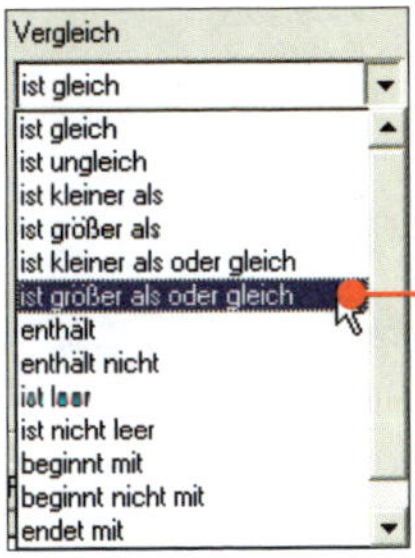

5 Ins Feld rechts daneben

tippen Sie dann einen Wert ein.

6 Die Filterkriterien könnten dann beispielsweise so aussehen:

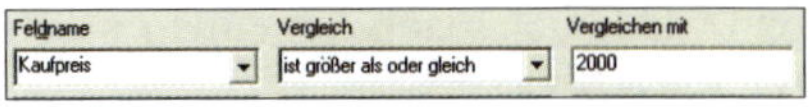

Jetzt brauchen Sie nur noch auf

zu klicken, damit in Ihrer Datenbank nur noch die Haushaltsgegenstände angezeigt werden, die mindestens 2000 Euro gekostet haben.

7 Um sich wieder alle Datensätze anzeigen zu lassen, klicken Sie in der Menüleiste auf

,

führen den Mauszeiger über

und klicken dann auf

.

Daten ausdrucken

In Berichten werden die Inhalte einer Datenbank unabhängig vom Formular angezeigt und für den Druck vorbereitet. Bei der Erstellung eines Berichts in einer Works-Datenbank unterstützt Sie ein **Assistent** namens „AutoBericht“. Im folgenden Beispiel wollen Sie eine Liste der Anschaffungskosten Ihrer Haushaltsgegenstände ausdrucken.

1 Klicken Sie mit der linken Maustaste in der Menüleiste auf

,

und wählen Sie dann mit einem weiteren Klick ● aus.

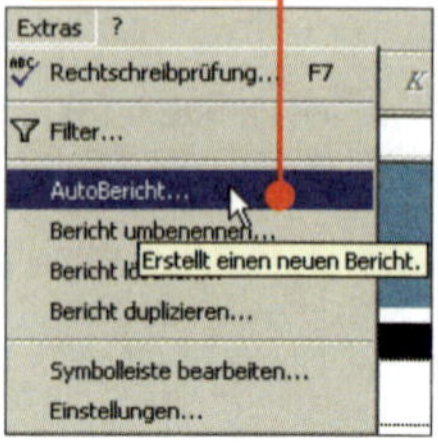

2 Tippen Sie im nachfolgenden Fenster

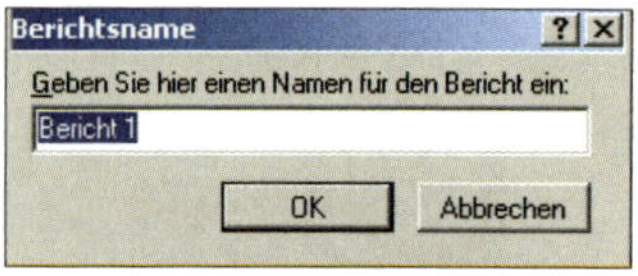

einen Namen ein, beispielsweise ●,

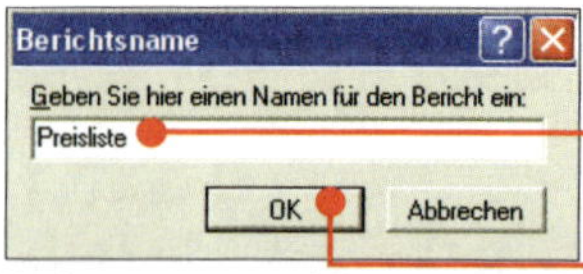

und klicken Sie anschließend auf ●.

4 Nun wählen Sie aus, welche Felder Ihr Bericht enthalten soll. Bringen Sie dazu mit einem Klick auf den Registerreiter

das Felder-Register in den Vordergrund. Klicken Sie dann auf die Feldbezeichnung, etwa ●,

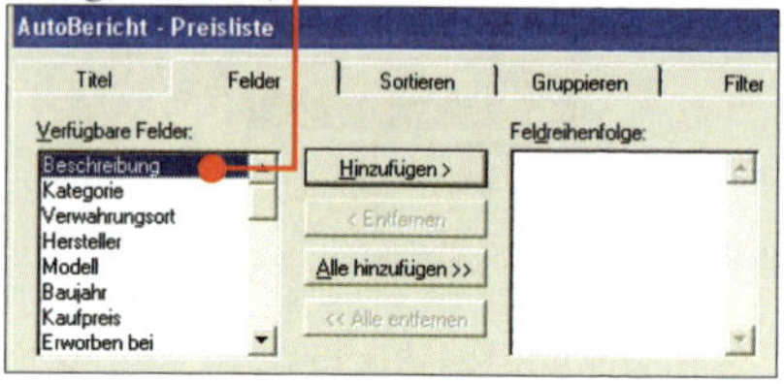

und anschließend auf die Schaltfläche

.

Die so ausgewählten Felder wandern gleichsam in das rechte Fenster.

3 Daraufhin wird ein Registerfenster angezeigt, in dem Sie den Bericht näher bestimmen können. Den Berichtsnamen ●, das Format ● sowie die Schriftart ● und -größe ● können Sie wie vorgeschlagen übernehmen. Klicken Sie daher auf

.

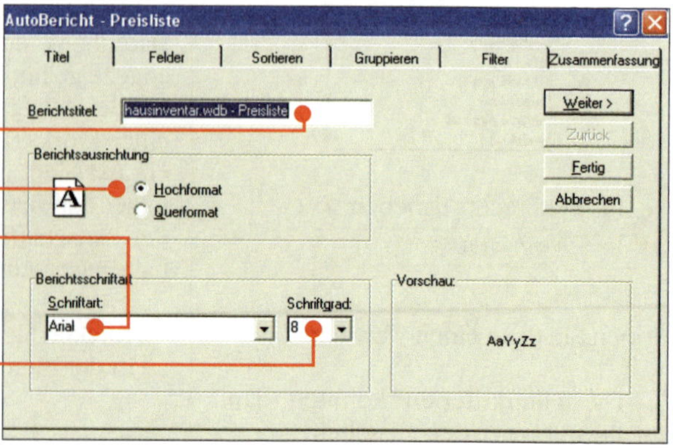

Fahren Sie fort mit einem Klick auf

.

5 Bringen Sie dann das Fenster „Sortieren“ wieder per Klick auf den Registerreiter

in den Vordergrund. In diesem Fenster können Sie festlegen, ob Ihre Datensätze sortiert werden sollen. Klicken Sie dazu auf den Pfeil ● im Feld „Sortieren nach“

und dann in der Liste auf die entsprechende Feldbezeichnung. Die Auswahl ●

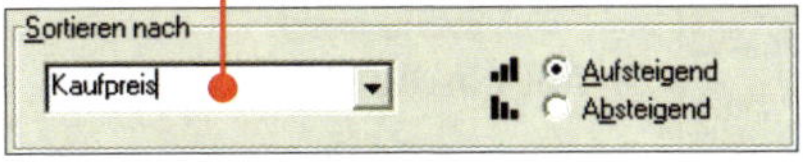

führt also beispielsweise dazu, dass Ihre Gegenstände nach dem Preis sortiert werden. Klicken Sie nun wieder auf

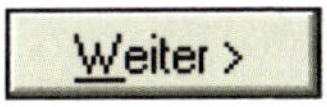

.

6 Im Fenster, das als Nächstes eingeblendet wird, brauchen Sie keine Einstellungen vorzunehmen. ●

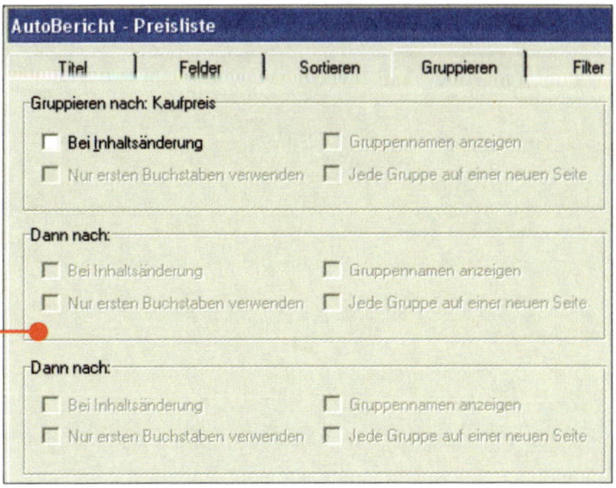

Sie können daher gleich auf

klicken.

7 Danach können Sie per Mausklick bestimmen, ob nur die derzeit angezeigten Datensätze ● oder alle Datensätze ●, also auch die derzeit ausgeblendeten, in den Bericht miteinbezogen werden sollen.

Auch Filter, die Sie selbst erstellt haben, im Beispiel ●, werden in diesem Auswahlfenster angeboten. Nachdem Sie Ihre Wahl getroffen haben, folgt wieder ein Klick auf

.

8 Klicken Sie im nächsten Fenster im Bereich ●

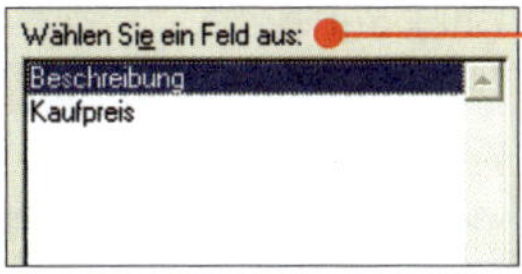

auf die Feldbezeichnung

und anschließend in das Optionsfeld.

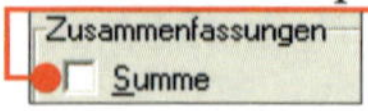

Wenn das Fenster dann in etwa wie folgt aussieht,

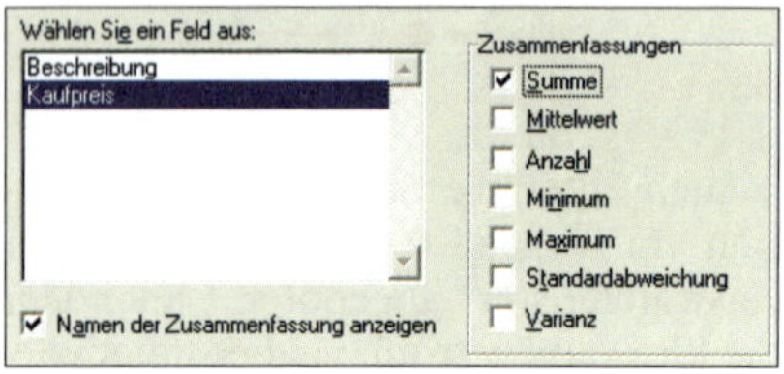

klicken Sie auf

.

9 Die Frage im anschließend angezeigten Dialogfenster beantworten Sie per Klick auf .

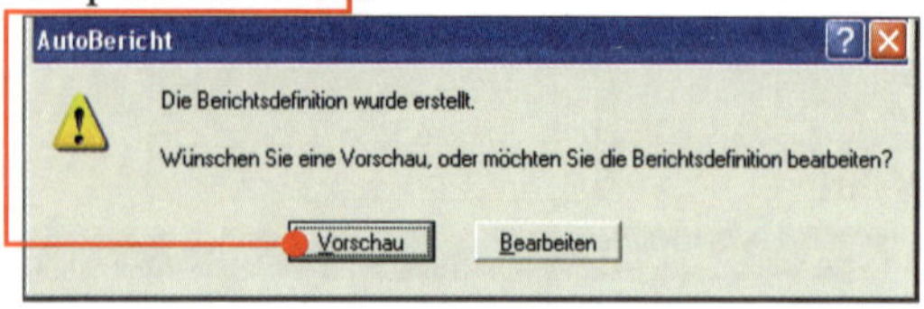

Daraufhin wird Ihnen eine Vorschau Ihres Berichts präsentiert.

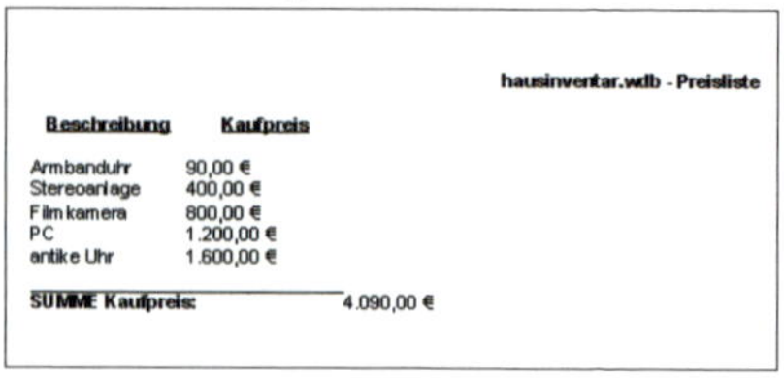

10 Rechts der Druckvorschau befindet sich eine Steuerspalte:

Mit einem Klick auf

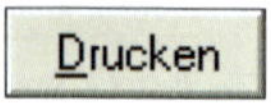

lösen Sie jetzt den eigentlichen Druckvorgang aus.

6 Adressen und Termine im Griff

Egal, ob Sie Works im Büro oder eher privat einsetzen: Das Adressbuch- und das Kalenderprogramm, die beide in diesem Paket enthalten sind, werden Sie bald nicht mehr missen wollen. Nie mehr müssen Sie auf Zetteln nach der Adresse eines Bekannten suchen, und Sie werden keinen Termin mehr verschwitzen. Geburtstage und Jahrestage übernimmt der Kalender sogar automatisch aus Ihrer Adress-Sammlung.

Wie gut die einzelnen Works-Programme zusammenarbeiten können, werden Sie feststellen, wenn Sie einen Serienbrief anlegen und dabei auf das Adressbuch zugreifen.

Im sechsten Kapitel dieses Buches erfahren Sie,

- wie Sie Kontakte im Adressbuch erfassen und auch wieder finden,
- wie Sie Termine im Kalender eintragen,
- wie Sie für jeden Zweck die richtige Kalenderansicht wählen,
- wie Sie bestimmen, welche Art von Terminen im Kalender angezeigt werden,
- und am Beispiel eines Serienbriefs, wie Word und das Adressbuch zusammenarbeiten.

Kapitel-Wegweiser

Das Works-Adressbuch öffnen

1 Klicken Sie gegebenenfalls in der Navigationsleiste auf

, um zur Programmübersicht zu wechseln, und wählen Sie dort per Mausklick den Eintrag ●.

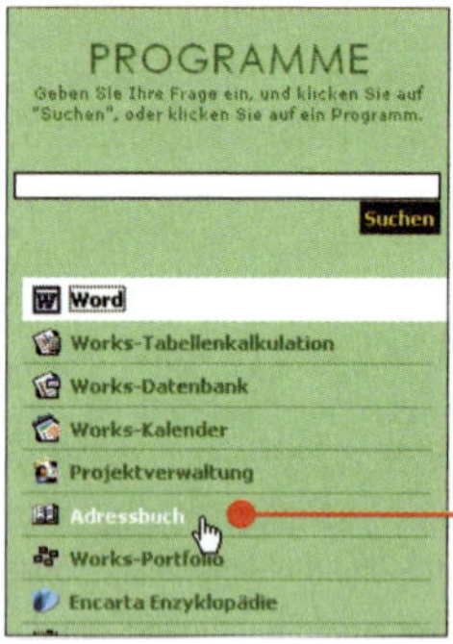

2 In der Aufgaben-Übersicht, die daraufhin im rechten Fensterbereich erscheint ●, folgt ein Klick auf das Symbol

.

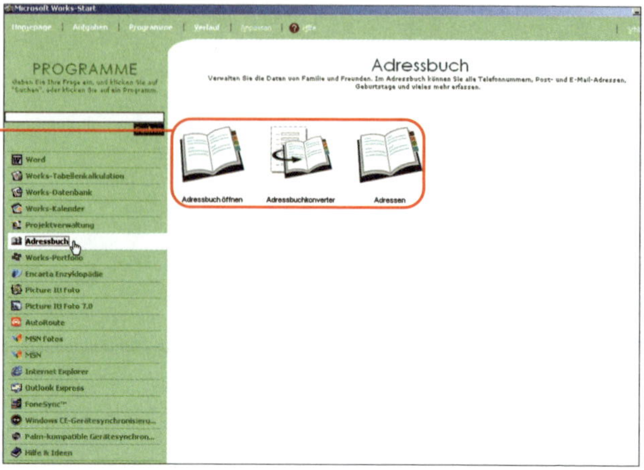

3 Anschließend werden Sie gefragt, ob Sie das Works-Adressbuch als Standard einrichten möchten.

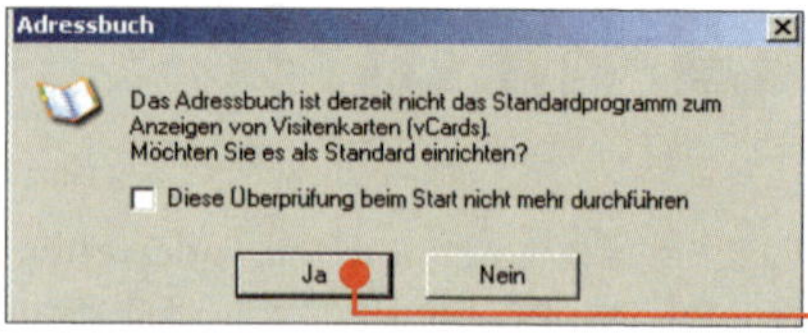

Normalerweise spricht nichts dagegen, diese Frage per Klick auf ● zu bejahen.

Sollten Sie sich jedoch nicht ganz sicher sein, etwa weil Sie derzeit noch ein anderes Adressprogramm verwenden, klicken Sie auf

. Sie können damit die Entscheidung einfach bis zum nächsten Öffnen des Programms vertagen.

4 Das Programmfenster des Adressbuchs, das Sie nun angezeigt bekommen, ist Windows-typisch aufgebaut.

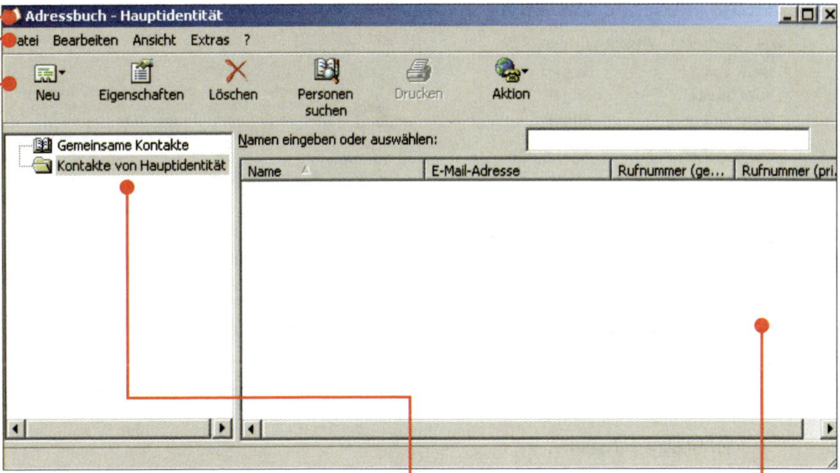

→ Unter der Titelleiste ● befinden sich die Menüleiste ● und die Symbolleiste. ●

→ Im linken Fenster des Arbeitsbereichs werden die Ordnersymbole ● aufgelistet. Im rechten Fenster ● sehen Sie später die zugehörigen Adressen zum links gewählten Ordner. Da Sie noch keine Adressen erfasst haben, ist die Anzeige beim ersten Programmstart normalerweise leer.

Vorhandene Adressen

Falls Sie bereits Adressen im E-Mail-Programm Outlook Express erfasst haben, erscheinen diese im rechten Anzeigebereich. Ebenso ist es möglich, dass hier schon einige Adressen vorgegeben wurden, etwa wenn Works beim Kauf Ihres Computers bereits vorinstalliert war.

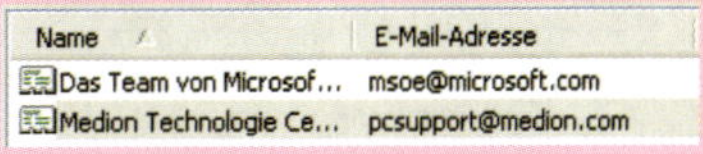

Adressbuch umbenennen

Den unschönen Ausdruck „Hauptidentität", wie Ihr Adress-Ordner derzeit noch heißt ●,

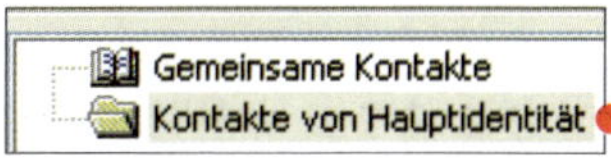

können Sie in wenigen Arbeitsschritten durch Ihren eigenen Namen ersetzen.

1 Klicken Sie zunächst in der Menüleiste auf

und im dann aufklappenden Menü

auf den Eintrag

Identität wechseln...

.

2 Dadurch wird ein Dialogfenster geöffnet,

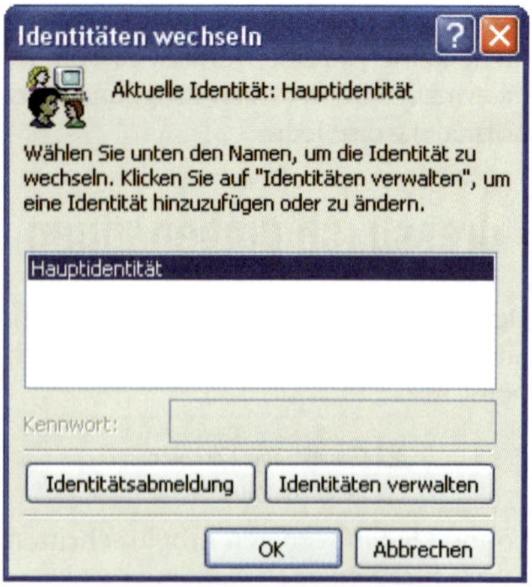

in dem Sie unten rechts auf

Identitäten verwalten

klicken.

3 Wenn das gleichnamige Fenster angezeigt wird,

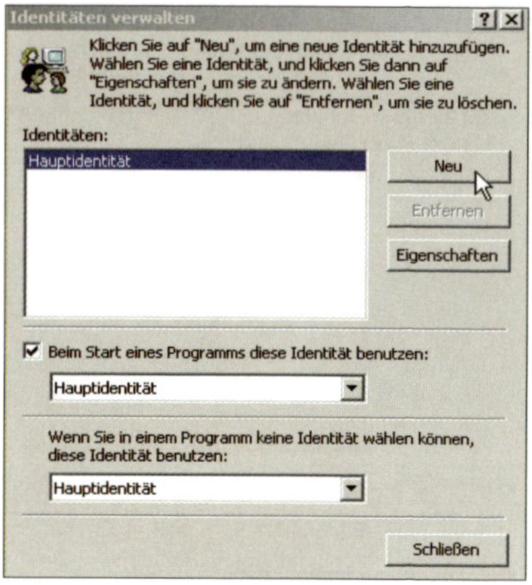

folgt ein Klick auf die Schaltfläche

Eigenschaften

.

4 Überschreiben Sie im Eigenschaftsfenster, das anschließend dargestellt wird, den Identitätsnamen

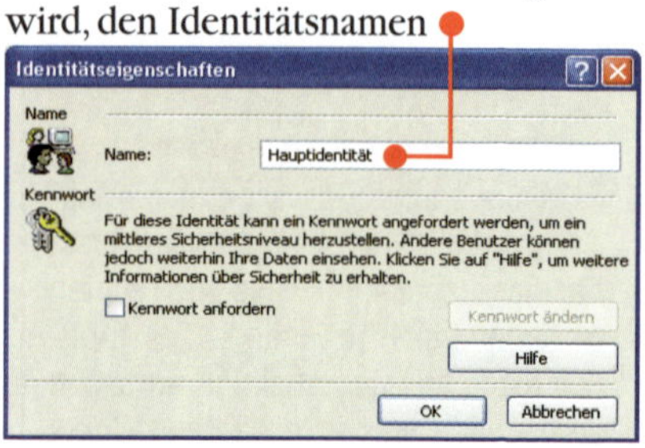

mit Ihrem Namen,

Name: Thomas Neumann

und klicken Sie danach auf

OK

.

! Adress-Ordner schützen

Durch die Verwendung eines Kennworts können Sie den unbefugten Zugriff auf Ihren Adress-Ordner erschweren. Klicken Sie dazu im Eigenschaftsfenster

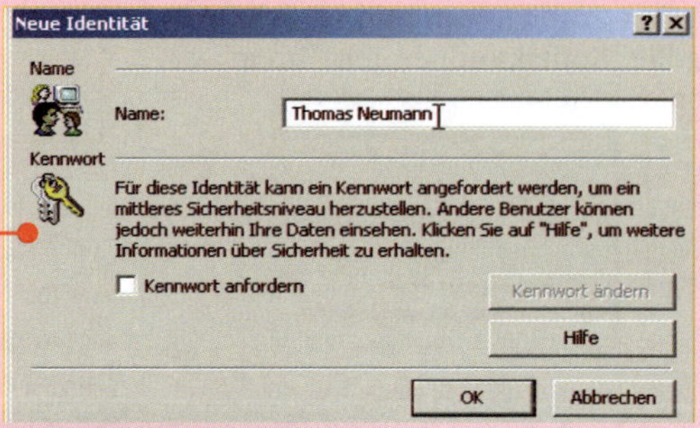

in das Kästchen vor „Kennwort anfordern“,

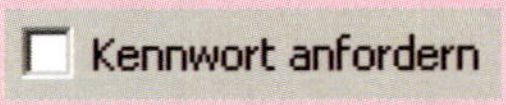

so dass darin ein Häkchen erscheint.

Tragen Sie dann ein Kennwort ein, und wiederholen Sie es im darunter liegenden Feld. Mit einem Klick auf bestätigen Sie Ihre Eingabe.

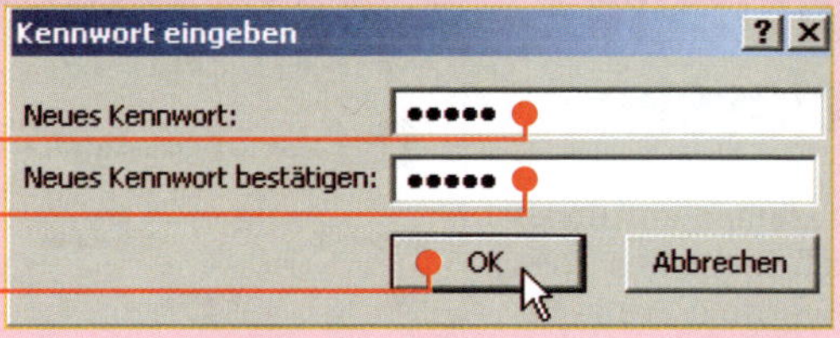

5 Damit das nach wie vor geöffnete Fenster „Identitäten verwalten“

geschlossen wird, genügt ein Klick auf die Schaltfläche

.

6 Danach müssen Sie auch noch das Fenster „Identitäten wechseln“ schließen.

Klicken Sie dazu einfach auf

.

Sofort erscheint im Adressbuch-Fenster der Kontaktordner mit Ihrem Namen ●.

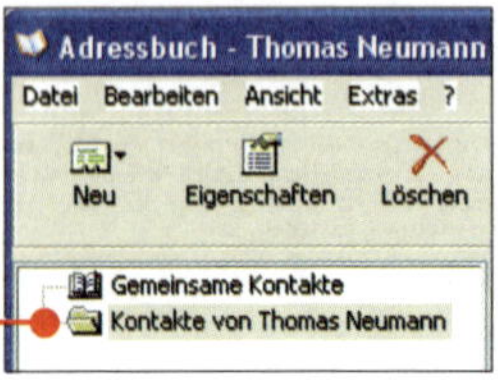

und in der aufklappenden Auswahl auf ● klicken.

2 Die Kontaktdaten geben Sie in einem Registerfenster ein, das daraufhin angezeigt wird. ●

Kontakte erfassen

Sie können im Adressbuch nicht nur Postanschriften von Bekannten und Geschäftspartnern verwalten, sondern auch viele zusätzliche Informationen zu den betreffenden Personen, wie beispielsweise E-Mail-Adressen oder die Namen von Lebenspartnern und Kindern.

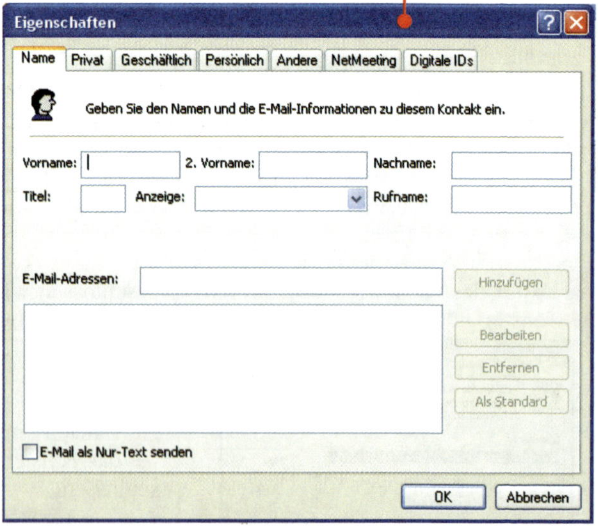

1 Um einen neuen Kontakt einzutragen, gehen Sie folgendermaßen vor: Öffnen Sie zunächst eine neue Kontaktkarte, indem Sie in der Symbolleiste auf

3 Sobald Sie einen Namen erfasst haben, etwa ●,

erscheint dieser in der Titelleiste. ●

4 Wenn Sie alle Einträge auf einer Registerkarte vorgenommen haben,

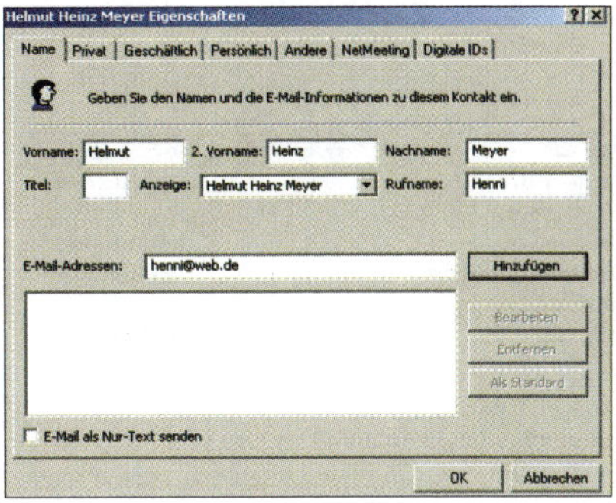

klicken Sie auf den nächsten Registerreiter 

.

5 Sollten Sie nicht alle Informationen parat haben, die auf einer Karte eingegeben werden können, macht das gar nichts.

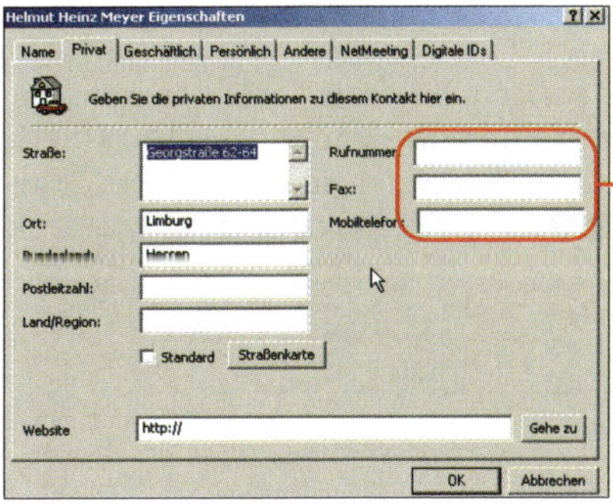

Lassen Sie die entsprechenden Felder einfach frei. Sie können die fehlenden Einträge später jederzeit ergänzen.

6 Nachdem Sie alle Einträge, die Sie für wichtig halten, vorgenommen ha-

! Geburtstage erfassen

In der Registerkarte

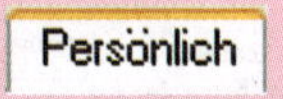

können Sie auch Geburtstage erfassen.

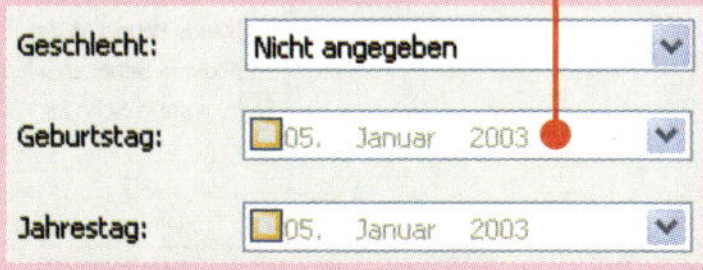

Klicken Sie dazu zunächst auf den Pfeil im Datumsfeld,

und wählen Sie per Mausklick aus dem Kalendarium den passenden Monat und den passenden Tag aus, beispielsweise.

Anschließend klicken Sie in die Jahreszahl, um eine Markierung zu setzen,

und überschreiben den Wert mit dem gewünschten Geburtsjahr.

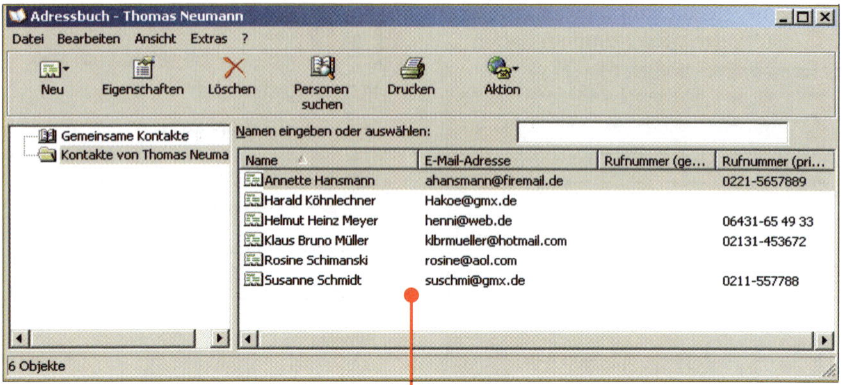

ben, klicken Sie unten im Registerfenster auf die Schaltfläche

7 Alle Kontakte, die Sie auf diese Weise nach und nach erfassen, erscheinen dann im Adressbuch im rechten Anzeigefenster.

8 Um sich die Daten zu einer Person anzeigen zu lassen, klicken Sie den entsprechenden Eintrag in diesem Anzeigefenster einfach doppelt an. Das Kontaktregister wird dann umgehend eingeblendet.

Bei Bedarf können Sie darin auch beliebige Ergänzungen oder Korrekturen vornehmen.

Personen suchen

Mit der Zeit wird Ihre Adressliste immer umfangreicher, so dass es vorkommen kann, dass Sie einen gesuchten Eintrag nicht gleich auf Anhieb finden. Auch in diesem Fall lässt Works Sie nicht im Stich:

1 Klicken Sie in der Symbolleiste Ihres Adressbuchs auf

2 Daraufhin wird ein Fenster geöffnet, in dem Sie Ihr Adressbuch nach den verschiedensten Suchkrite-

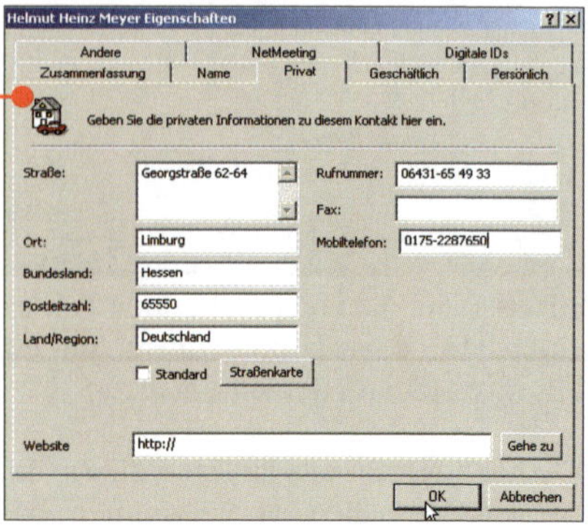

rien durchforsten können. Geben Sie beispielsweise einen Namen ein ●,

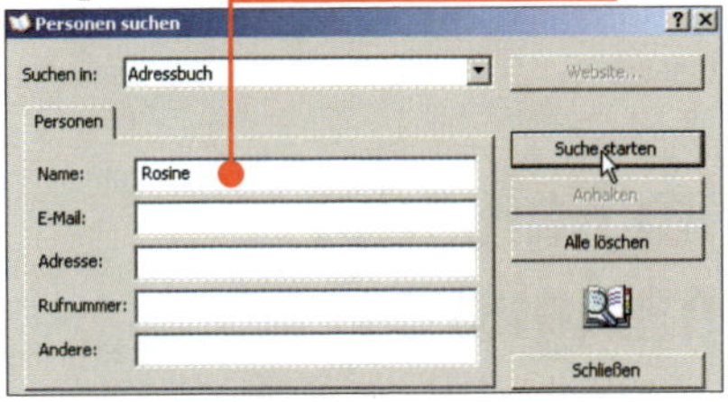

und klicken Sie dann auf

.

3

Wenn Works einen Adressbucheintrag findet, der dem Suchkriterium entspricht, bekommen Sie das Ergebnis im unteren Teil des Fensters angezeigt. ●

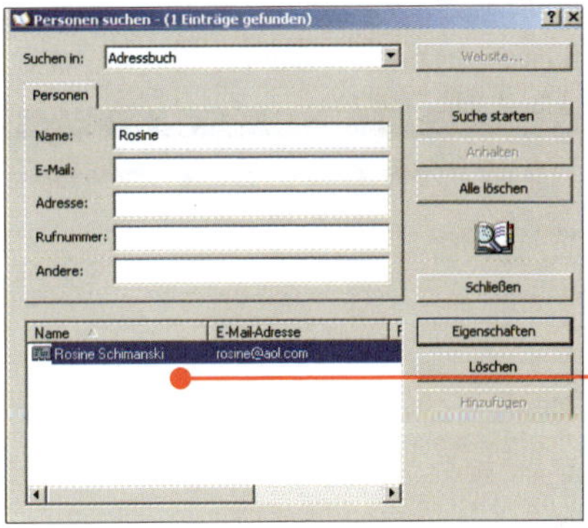

Durch einen **Doppelklick** auf diesen Eintrag öffnen Sie die zugehörige Kontakt-Registerkarte.

4

Das Suchfenster schließen Sie, indem Sie einfach auf die Schaltfläche

klicken.

Den Kalender einrichten

1

Um den Kalender zu starten, klicken Sie in der Programmübersicht von Works

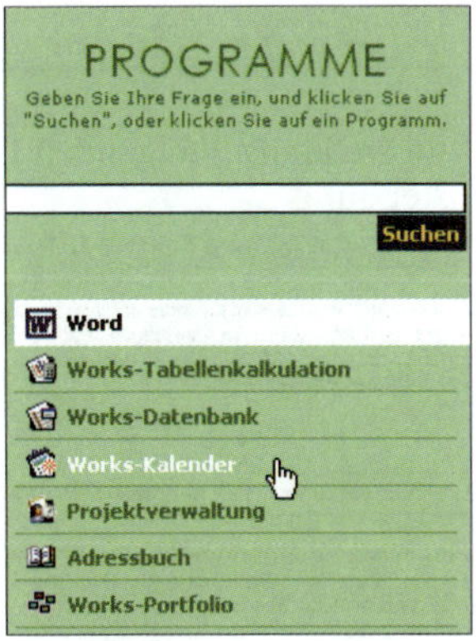

auf den Eintrag

.

2

In der Aufgabenübersicht zum Works-Kalender

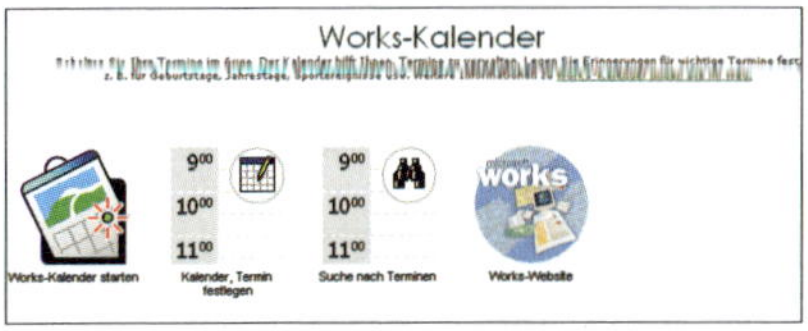

folgt dann ein Klick auf das Symbol

.

3 Falls Sie kein anderes Kalenderprogramm benutzen, beantworten Sie die folgende Frage per Klick auf ●.

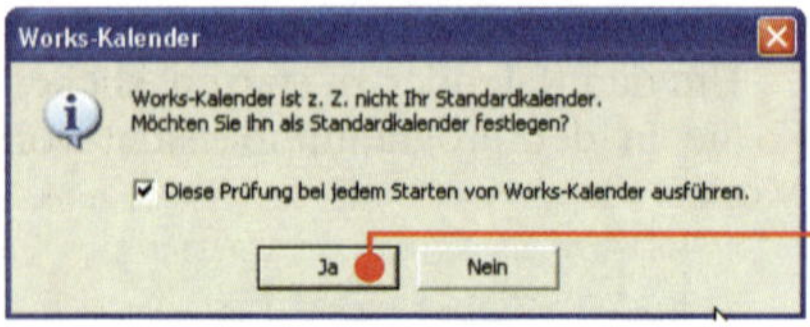

4 Wenn Sie im nachfolgenden Dialogfenster auf ●

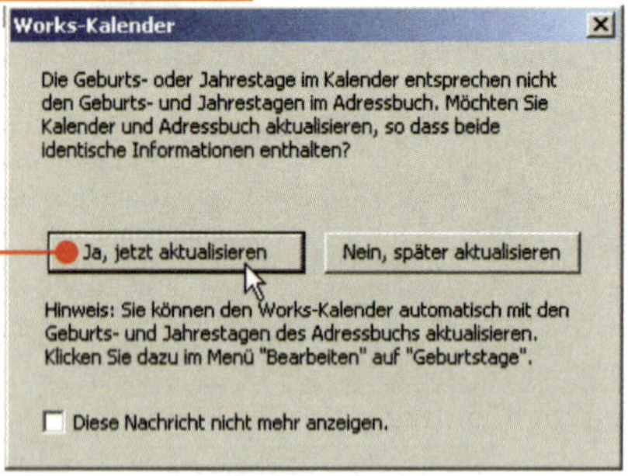

klicken, übernimmt das Kalenderprogramm automatisch die Geburtstage Ihrer Kontakte aus dem Works-Adressbuch.

5 Achten Sie darauf, dass im nächsten Dialogfenster die Option ● ausgewählt ist, bevor Sie es mit einem Klick auf ● schließen.

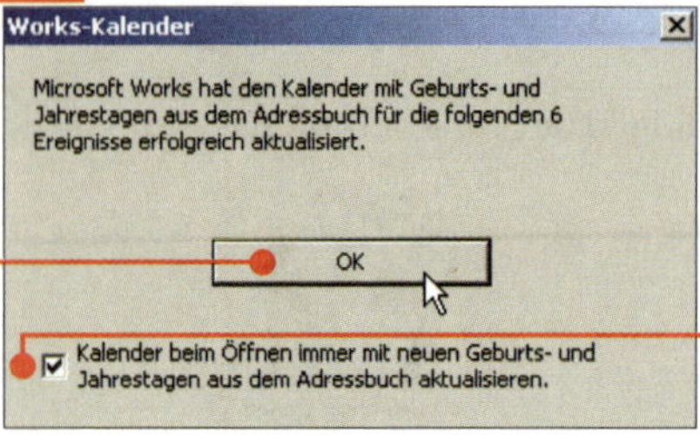

In dem Fall übernimmt der Kalender nämlich auch künftig automatisch die Geburtstage, die Sie im Adressbuch erfassen.

Im Kalender navigieren

Je nachdem, ob Sie einen einzelnen Tag durchplanen wollen oder auf einen Blick die komplette Woche sehen möchten, stellt Ihnen der Works-Kalender eine geeignete Ansicht zur Verfügung.

1 Nach dem Öffnen zeigt der Kalender den aktuellen Tag an, wie Sie in der Datumszeile ● unterhalb der Symbolleiste erkennen können.

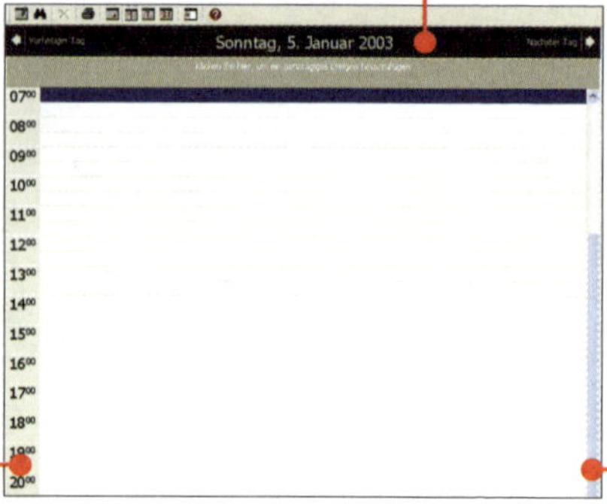

→ Am linken Rand befindet sich eine Zeitleiste ●, wie Sie es von Papierkalendern her gewohnt sind.

→ Über die Bildlaufleiste am rechten Rand ● können Sie sich die gerade nicht sichtbaren Uhrzeiten anzeigen lassen.

2 Wenn Sie in der Symbolleiste auf

klicken, wird Ihnen eine Wochenübersicht präsentiert.

3 Folgerichtig führt ein Klick in der Symbolleiste auf

dazu, dass Sie einen Überblick über einen gesamten Monat erhalten.

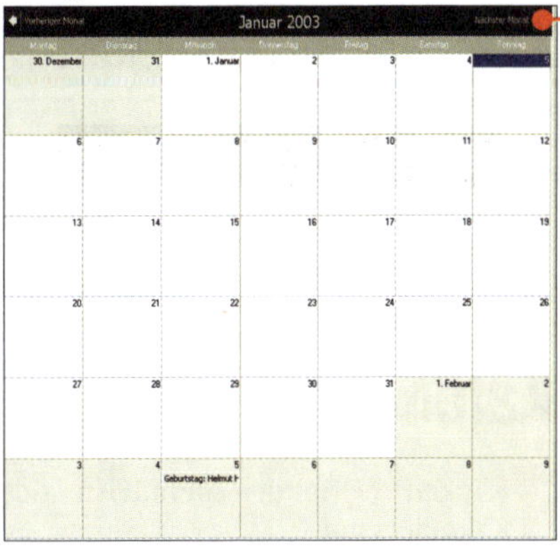

→ In der Datumszeile befinden sich am rechten beziehungsweise linken Rand Pfeilsymbole, mit denen Sie einen Monat vor

oder zurück

blättern können. (In der Tagesansicht können Sie sich mit diesen Pfeilen durch die Nachbartage klicken, in der Wochenansicht durch die benachbarten Wochen)

4 Sofern Sie im Adressbuch einen Geburtstag erfasst haben, werden Sie bei Ihrem Streifzug durch die Monate bald auf einen bereits eingetragenen Termin stoßen, etwa .

! Weit in die Zukunft

Mit dem Works-Kalender können Sie auch Termine in ferner Zukunft verwalten. Um sich das Kalenderblatt eines solch fernen Tages anzusehen, müssen Sie nicht etwa Monat für Monat und Jahr für Jahr durchblättern. Klicken Sie stattdessen in der Menüleiste auf

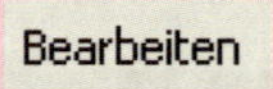

,

führen Sie den Mauszeiger über

,

und klicken Sie schließlich in der seitlich aufklappenden Auswahl auf

.

Im Fenster

tippen Sie nun das gewünschte Datum ein, beispielsweise,

und klicken danach auf

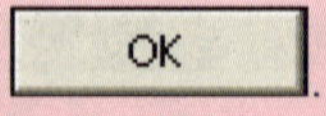

.

Im Nu haben Sie die Jahrzehnte hinter sich gelassen und bekommen das Kalenderblatt angezeigt.

5 Um eine Markierung zu setzen, klicken Sie mit der Maus in dieses Tagesfeld.

6 Sowie Sie jetzt per Klick auf

in die Tagesansicht wechseln, sehen Sie, dass ein Geburtstag als so genanntes ganztägiges Ereignis eingetragen wird.

7 Um zum aktuellen Datumsblatt zurückzukehren, müssen Sie nicht etwa mühsam blättern. Klicken Sie stattdessen in der Symbolleiste auf

.

Schon bekommen Sie wieder den aktuellen Tag angezeigt, wovon Sie sich durch einen Blick in die Datumszeile überzeugen können.

Termine in den Kalender eintragen

1 Klicken Sie in der Menüleiste des Kalenders auf

und im aufklappenden Menü auf

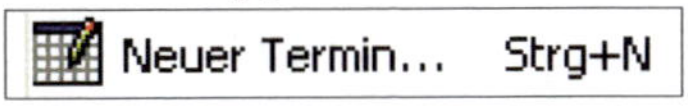

.

2 Im Eingabefenster, das daraufhin erscheint, können Sie Ihren Termin erfassen.

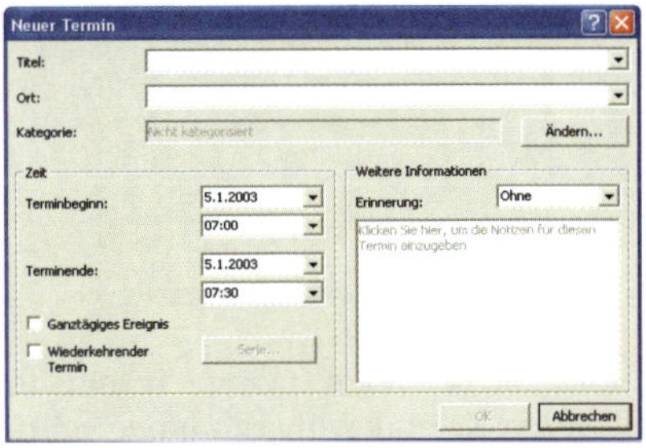

Tragen Sie zunächst im Feld ● einen Namen und im Feld ● einen Ort ein, also beispielsweise:

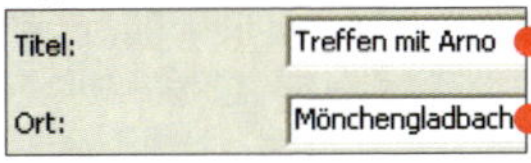

3 Anschließend geben Sie Anfang ● und Ende ● des Termins ein.

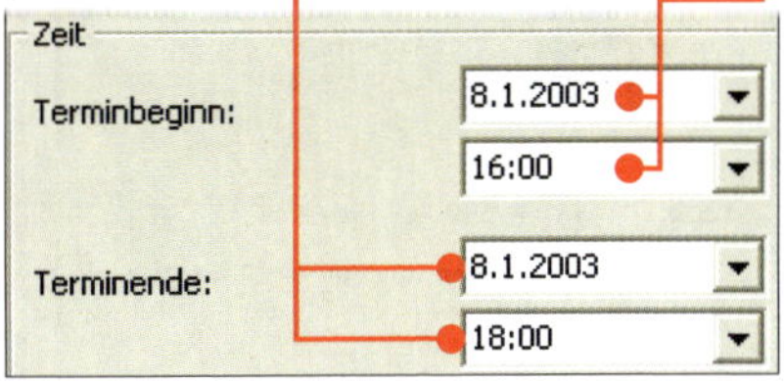

→ Sollten die Felder, in denen Sie die Uhrzeit eintragen können, nicht angezeigt werden wie in dieser Beispielabbildung,

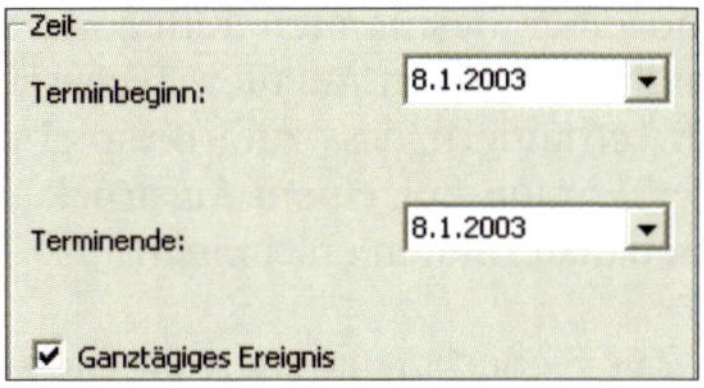

klicken Sie mit der Maus in das Kästchen ●,

damit das Häkchen darin verschwindet.

4 Bei Bedarf können Sie Ihre Termine Kategorien zuordnen. Rechts neben dem Feld

finden Sie die Schaltfläche

,

über die Sie per Mausklick eine Kategorienauswahl aufrufen können.

Im Abschnitt „Kalender drucken“ ab Seite 106 werden Sie sehen, dass Sie beispielsweise den Ausdruck auf die Termine einer bestimmten Kategorie beschränken können. Auf diese Weise lässt sich verhindern, dass zum Beispiel private Termine auf einem Ausdruck mit Geschäftsterminen erscheinen.

5 Zur Sicherheit können Sie sich an wichtige Termine erinnern lassen. Klicken Sie dazu auf den Pfeil neben dem Feld „Erinnerung“

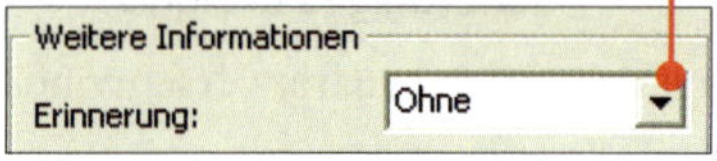

, und wählen Sie dann aus der aufklappenden Liste

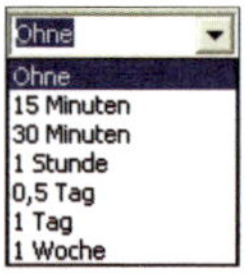

per Mausklick die gewünschte Zeitspanne aus, beispielsweise .

6 Unter dem Erinnerungsfeld haben Sie Platz für Notizen zum betreffenden Termin.

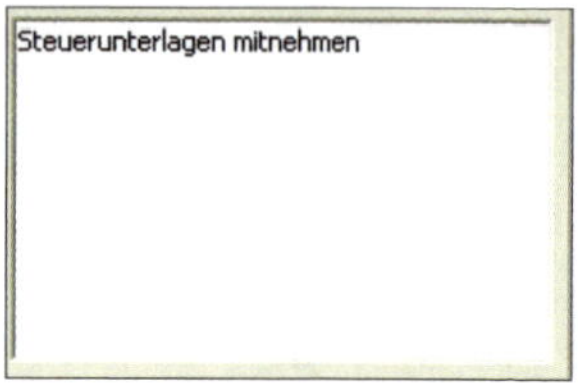

7 Damit der eben erfasste Termin in Ihren Kalender übernommen wird,

! Regelmäßige Termine

Beispiele für regelmäßige Termine sind der wöchentliche Skatabend oder die monatliche Umsatzsteuererklärung. Solche Termine erfassen Sie, indem Sie in das Kästchen

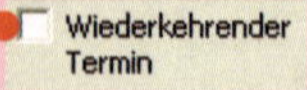

klicken, das daraufhin mit einem Haken versehen wird:

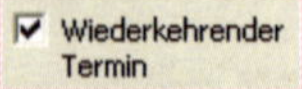

.

Wenn Sie dann rechts daneben auf die Schaltfläche

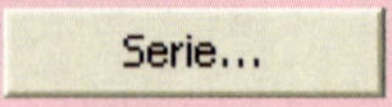

klicken, wird ein Fenster angezeigt, in dem Sie alle Einzelheiten zu dieser Terminserie bestimmen können.

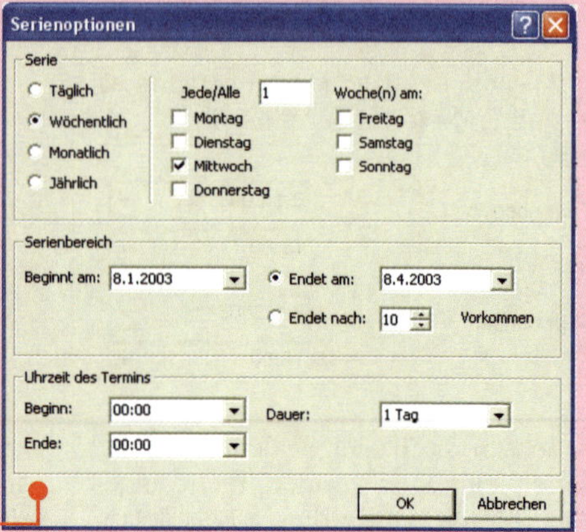

reicht zum Abschluss ein Klick auf die Schaltfläche

.

In der Tagesansicht des betreffenden Tages sehen Sie an der Zeitleiste sofort, wie lange der Termin voraussichtlich dauern wird.

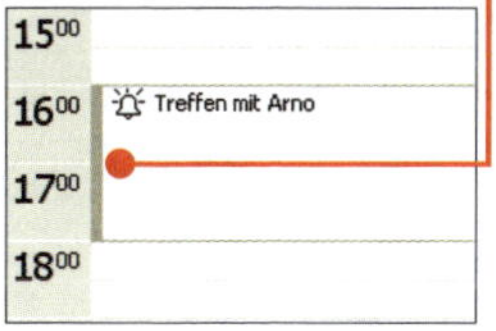

8 Wenn Sie den Termineintrag doppelt anklicken, wird Ihnen die Terminkarte angezeigt, und Sie haben alle Informationen parat. Auch Änderungen oder Ergänzungen können Sie problemlos durchführen.

9 Um einen Termin zu löschen, klicken Sie den Kalendereintrag mit der rechten (!) Maustaste an und wählen dann im aufgeklappten Kontextmenü

per Mausklick den Eintrag.

Nur bestimmte Kategorien anzeigen

Sie haben die Möglichkeit, die Anzeige von Terminen, die Sie einer bestimmten Kategorie zugeordnet haben, auszublenden.

1 Klicken Sie dazu in der Menüleiste auf

und im aufklappenden Menü

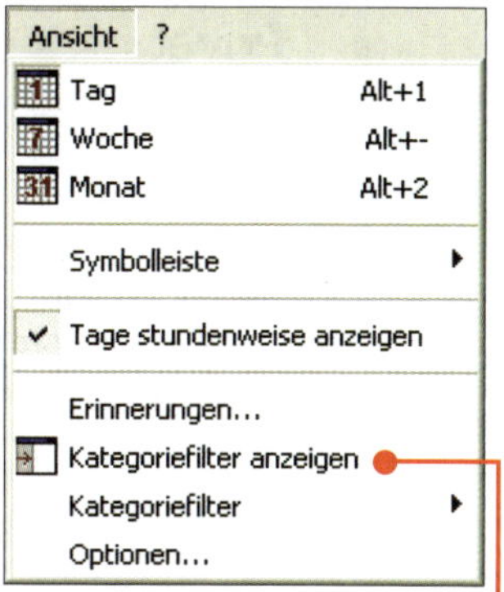

auf den Eintrag.

Am linken Rand erscheint daraufhin eine Liste der Terminkategorien.

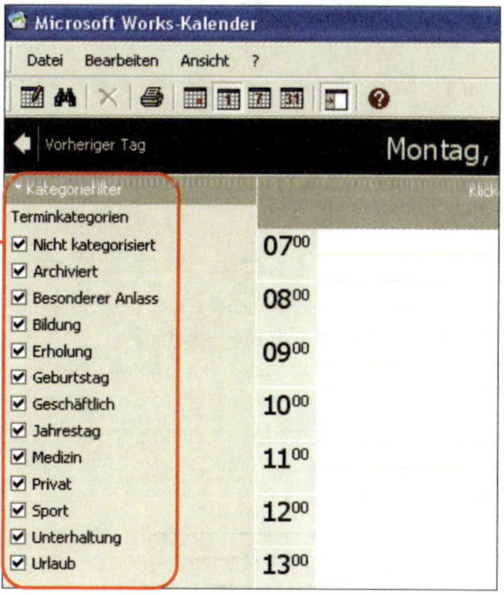

2 Damit jetzt beispielsweise Termine, die Sie der Kategorie „Privat“ zugeordnet haben, nicht im Kalender angezeigt werden, klicken Sie den entsprechenden Eintrag in der Kategorienliste an. Der Haken wird dann aus dem Auswahlkästchen entfernt.

Termine suchen

In einem Papierkalender einen bestimmten Termin zu suchen, kann ein sehr mühsames Unterfangen sein. Einen Termin, den Sie im Works-Kalender erfasst haben, finden Sie in Sekundenschnelle.

1 Klicken Sie dazu auf das kleine Fernglas in der Symbolleiste des Kalenders.

2 Geben Sie im Suchfenster, das sich daraufhin öffnet, einen Suchbegriff ein, beispielsweise einen Namen ●,

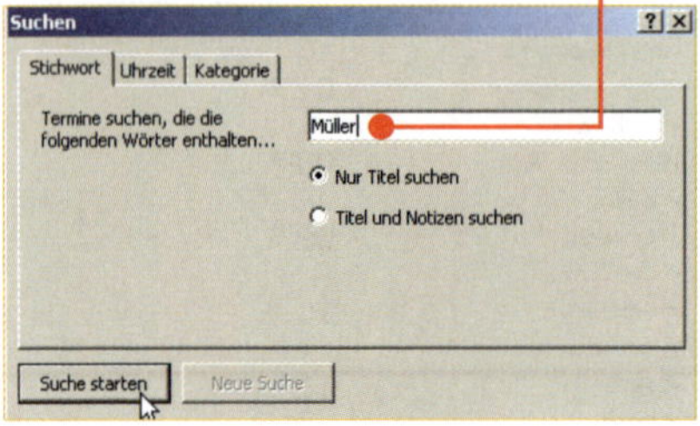

und klicken Sie dann auf

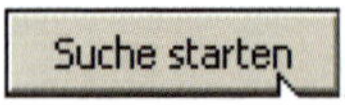

.

3 Daraufhin werden die dazugehörigen Einträge aufgelistet. ●

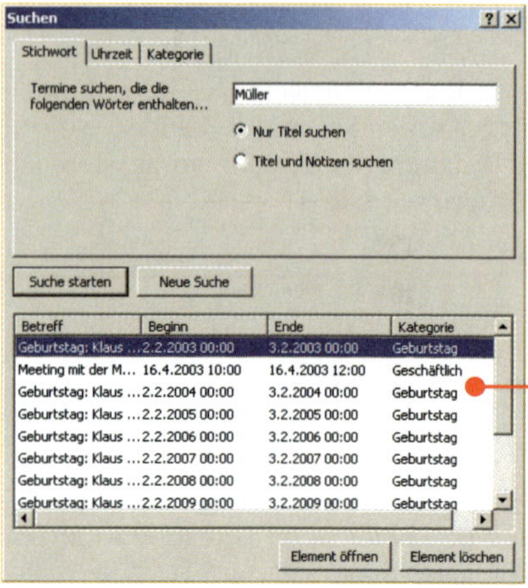

Klicken Sie hier den gesuchten Termin an und anschließend auf

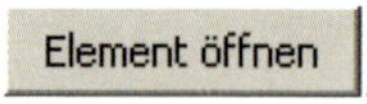

,

um sich die Terminkarte anzeigen zu lassen.

Kalender drucken

Wenn Sie einen Kalenderauszug drucken möchten, können Sie exakt bestimmen, welche Daten auf dem Papier erscheinen sollen und welche nicht.

1 Klicken Sie zunächst in der Menüleiste auf

und im aufklappenden Menü auf

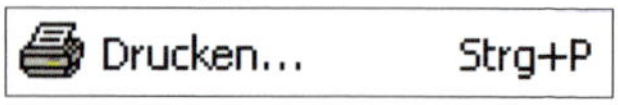

.

2 Im gleichnamigen Fenster, das sich daraufhin öffnet,

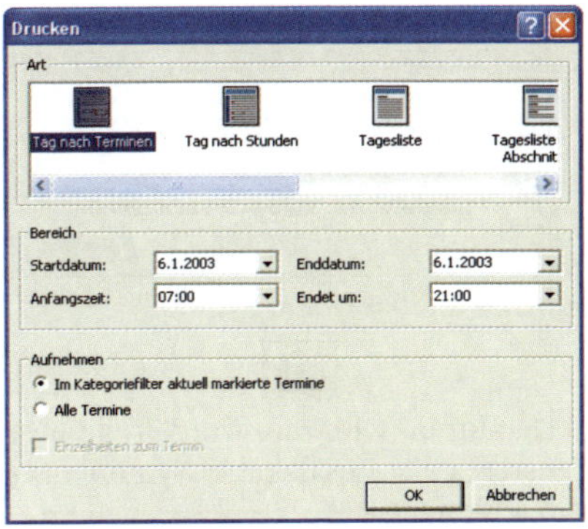

legen Sie zunächst im Bereich ● fest,

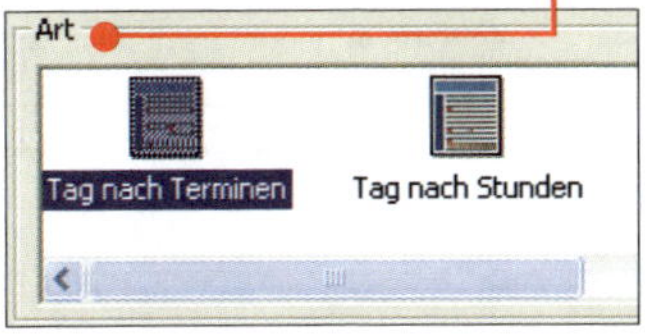

in welcher Form Ihr Kalenderauszug gedruckt werden soll.

3 Anschließend bestimmen Sie, welcher Zeitraum beim Ausdruck berücksichtigt wird.

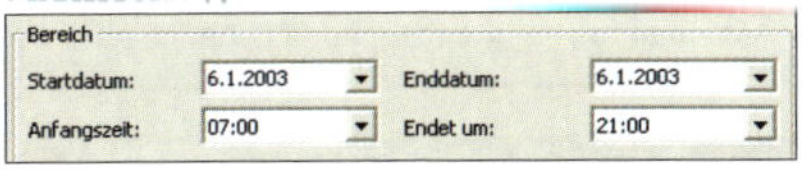

4 Durch Auswahl des entsprechenden Optionsfeldes legen Sie fest, ob Sie nur bestimmte Termine ● oder alle Termine ●, gleich welcher Kategorie sie angehören, ausdrucken wollen.

5 Mit einem Mausklick auf die Schaltfläche

gelangen Sie zum Windows-Druckmenü,

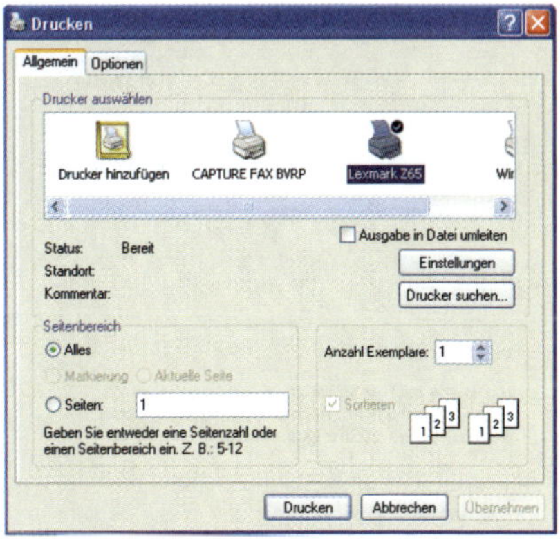

aus dem heraus Sie den Druck dann wie gewohnt ausführen können.

Einladung per Serienbrief

Die Textverarbeitung Word enthält eine so genannte Seriendruck-Funktion. Diese Funktion erspart Ihnen das zeitraubende Eintragen von Namen und Adressen, wenn Sie ein und dasselbe Schreiben an viele verschiedene Empfänger verschicken wollen. Nutzen Sie einfach die Adressen, die Sie in Ihrem Adressbuch erfasst haben. Wie Sie dabei vorgehen, wird im Folgenden am Beispiel einer Einladung geschildert.

1 Schreiben Sie zunächst mit Word Ihre Einladung. Im Kapitel 3 können Sie gegebenenfalls noch einmal nachlesen, wie das geht.

PIT BIT

Delle 1
81081 München
bit@videolex.de

Ort, 6. Januar 2003

Hallo

Ich würde mich sehr freuen, wenn Du zu meiner Geburtstagsparty am nächsten Samstag kommen würdest. So ab 20 Uhr geht es rund.

Bis dann

Thomas

Lassen Sie dabei den Platz, an dem Sie normalerweise die Adresse einfügen würden, frei.

2 Nach einem Klick in der Menüleiste auf

führen Sie den Mauszeiger im aufklappenden Menü über den Eintrag

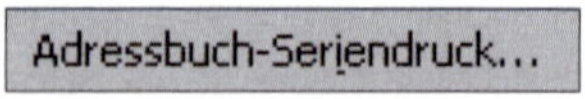

und klicken dann in der seitlich erscheinenden Auswahl auf

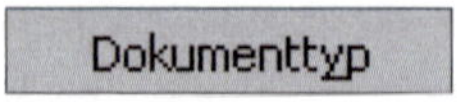

.

3 Behalten Sie die Auswahl im nächsten Fenster bei, und klicken Sie auf .

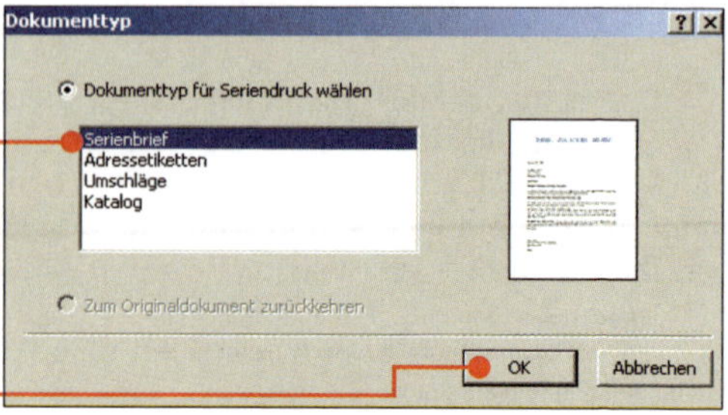

4 Um eine Verbindung von Word und dem Works-Adressbuch herzustellen, klicken Sie im folgenden Fenster

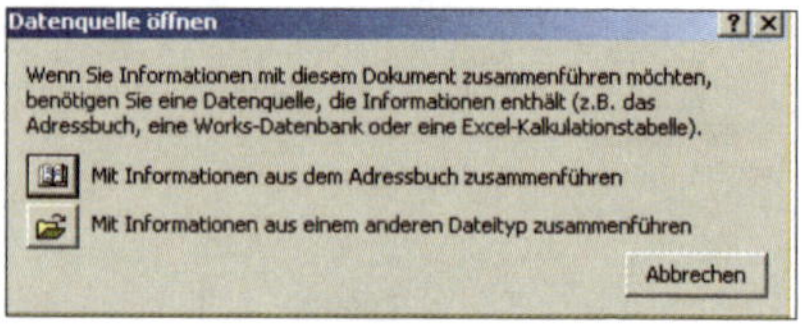

einfach auf das obere Symbol:

.

Daraufhin wird im Word-Programmfenster eine zusätzliche Symbolleiste eingeblendet.

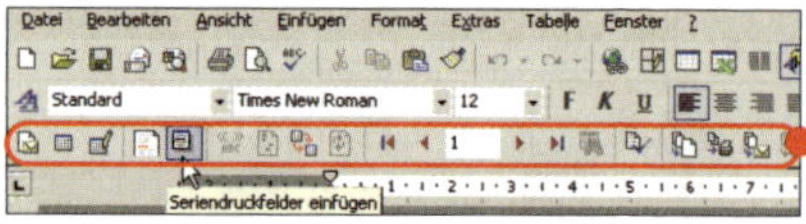

! Standard erforderlich

Damit Word weiß, welches Adressbuch angesprochen werden soll, ist es hier wichtig, dass das Works-Adressbuch, auf das Sie ja zugreifen wollen, auch als Standard-Adressbuch eingerichtet ist (vgl. Schritt 3 auf Seite 92).

5 Wenn Sie, wovon auszugehen ist, nicht alle Personen einladen möchten, die in Ihrem Adressbuch erfasst sind, klicken Sie in dieser neuen Leiste auf das Symbol

.

Sie bekommen daraufhin eine Auswahlliste aller Ihrer Kontakte angezeigt.

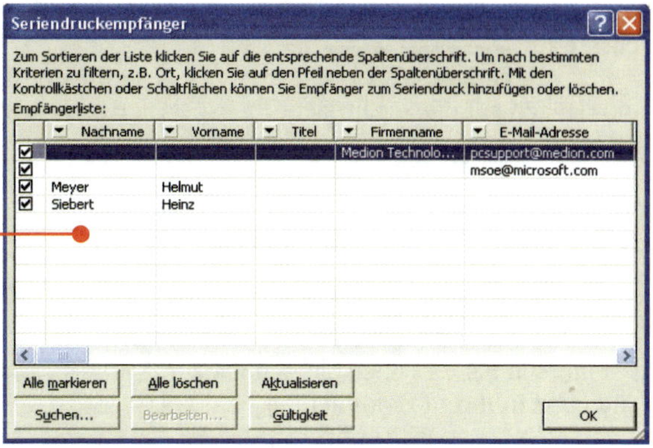

6 Um eine Person aus der Empfängerliste herauszunehmen, klicken Sie auf das Auswahlkästchen

, dessen Haken dadurch entfernt wird:

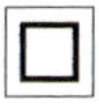

.

Danach klicken Sie auf die Schaltfläche

.

7 Positionieren Sie nun die Einfügemarke an der Stelle in Ihrem Dokument, an der Sie die Adresse einfügen wollen.

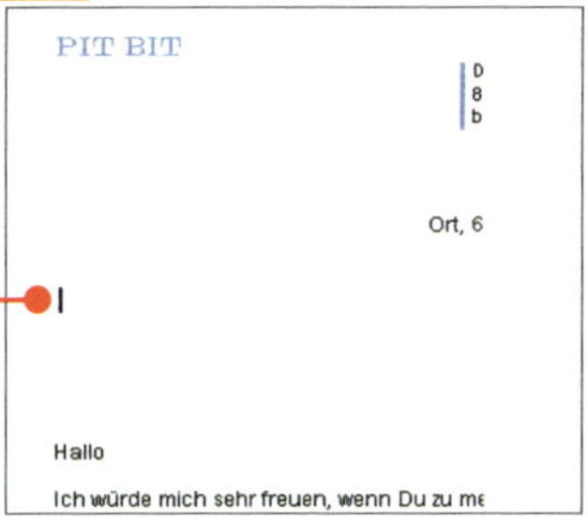

8 Anschließend klicken Sie in der Symbolleiste auf

.

Sofort bekommen Sie eine Auswahl von Feldern angezeigt:

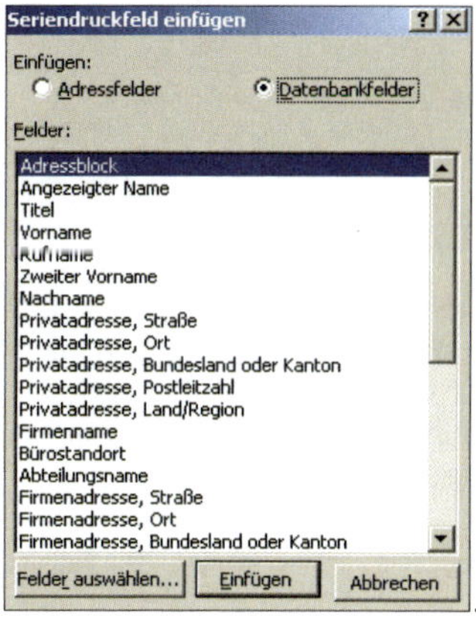

.

9 Damit in Ihrem Dokument nun der gewünschte Platzhalter eingefügt wird, klicken Sie in diesem Auswahlfenster auf 

und danach auf die Schaltfläche

.

10 Sowie Sie das Auswahlfenster dann mit einem Klick auf

geschlossen haben, sehen Sie den Platzhaltertext in Ihrem Dokument:

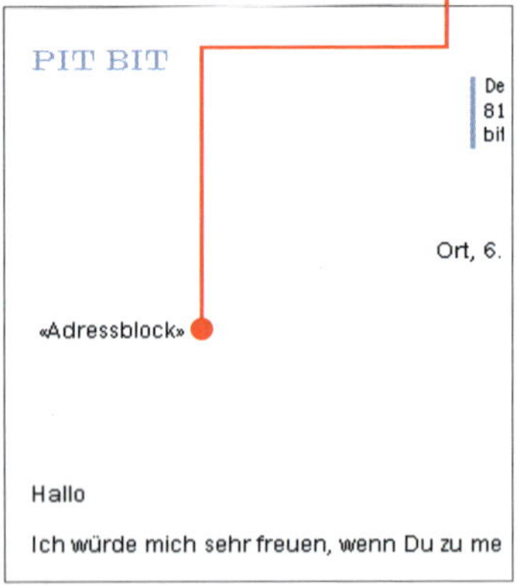

11 Auf die gleiche Weise können Sie beispielsweise auch eine persönliche Anrede wählen. Geben Sie dazu hinter der Begrüßungsfloskel ein Leerzeichen ein, und positionieren Sie die Einfügemarke:

.

Wiederholen Sie dann die Schritte 8 bis 10 dieser Anleitung, wobei Sie statt des Adressblocks das Feld

einfügen. Ihr Dokument sieht nun in etwa so aus:

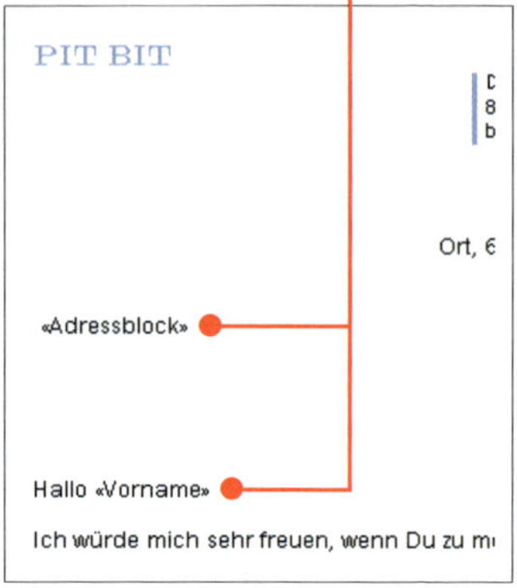

12 Als Nächstes klicken Sie in der Seriendruck-Symbolleiste auf

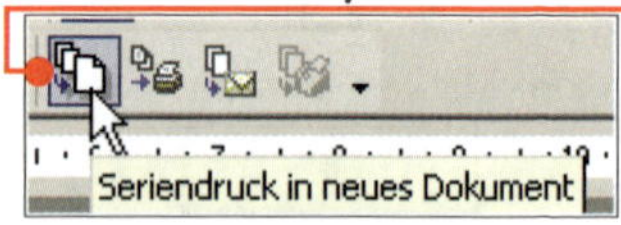

und bestätigen das folgende Dialogfenster mit einem Klick auf .

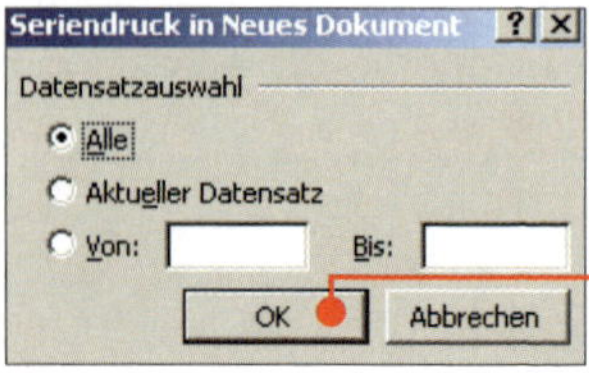

13 Ihr Dokument enthält jetzt nicht mehr die Platzhalter für die Felder, die Sie eingefügt haben, sondern die Werte, die das Adressbuch liefert – also die korrekte Adresse des ersten Eingeladenen sowie eine persönliche Anrede.

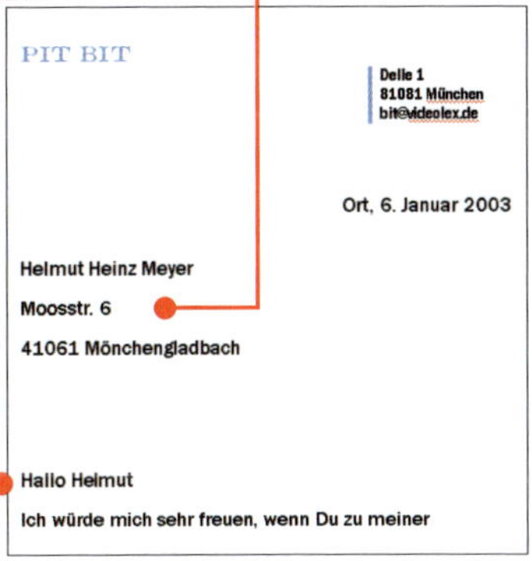

14 Wenn Sie nun zur nächsten Seite in Ihrem Dokument **scrollen**, finden Sie den identischen Brief noch einmal, dieses Mal jedoch mit der Adresse des nächsten Eingeladenen. Auch diese Person wird mit ihrem Vornamen angesprochen.

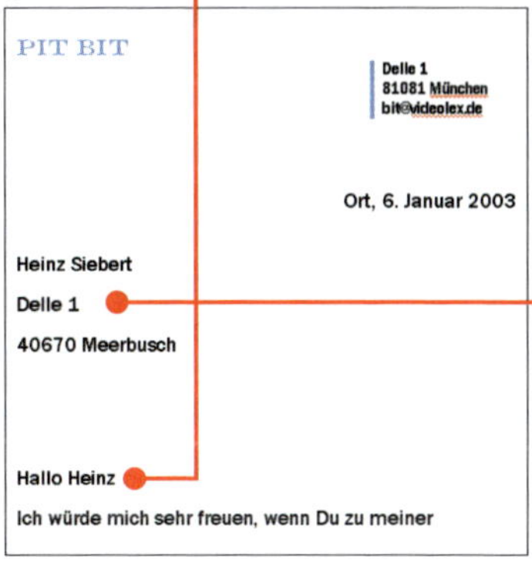

15 Dieses Dokument mit den vielen Einzelbriefen können Sie jetzt wie gewohnt ausdrucken.

7 Bunte Bilder mit Picture It!

Wie trist und farblos wäre unsere Welt ohne Bilder! Und so wundert es nicht, dass auch auf Works bunter Programm-Palette eine Anwendung für die Bildbearbeitung zu finden ist. Das Programm heißt „Picture It!“ und ist ausgesprochen vielseitig. Nicht nur, dass sich mit Picture It! die hässlichen „Rote-Blitz-Augen“ digital aus Fotos entfernen lassen. Sie können auch die Farben Ihrer Bilder verändern, so dass Farbstiche der Vergangenheit angehören. Das Ganze geht kinderleicht und ohne dass Sie sich mit Entwicklungszeiten und Blenden beschäftigen müssen.

Und genauso einfach ist es, die Fotos auf dem PC zu öffnen. Wenn Sie eine Digitalkamera oder einen Scanner angeschlossen haben, können Sie die Bilder aus den Geräten direkt in Picture It! übernehmen und weiterverarbeiten. Dabei sind die notwendigen Arbeitsschritte so eingängig, dass Sie bereits nach kurzer Einarbeitungszeit überzeugende Ergebnisse vorweisen werden.

Im siebten Kapitel dieses Buches erfahren Sie,
- wie Picture It! aufgebaut ist,
- welche Möglichkeiten der Bildbearbeitung Ihnen zur Verfügung stehen,
- wie Sie Bilder ausrichten können,
- wie Sie „Rote Augen“ und Farbstiche entfernen,
- und wie Sie Ränder zu Ihren Bildern hinzufügen.

Kapitel-Wegweiser

Picture It! starten

Picture It! kann auf zwei Arten gestartet werden. Zum einen über das Works-Start-Fenster und zum anderen direkt über die Programmliste des **Startmenüs** von Windows XP.

Start aus Works heraus

1 Wenn Sie Picture It! aus Works heraus öffnen möchten, müssen Sie sich zunächst im Works-Start-Fenster befinden. Wie Sie dieses aufrufen, haben Sie im 2. Kapitel ab Seite 17 erfahren.

'Ist das Programm Picture It! schon häufiger aus Works heraus gestartet worden, wird das Symbol von Picture It! unter der Menüleiste eingeblendet ●. Ein Doppelklick auf das Symbol öffnet dann das Programm.

→ Sollte das Programmsymbol nicht angezeigt werden, klicken Sie in der Menüleiste auf den Eintrag

und in der dann geöffneten Programmliste auf den Eintrag

.

2 Da Sie ja nur mit Picture It! arbeiten möchten, wählen Sie im nachfolgen-

den Fenster keine vorgefertigte **Aufgabe** aus,

sondern starten das Programm mit einem Mausklick auf den ersten Eintrag:

.

Start ohne Works

Falls Sie Works nicht brauchen und ausschließlich mit Picture It! arbeiten wollen, können Sie das Programm auch aus der Programmliste von Windows XP heraus starten:

1 Um die Programmliste von Windows XP zu öffnen, klicken Sie zunächst auf

und danach auf

.

2 Aus der aufklappenden Programmliste wählen Sie dann per Mausklick auf den Eintrag aus.

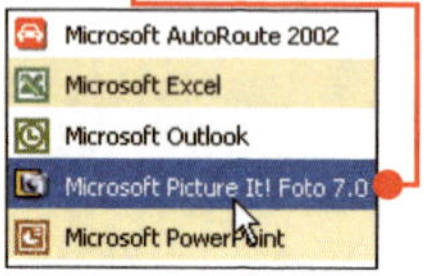

Die Oberfläche von Picture It!

Die Oberfläche von Picture It! weicht ein wenig von der anderer Works-Programme ab. Dieser Unterschied erleichtert Ihnen jedoch den Umgang mit dem Programm. Obwohl auch bei Picture It! die Menü- und Symbolleiste vorhanden sind, wird das Programm fast ausschließlich über die Symbole am linken Rand des Fensters bedient.

Beim Starten von Picture It! öffnet sich vor dem eigentlichen Programmfenster noch ein Startfenster.

Das Startfenster

Wenn Sie Picture It! gestartet haben, werden Ihnen im Startfenster zunächst noch grundlegende Möglichkeiten zur Auswahl angeboten.

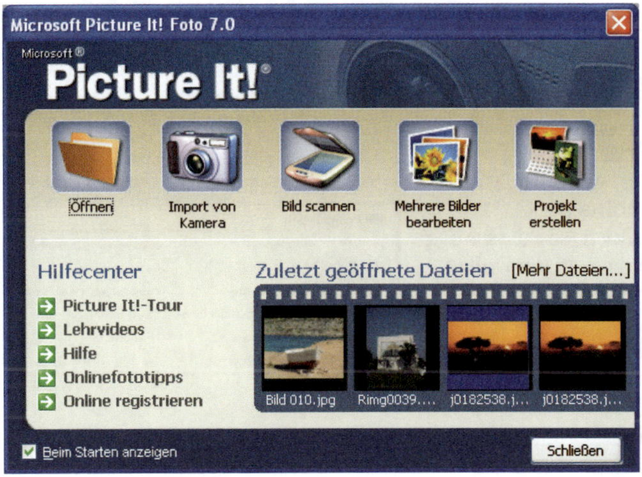

1 Mit einem Klick auf das erste Symbol

wird ein Browser geöffnet, so dass Sie zu dem Ordner mit Ihren eigenen Bildern wechseln können, um ein Bild zur Bearbeitung auszuwählen.

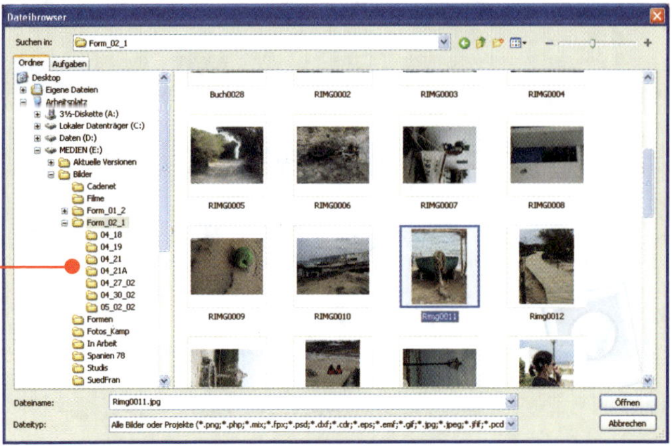

2 Sofern Sie eine Digitalkamera an Ihren Rechner angeschlossen haben, klicken Sie auf das Kamera-Symbol:

. Dann können Sie die Bilder Ihrer Digitalkamera zur Weiterbearbeitung direkt in Picture It! laden.

3 Haben Sie hingegen einen Scanner an Ihren Rechner angeschlossen, lassen sich Bilder mit einem Mausklick auf das Symbol

direkt in Picture It! einscannen.

4 Wenn Sie auf das Symbol für mehrere Bilder

klicken, wird wieder, wie in Schritt 1, ein Datei-Browser geöffnet.

In diesem Fall jedoch so, dass Aufgaben, die Sie am Bild erledigen wollen, sofort ausgeführt werden können:

5 Nach einem Klick auf das letzte Symbol im Startfenster

wird ein Fenster mit Arbeitsaufgaben angezeigt, aus denen Sie per Mausklick eine passende auswählen können.

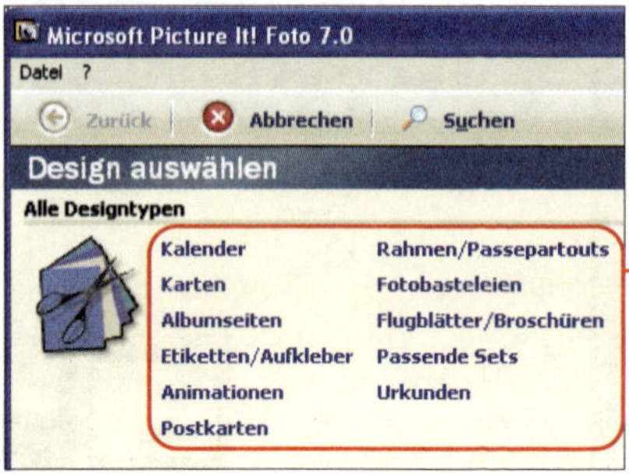

6 Wenn Sie schon früher Bilder mit Picture It! geöffnet haben, werden Ihnen die letzten davon in einer Bildleiste präsentiert.

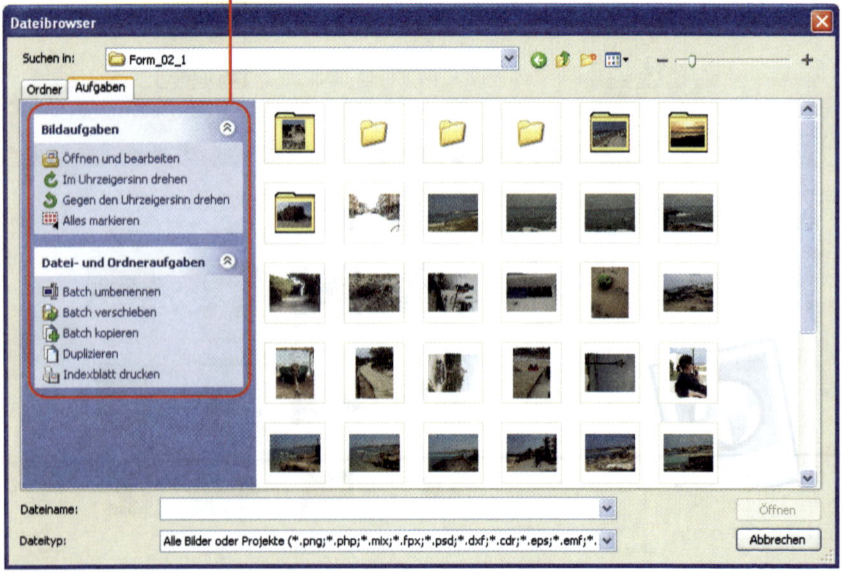

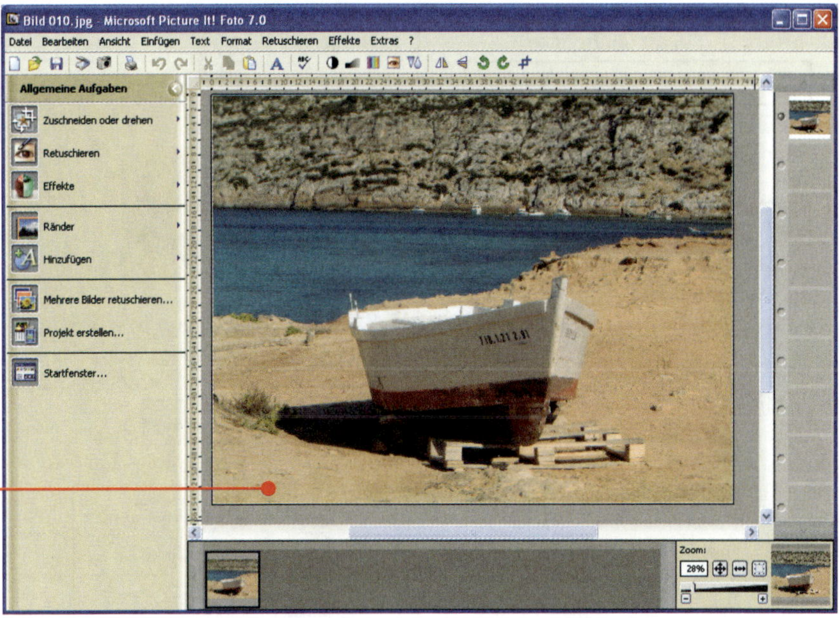

Um sich eines davon in Picture It! anzeigen zu lassen, beispielsweise ●, brauchen Sie nur doppelt darauf zu klicken. ●

Das Programmfenster

Wie Sie in der obigen Abbildung sehen, bietet Picture It! alle Elemente, die auch die anderen Works-Programme haben. Zusätzlich gibt es noch Symbole auf der linken Seite des Programmfensters, über die Sie alle Bearbeitungsfunktionen per Mausklick erreichen.

→ Oberhalb der Menüleiste wird der Name des geöffneten Bildes angezeigt.

→ Darunter sehen Sie die gewohnte Menüleiste.

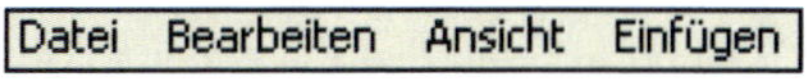

→ Falls noch kein Bild zur Bearbeitung geladen sein sollte, sind die Bearbeitungssymbole in der Symbolleiste als inaktiv (grau) gekennzeichnet.

Erst wenn Sie ein Bild geladen haben, werden die Symbole aktiv (bunt) angezeigt.

Dann können Sie die Funktionen mit einem Mausklick auf das jeweilige Symbol auswählen.

Symbole

Bedient wird Picture It! komfortabel über die Symbole am linken Rand des Programmfensters:

Damit Ihnen der Unterschied zwischen den Symbolen der Symbolleiste und den Symbolen am linken Rand des Programmfensters klar wird, führen Sie folgende Schritte durch:

1 Wenn Sie unterhalb der Menüleiste zum Beispiel auf das Symbol

klicken, öffnen Sie damit den Programmteil

,

mit dem Sie rote Augen aus Ihren Bildern entfernen können.

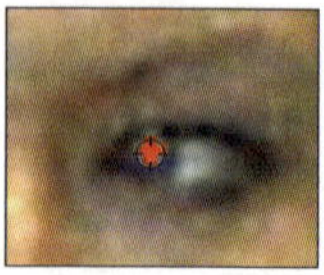

2 Klicken Sie dagegen in der Symbolleiste auf der linken Seite des Programmfensters auf das entsprechende Symbol

,

wird ein Untermenü angezeigt.

In diesem Menü können Sie dann ebenfalls das Werkzeug für die „Rote-Augen"-Korrektur

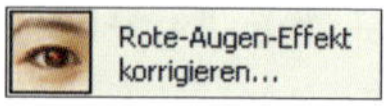

auswählen. Gleichzeitig haben Sie aber auch direkten Zugriff auf die Korrektur der Helligkeitswerte

oder der Bildschärfe.

Ein Bild drehen

Falls Ihnen ein Bild in falscher Ausrichtung vorliegt,

können Sie das ganz leicht korrigieren.

1 Klicken Sie am linken Rand des Programmfensters auf das Symbol für das Zuschneiden oder Drehen eines Bildes:

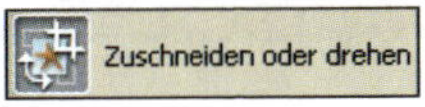

Sofort wird das entsprechende Menü geöffnet.

2 Wählen Sie nun per Mausklick im Menü den Eintrag

aus. Damit ändert sich der Menübereich im linken Teil des Arbeitsfensters.

In diesem Menü werden Ihnen dann unterschiedliche Möglichkeiten zum Drehen eines Bildes angeboten.

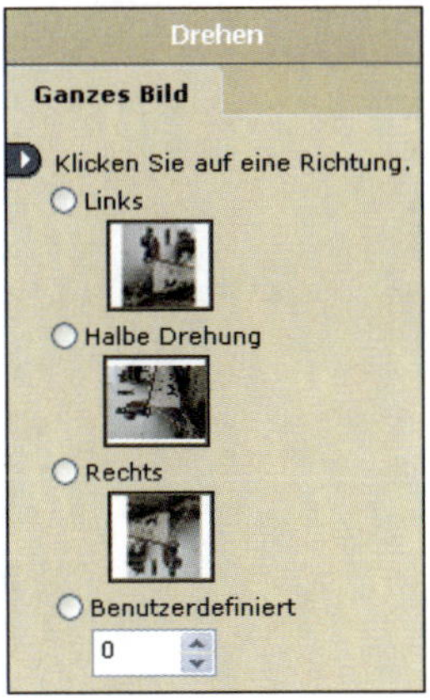

3 In den kleinen Vorschaufenstern sehen Sie beispielhaft das jeweilige Ergebnis. Wenn Sie auf den Kreis neben dem Vorschaufenster klicken, dessen Ausrichtung passt, in diesem Beispiel also

,

wird Ihr Bild entsprechend gedreht.

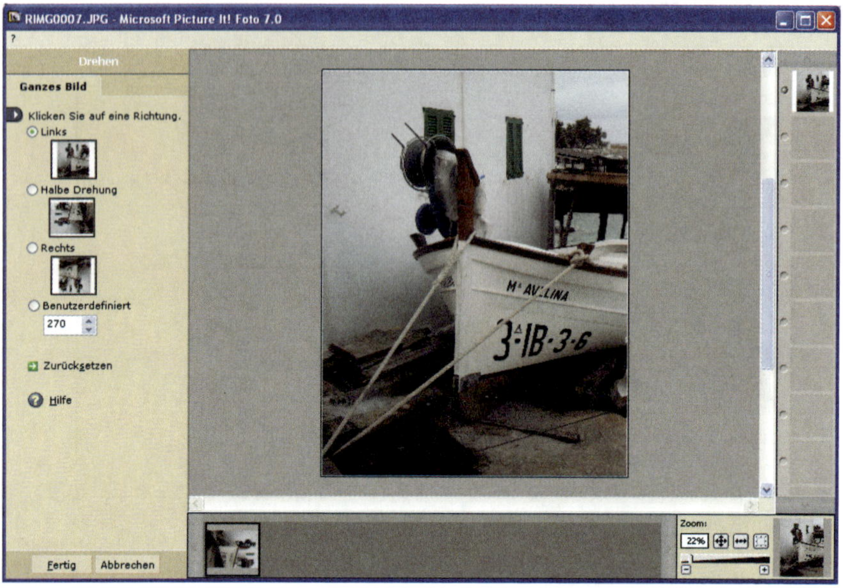

4 Sind Sie mit dem Ergebnis einverstanden, müssen Sie die Einstellung nur noch bestätigen. Klicken Sie dazu auf den Eintrag

am unteren Menürand.

Möchten Sie jedoch den vorherigen Zustand wiederherstellen, klicken Sie einfach direkt daneben auf

.

5 Um die Änderung dauerhaft zu sichern, müssen Sie das Bild speichern. Dazu klicken Sie in der Menüleiste auf

und im geöffneten Menü auf den Eintrag ●.

Farbstich entfernen

Haben Sie den Eindruck, dass die Farben nicht recht stimmen? In dem Fall können Sie einen so genannten Farbstich ganz einfach korrigieren.

1 In unserem Beispiel ist das Bild ein wenig zu blau geraten (es hat einen „Blaustich“).

Klicken Sie zur Korrektur auf das Symbol

,

und wählen Sie aus der dann geöffneten Liste den Eintrag ●.

2 Sie öffnen damit ein Fenster, in dem Sie die Korrektur in wenigen Schritten vornehmen können.

Fahren Sie mit dem Mauszeiger zunächst über das Bild. Der Mauszeiger verwandelt sich daraufhin in eine kleine Pipette:

.

3 Bewegen Sie diese Pipette auf einen Bereich des Bildes, dessen Farbe Sie ändern möchten.

Der Farbkreis im Menü steht zunächst in seiner Ausgangsposition.

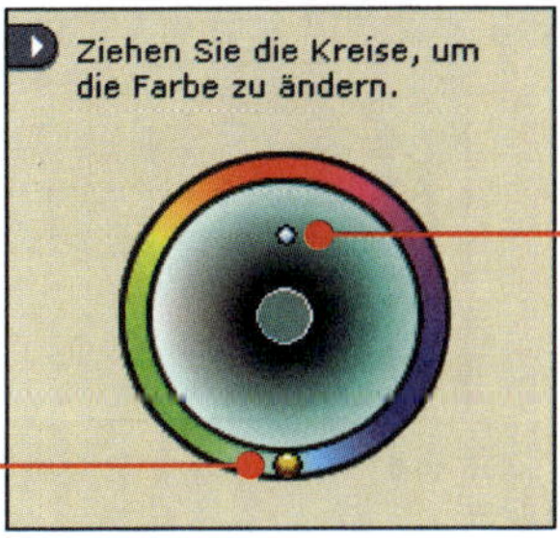

Die Punkte, mit denen die Sättigung (Farbstärke) ● und die Farbe selbst ● eingestellt werden können, stehen in einer mittleren Position.

4 Damit Sie mit der Technik vertraut werden, machen Sie zunächst Folgendes: Wenn Sie mit der Pipette in eine Farbe des Bildes klicken, werden die

Farbinformationen in den Farbkreis übernommen.

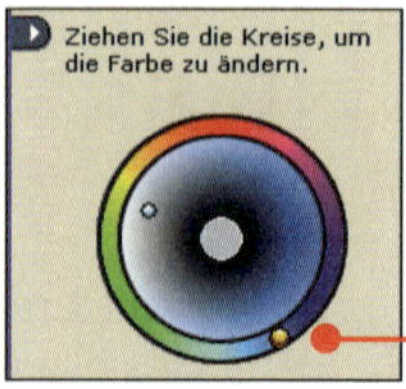

Anschließend können Sie mit dem kleinen Zeiger im Farbkreis die gewünschte Farbstärke einstellen.

Halten Sie dazu den Mauszeiger gedrückt, und ziehen Sie die kleine Kugel in den Bereich mit starker Färbung.

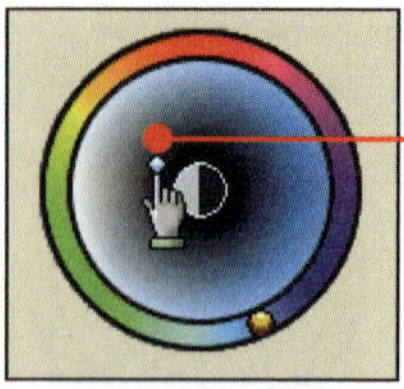

Das Ergebnis können Sie sofort am Bild ablesen.

5 Um nun den Blaustich des Bildes zu korrigieren, ziehen Sie den Punkt in den hellen Bereich.

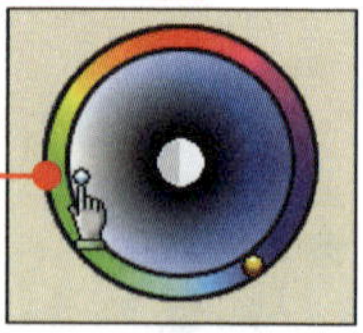

Überprüfen Sie dann am Bild, ob das Ergebnis Ihren Erwartungen entspricht.

6 Sowie Sie die Farben wunschgemäß eingestellt haben, müssen Sie Ihr Werk natürlich wieder sichern. Klicken Sie also auf die Schaltfläche

.

Danach können Sie Ihr Werk wie gewohnt speichern.

7 Sind Sie sich nicht ganz sicher, ob das Ergebnis wirklich Ihren Wünschen entspricht, speichern Sie einfach eine Kopie des Bildes. Klicken Sie dazu im Dateimenü *nicht* auf ,

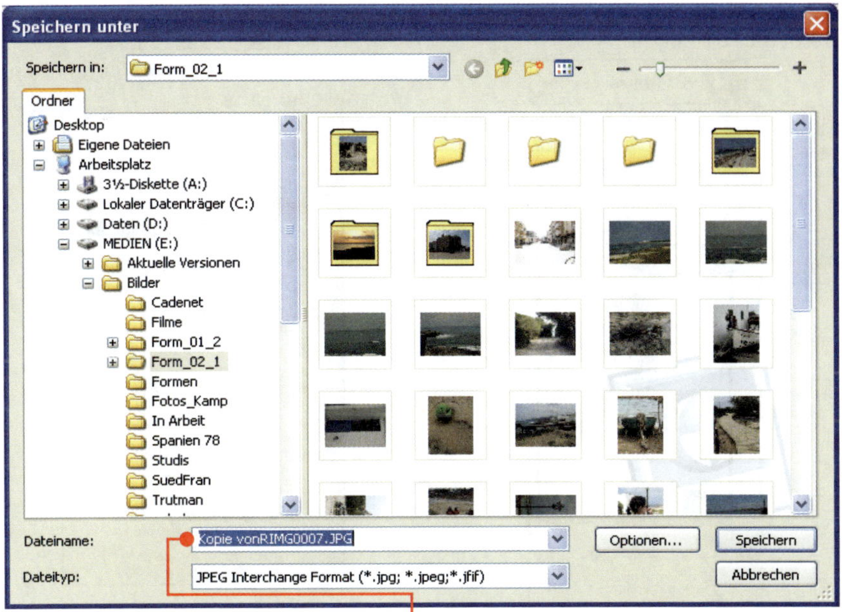

sondern auf den Eintrag ●.

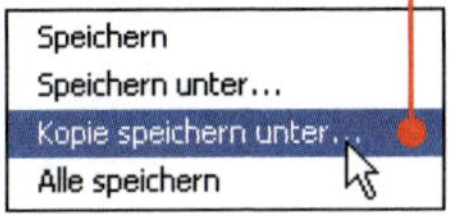

8 Daraufhin wird ein Browser geöffnet, und Ihre Bilddatei bekommt vor dem Namen den Zusatz „Kopie von". ●

Auf diese Weise bleibt Ihre Originaldatei erhalten.

Rahmen und Ränder

Manchmal möchten Sie Ihr Bild vielleicht durch einen Rahmen besser zur Geltung bringen oder die Ränder des Bildes verändern. Dafür ist der nächste Eintrag im Symbolmenü zuständig.

1 Klicken Sie zum Verändern der Ränder oder zum Einfügen eines Rahmens auf 

.

Aus dem dann geöffneten Menü können Sie den gewünschten Eintrag auswählen.

2 Wenn Sie dort beispielsweise auf den Listeneintrag

klicken, öffnet sich das gleichnamige Fenster:

.

3 Nach einem Klick auf eine der angezeigten Ränderarten, zum Beispiel

, lässt sich das Ergebnis im Bildfenster daneben sofort überprüfen.

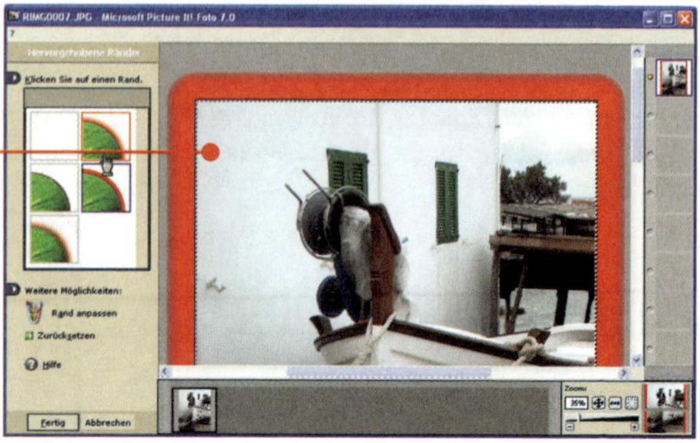

4 Sollte Ihnen die Farbe des Randes nicht gefallen, können Sie dies problemlos ändern. Klicken Sie dazu unterhalb der Ränder-Auswahl auf das Symbol

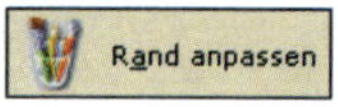

und im dann geöffneten Menü auf die gewünschte Farbe.

5 So wird etwa per Klick in der geöffneten Farbpalette auf

die Farbe Grün sofort als Randfarbe übernommen.

6 Ist Ihnen die gewählte Farbe zu kräftig oder entspricht sie doch nicht Ihren Vorstellungen? Dann klicken Sie einfach auf die Farbpalette unter der Farbauswahl: 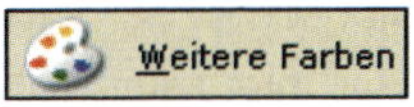

Damit öffnen Sie wieder ein Farbrad.

Mit den Punkten können Sie (wie in Schritt 4 im vorherigen Abschnitt auf Seite 122 beschrieben) die Intensität der Farbe und die Farbe selbst Ihren Wünschen entsprechend anpassen.

Rahmen hinzufügen

Anstelle des Randes können Sie auch einen Rahmen oder ein Passepartout verwenden, damit Ihr Bild besser zur Geltung kommt.

1 Um einen Rahmen zu einem geöffneten Bild hinzuzufügen, klicken Sie zuerst auf

und dann im geöffneten Untermenü auf

Daraufhin wird das Fenster für Rahmen und Passepartouts geöffnet.

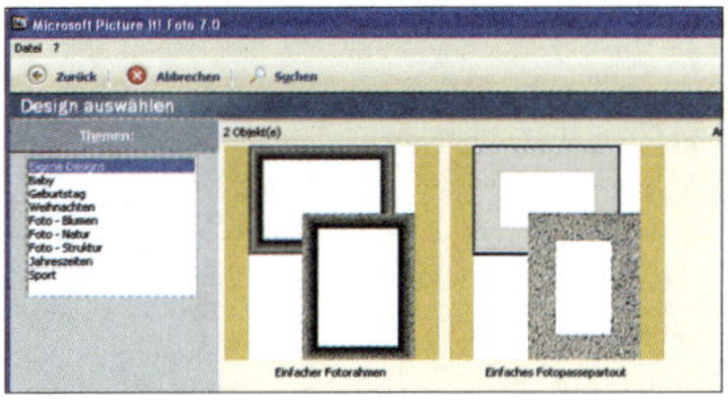

2 Aus der Auswahlliste am linken Rand des Fensters suchen Sie sich per Mausklick ein passendes Thema aus, beispielsweise .

3 Anschließend sehen Sie im rechten Bereich des Fensters die verschiedenen Möglichkeiten des markierten Themas.

Klicken Sie nun den Rahmen doppelt an, den Sie für Ihr Bild verwenden möchten, etwa ●.

4 Kurz darauf wird ein Hinweisfenster geöffnet.

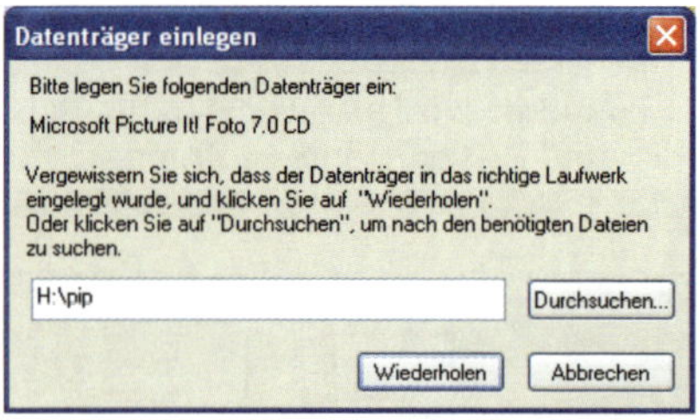

Legen Sie dann die zweite CD der Works-Suite 2003 in Ihr CD-ROM-Laufwerk ein, und klicken Sie auf

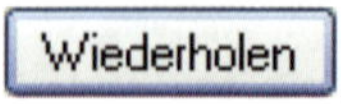

.

5 Der gewünschte Rahmen wird danach im Bearbeitungsfenster von Picture It! geladen. ●

Ein Doppelklick auf das Bild, das in den Rahmen soll,

befördert es ebenfalls in das Bearbeitungsfenster.

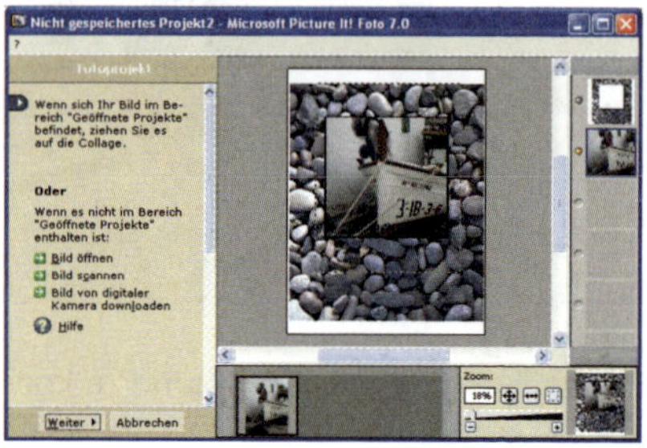

6 Damit das Bild jetzt exakt in den Rahmen passt beziehungsweise nichts davon durch den Rahmen verdeckt wird, klicken Sie auf die Schaltfläche

.

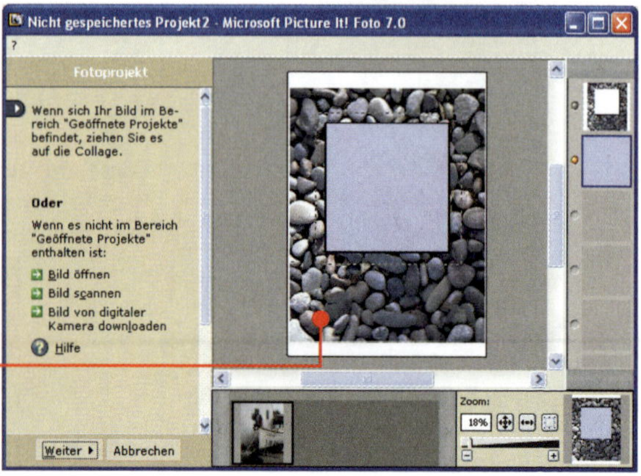

Im Bearbeitungsfenster erscheinen daraufhin eine gestrichelte Linie

und gelbe Punkte am Rand des Bildes.

Die gestrichelte Linie stellt die Ränder des Bildes dar, das zurzeit noch nicht genau in den Rahmen passt.

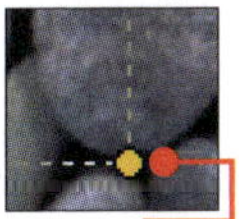

Die gelben Punkte sind so genannte „Anfasser", mit denen Sie die Größe des Bildes wunschgemäß verändern können.

7 Klicken Sie dazu auf einen der gelben Punkte an den Ecken des noch verdeckten Bildes,

so dass sich der Mauszeiger in einen schrägen Doppelpfeil verwandelt:

.

Halten Sie die Maustaste gedrückt, und ziehen Sie die gestrichelte Linie bis zum inneren Rahmenausschnitt.

Dadurch wird das Bild so verkleinert, dass es in den Rahmen passt.

8 Sollte das Bild dann an einer anderen Ecke noch überstehen,

! Verzerrungen vermeiden

Verwenden Sie zur Änderung der Größe nur die Anfasser an den *Ecken* des Bildes. Wenn Sie die Anfasser an den Seiten des Bildes benutzen, wird nur die entsprechende Seite „gestaucht", so dass das Bild seine Form verliert.

wiederholen Sie den Vorgang an eben dieser Stelle, bis das Bild vollständig in den Ausschnitt des Rahmens passt.

9 Sind Sie mit dem Ergebnis zufrieden, klicken Sie auf die Schaltfläche

.

Anschließend können Sie Ihr Bild im neuen Rahmen bewundern

und wie gewohnt speichern.

8 Die Works-Projekte im Überblick

Bereits zu Beginn dieses Buches haben Sie erfahren, dass die so genannten **Projekte** von Works 2003 eine interessante Besonderheit der neuen Programmversion sind, denn sie können Ihnen die Organisation Ihres Alltags erheblich erleichtern. Für viele Gelegenheiten hält Works vorbereitete Projekte bereit, die auf komfortable Weise zum Ziel führen. Ob Sie ein Sportteam betreuen, ein Familientreffen planen oder Ihren Verein verwalten möchten – Works liefert Ihnen mit den jeweiligen Projekten hilfreiche Strukturen. Aber auch den Umzug in ein neues Haus können Sie mit einem Works-Projekt planen. Und sogar den erfolgreichen Werdegang Ihrer Kinder in der Schule kann Works mit einem Projekt planend unterstützen.

In diesem Kapitel wird Ihnen die Projekt-Palette von Works vorgestellt und beispielhaft erläutert, welche Aufgaben Sie in welchem Projekt finden. So erhalten Sie einen Überblick darüber, welche Works-Projekte Ihnen effektiv im Alltag helfen können. Wie Sie konkret mit einem Projekt arbeiten, erfahren Sie im nächsten, also dem neunten Kapitel, am Beispiel der Haushaltsorganisation. Und das Beispiel eines Autokaufs zeigt Ihnen, wie Sie kein vorgefertigtes, sondern ein eigenes Projekt entwickeln und die dazugehörigen Aufgaben anlegen.

In achten Kapitel dieses Buches erfahren Sie,

- welche vorbereiteten Projekte Works für Sie bereithält,
- was diese Projekte leisten,
- und wie diese Projekte mit den entsprechenden Aufgaben zum Ziel führen.

Kapitel-Wegweiser

Die Projekte der Works-Suite 2003

Im Start-Fenster (vgl. auch Seite 22 bis 25) sehen Sie, dass Ihnen Works für viele Bereiche des Geschäfts- und Privatlebens diverse Projekte zur Verfügung stellt.

Angefangen bei einem „leeren Projekt",

mit dem Sie Ihre eigenen Projekte anlegen und bearbeiten können, über die Planung eines Festes

bis hin zur Verwaltung von Vereinen oder kleinen Büros

finden Sie gut durchdachte Projekte, die Sie bei Ihrer Arbeit unterstützen.

Dabei brauchen Sie sich um die benötigten Programme keine Ge-

danken zu machen. Wenn Sie ein Projekt öffnen, sehen Sie, dass zu jedem Arbeitsschritt schon das benötigte **Programm** vorgesehen ist:

Sie können sich also ganz auf die **Aufgaben** konzentrieren. Diese Aufgaben sind praktisch die Unterabschnitte, die Sie benötigen, um ein Projekt erfolgreich zu abzuarbeiten.

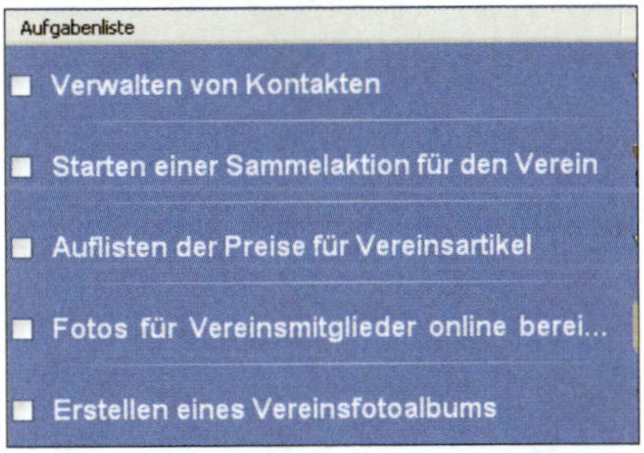

Auch an die Verwaltung der Aufgaben selbst wurde gedacht. Was bei den einzelnen Aufgaben noch zu erledigen ist, können Sie in einem kleinen Notizbuch festhalten.

Wann eine Aufgabe laut Planung beendet sein sollte, halten Sie mit einem so genannten „Fälligkeitsdatum“ fest.

Und ist eine Arbeit erledigt, dokumentieren Sie das mit einem Häkchen vor dem Eintrag der Aufgabe.

Im Folgenden stellen wir Ihnen fünf Works-Projekte beispielhaft vor. Das

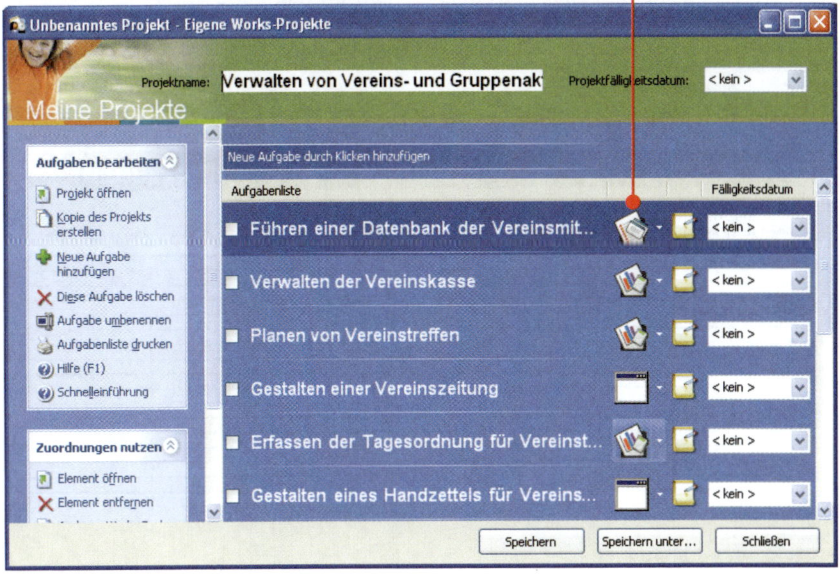

Works-Projekt „Organisieren des Haushalts" ist, wie eingangs erwähnt, Gegenstand des nächsten Kapitels ab Seite 146.

Betreuung eines Sportteams oder einer Sportmannschaft

Wenn Sie der Betreuer einer Sportmannschaft sind oder in einem Sportverein die einzelnen Teams betreuen, können Sie das Projekt „Betreuung eines Sportteams" verwenden, um den Aufwand bei den Büroarbeiten in den Griff zu bekommen.

Unter den einzelnen Aufgaben finden Sie die „normale" Verwaltung.

So behalten Sie immer den Überblick über die Mitglieder und wissen genau, wer bei einem Wettkampf an welcher Sportart teilnimmt.

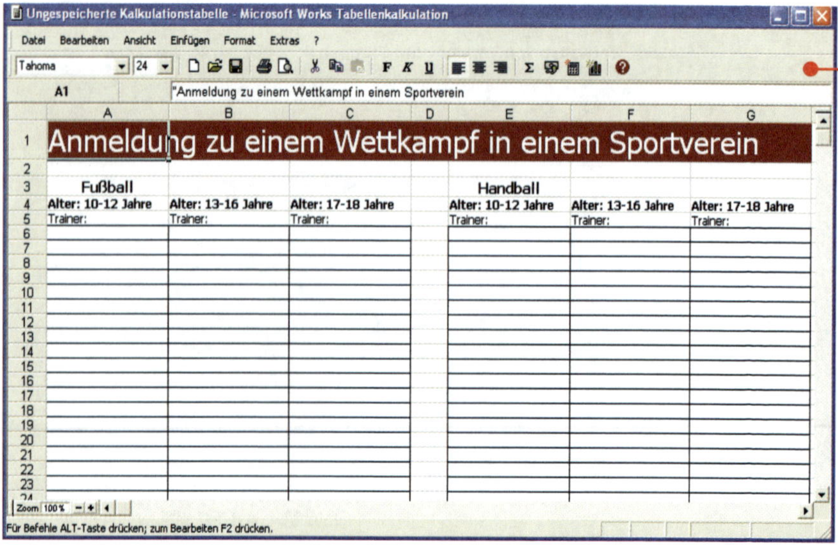

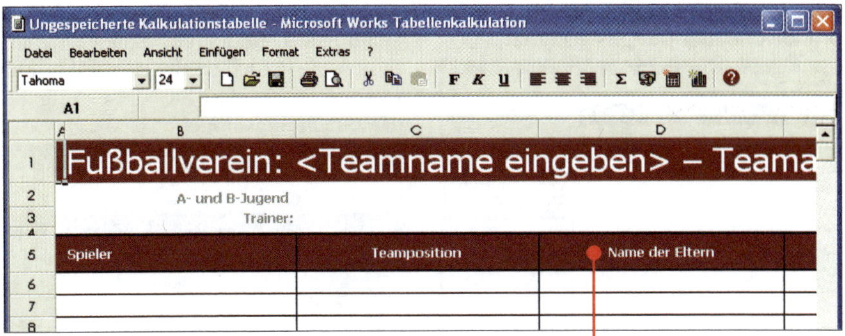

Falls Sie Kinder und Schüler betreuen, werden natürlich auch die Eltern der Sportler nicht vergessen.

Dabei können Sie beispielsweise sowohl die Adressen und Telefonnummern der Eltern als auch des Hausarztes eintragen.

Um im Sport wirklich Erfolg zu haben, muss trainiert werden. Auch wenn es nicht um die absolute Spitzenleistung geht, ist ein geregeltes und gleichmäßiges Training notwendig. Damit Sie die Verwaltung des Trainings auch für viele und unterschiedliche

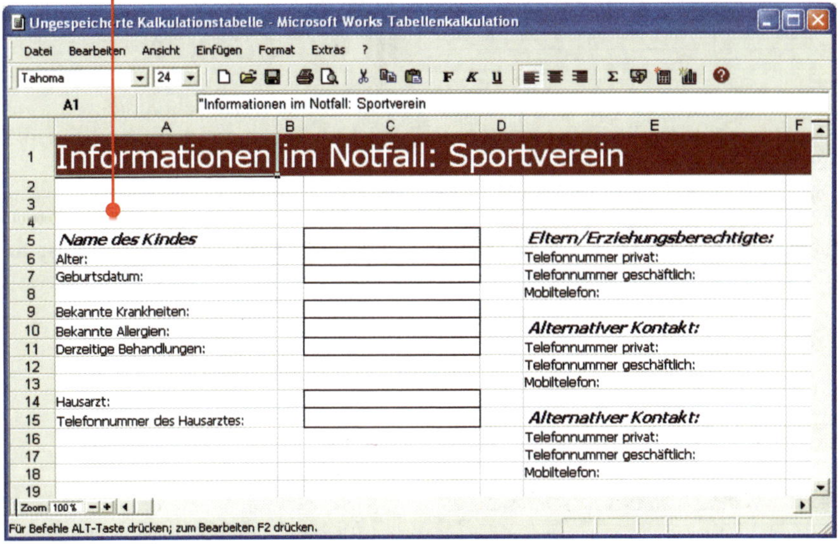

Sportler gut planen können, ist der Works-Kalender bestens geeignet.

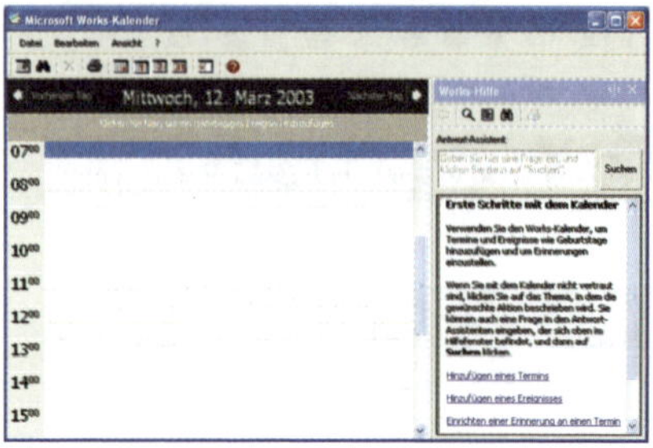

Und um den Trainingserfolg auch festhalten zu können, ist eine Tabelle vorbereitet,

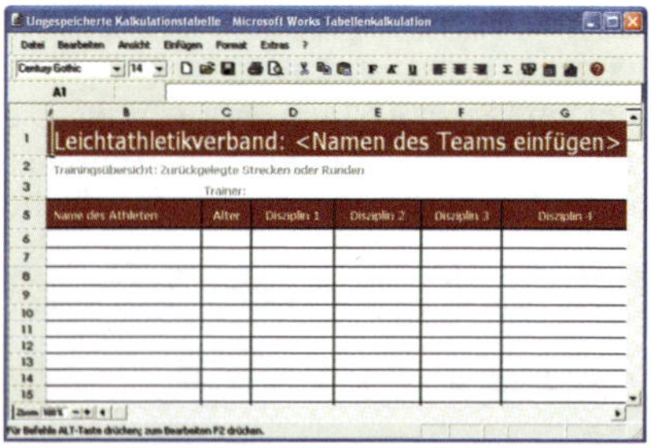

die Sie leicht Ihren Bedürfnissen anpassen können.

Nicht nur das Training, sondern auch die Wettkämpfe können Sie komfortabel verwalten.

Und falls Sie bei der Mannschaftsaufstellung die Bilder der Spieler haben möchten, ist auch das kein Problem. Mit Picture It! können Sie diese Aufgabe ganz leicht bewältigen.

Gute Noten in der Schule

Leider besteht das Leben nicht nur aus Spiel und Spaß, sondern der Ernst des Lebens bricht unvermittelt mit der Schulzeit los. Um zumindest die Verwaltung des Schülerdaseins auf dem Weg zu guten Noten im Griff zu behalten, ist ein Projekt in Works vorbereitet.

Dieses Projekt ist für Schüler und für Eltern gleichermaßen geeignet.

unterstützt und begleitet Sie das Projekt von Works.

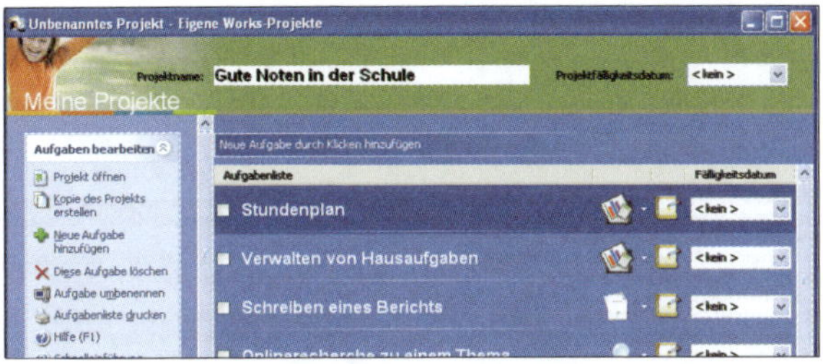

Die einzelnen Aufgaben umfassen praktisch alle Problemfelder, die in der Schule auftauchen.

Angefangen beim Stundenplan

über die Verwaltung der Hausaufgaben

bis hin zur Universität

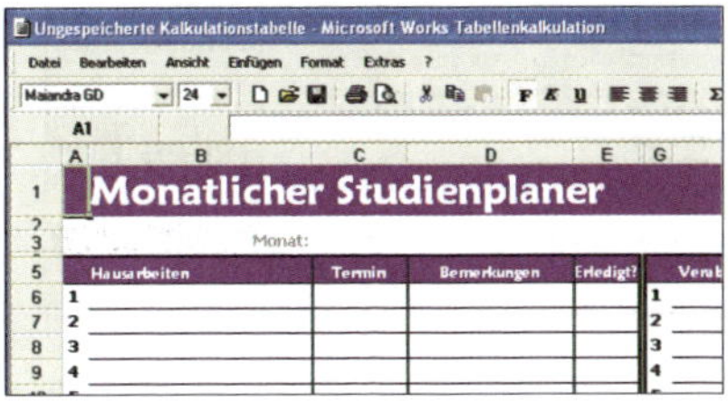

Selbstverständlich beschränkt sich das Schulprojekt nicht auf Planen und Verwalten. Es bietet auch Hilfestellung bei der täglichen Arbeit.

Wenn Sie etwa eine Arbeit schreiben müssen, öffnet die Aufgabe

die Textverarbeitung Word.

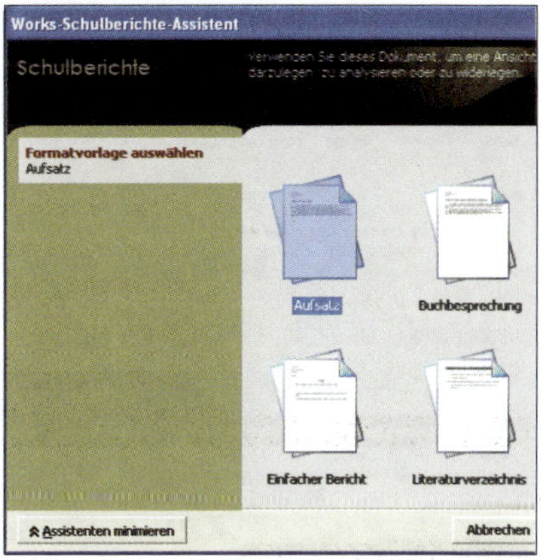

Sobald Sie dann mit dem Word-Assistenten die passende Textsorte ausgewählt haben, zum Beispiel

,

startet Word ein neues Dokument und bietet eine kleine Hilfe zu der entsprechenden Textsorte.

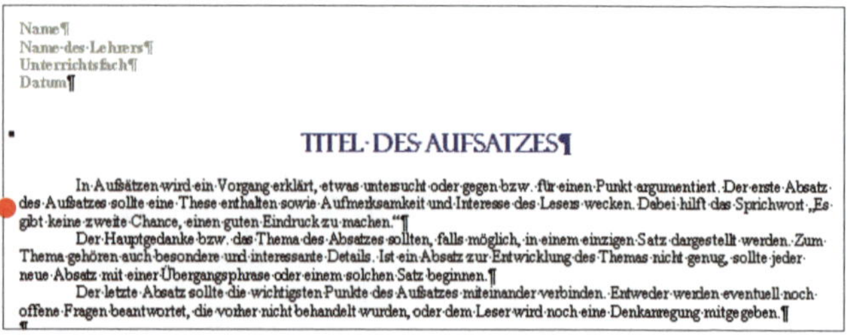

Name
Name des Lehrers
Unterrichtsfach
Datum

TITEL DES AUFSATZES

In Aufsätzen wird ein Vorgang erklärt, etwas untersucht oder gegen bzw. für einen Punkt argumentiert. Der erste Absatz des Aufsatzes sollte eine These enthalten sowie Aufmerksamkeit und Interesse des Lesers wecken. Dabei hilft das Sprichwort „Es gibt keine zweite Chance, einen guten Eindruck zu machen."

Der Hauptgedanke bzw. das Thema des Absatzes sollten, falls möglich, in einem einzigen Satz dargestellt werden. Zum Thema gehören auch besondere und interessante Details. Ist ein Absatz zur Entwicklung des Themas nicht genug, sollte jeder neue Absatz mit einer Übergangsphrase oder einem solchen Satz beginnen.

Der letzte Absatz sollte die wichtigsten Punkte des Aufsatzes miteinander verbinden. Entweder werden eventuell noch offene Fragen beantwortet, die vorher nicht behandelt wurden, oder dem Leser wird noch eine Denkanregung mitgegeben.

Benötigen Sie zu einem bestimmten Thema Informationen, können Sie einfach die Aufgabe

anklicken. Sind Sie zu dem Zeitpunkt mit dem Internet verbunden, werden Sie sofort zur Microsoft Encarta-Seite gebracht.

Nach einem Klick auf den entsprechenden Eintrag

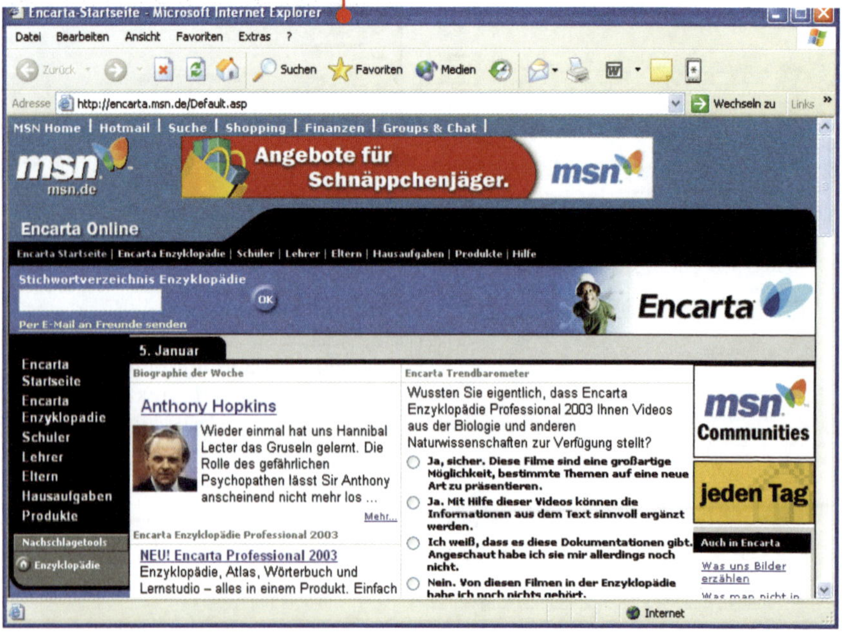

können Sie online Ihre Frage zu einem Thema stellen

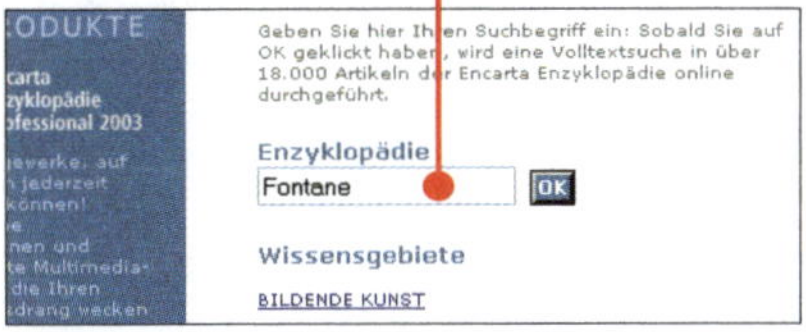

und erhalten kurz darauf die gewünschte Antwort.

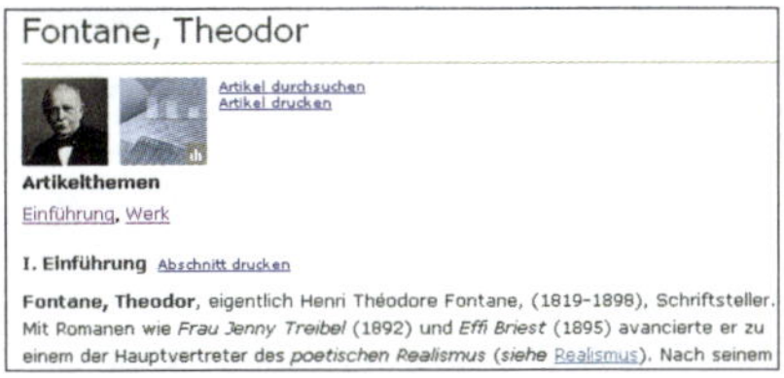

Häufig erhalten Sie bei der Online-Recherche den Verweis auf weitergehende Informationen, die Sie in der Encarta-Enzyklopädie finden können. Wenn Sie nicht immer mit dem Internet verbunden sind oder gar keinen Zugang zum Internet haben, können Sie auch die Encarta-Enzyklopädie von Works verwenden.

Diese Encarta-Enzyklopädie lässt sich im Übrigen auch direkt aus dem Schulprojekt heraus starten. Klicken Sie die Aufgabe

an, wird direkt die Encarta-Enzyklopädie gestartet.

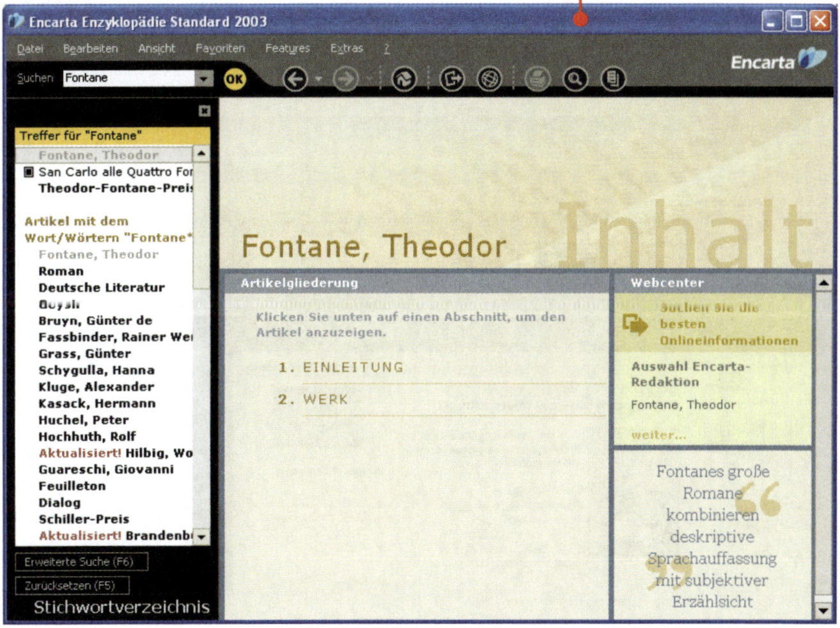

Umzug in ein neues Haus

Gefällt Ihnen Ihre Wohnung nicht mehr? Möchten Sie in Ihren eigenen vier Wänden leben? Dann ist das Projekt „Umzug in ein neues Haus“ das Richtige für Sie.

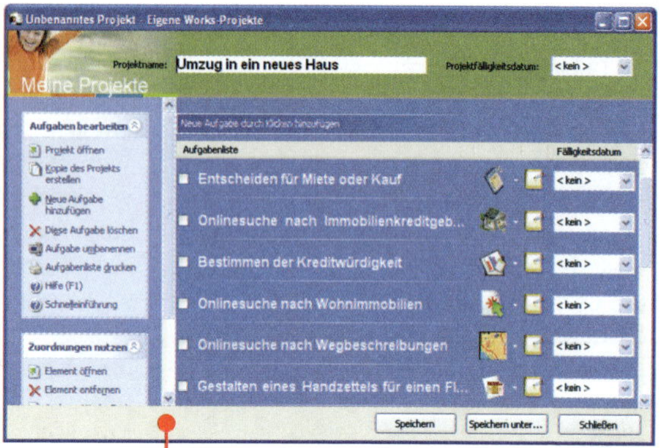

Mit diesem Projekt planen Sie nicht nur den Umzug, sondern organisieren auch Ihren Finanzplan und werden bei der Suche nach einem neuen Haus unterstützt.

Ein Mausklick auf die Aufgabe

verbindet Sie mit einer Microsoft Internet-Seite,

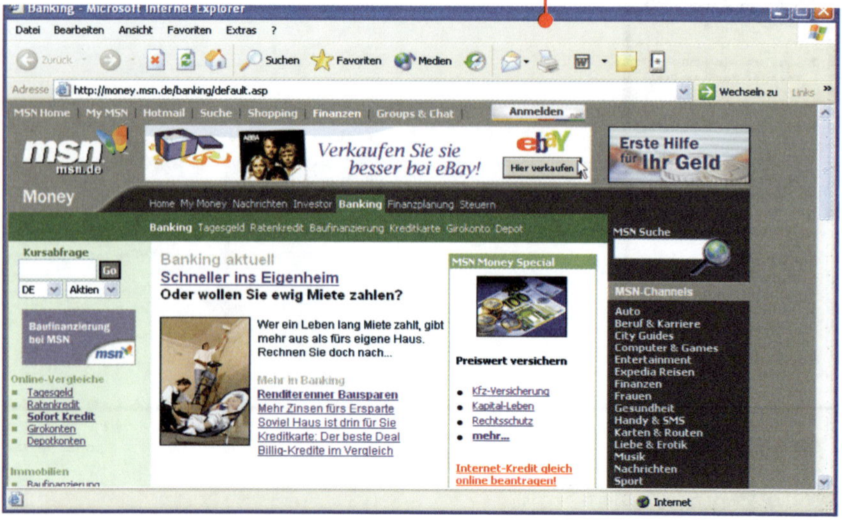

wo Sie dann Entscheidungshilfen für Wohnung oder Haus finden.

Auch der Weg zu preiswerten Krediten wird Ihnen dort angeboten.

Wenn Sie sich entschieden haben, können Sie mit der Aufgabe

■ Bestimmen der Kreditwürdigkeit

überprüfen, wie viel Kredit Sie von den Banken erhalten können.

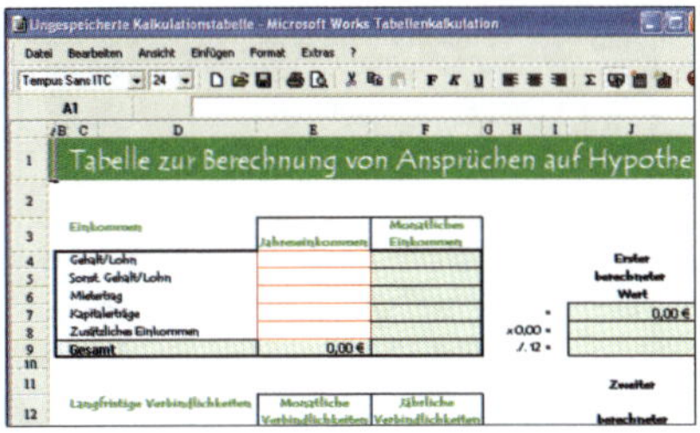

Ein praktischer Zusatzservice: Sobald Sie einige Häuser gefunden haben, können Sie mit der Aufgabe

■ Onlinesuche nach Wegbeschreibungen

direkt im Internet die Wegbeschreibungen zu Ihrem Traumhaus ansehen und ausdrucken.

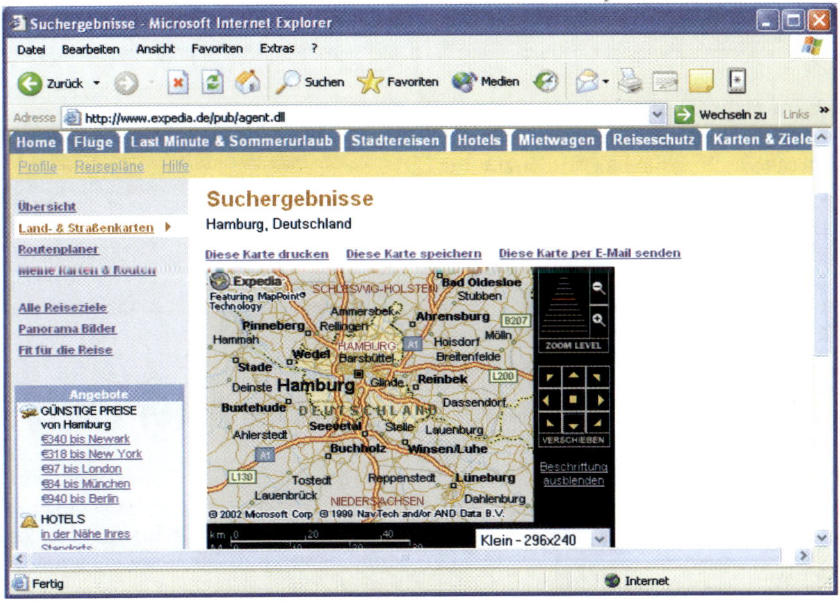

! Wegbeschreibung mit „AutoRoute“

Möchten Sie die Wegbeschreibung nicht im Internet suchen, können Sie für diese Aufgabe auch das Programm „AutoRoute“ der Works-Suite verwenden.

Dann können Sie ohne kostspielige Internet-Verbindung ganz in Ruhe den besten Weg zu Ihrem Traumhaus ausfindig machen.

Ihr Haus ist gefunden, die Finanzierung gesichert - jetzt geht es an den Umzug. Auch dafür hält Works zur Unterstützung Aufgaben bereit.

■ Erstellen einer Umzugsprüfliste

Mit der Prüfliste können Sie den Umzug ganz gelassen vorbereiten.

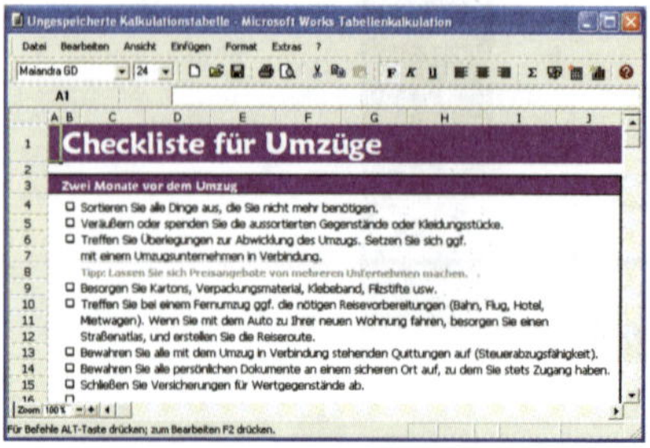

Naht der Tag des Umzugs, können Sie mit der Packliste

■ Erstellen einer Packliste

sichergehen, dass Sie nichts vergessen.

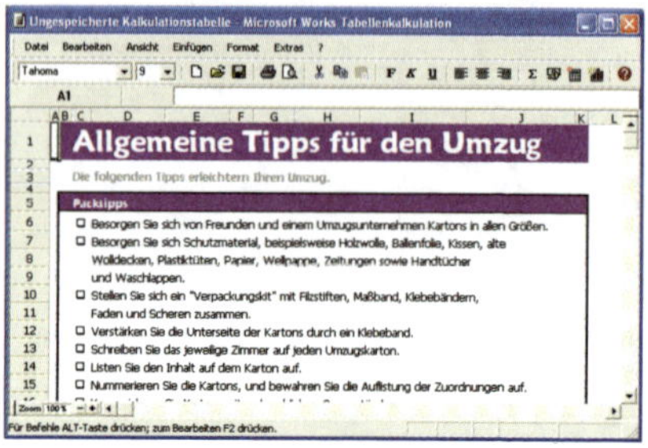

Und auch die Kosten für den Umzug haben Sie mit einem Works-Formular

■ Verwalten der Umzugskosten

fest im Griff.

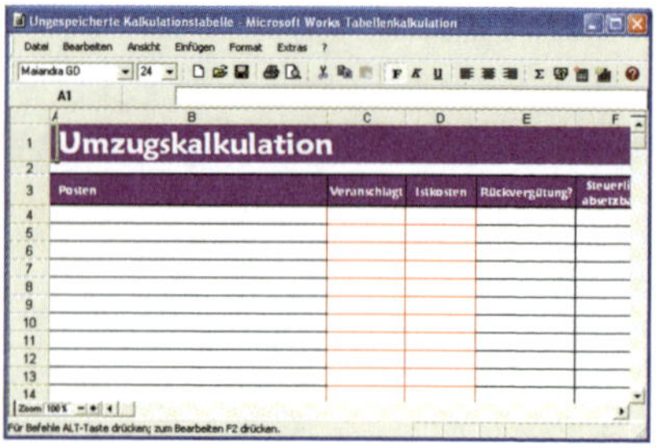

Planung einer Party

Alles ist gut überstanden. Sie und Ihre Familie sind in das neue Haus eingezogen. Sie möchten jetzt Ihren Freunden und Verwandten Ihr Heim zeigen. Was ist dafür besser geeignet als eine Party oder ein Familientreffen.

Ein Chaos brauchen Sie auch in diesem Fall nicht zu befürchten. Die Planungshilfe von Works steht Ihnen natürlich wie immer zur Seite.

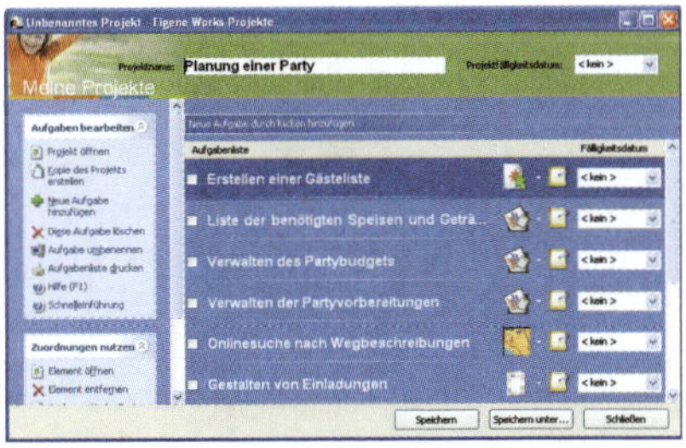

Zunächst hält Works für Sie eine Gästeliste bereit.

In diese Liste tragen Sie alle Freunde und Verwandten ein,

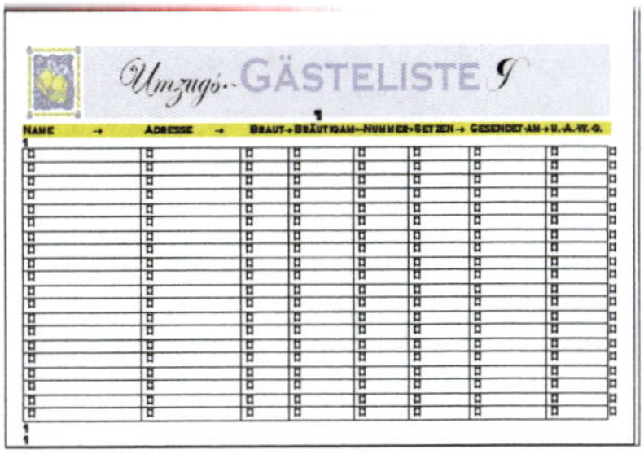

so dass Sie niemanden vergessen können.

Damit dann bei Ihrem Fest keiner verhungern oder verdursten muss, legen Sie mit der dafür vorbereiteten Aufgabe

den Essen- und Getränkeplan fest.

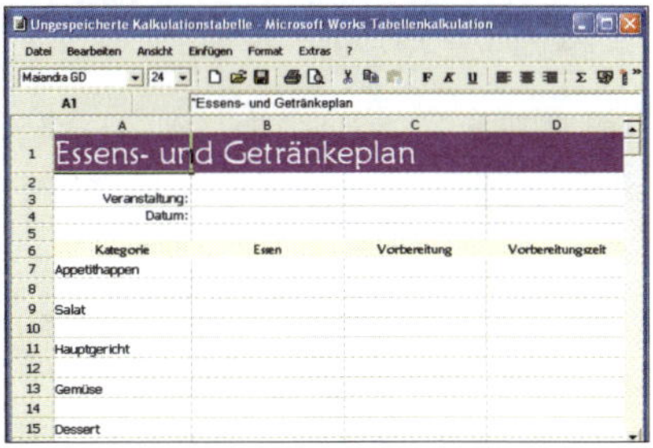

Für Besitzer der Works-Suite ist es natürlich Ehrensache, die Einladungskarten selbst zu gestalten.

Dabei können Sie mit Hilfe des Assistenten unterschiedliche Karten auswählen und Ihren Wünschen anpassen.

Legen Sie dann noch eine Wegbeschreibung

■ Suche nach Wegbeschreibungen

zu Ihrem Heim dazu, damit auch jeder den Weg zu Ihnen findet.

Sowohl bei den Einladungs- als auch bei den Dankeskarten besteht die Möglichkeit, noch ein Bild Ihres Heims hinzuzufügen

■ Erstellen von Einladungen und Danksk...

Mit Works ist auch das ganz leicht erledigt.

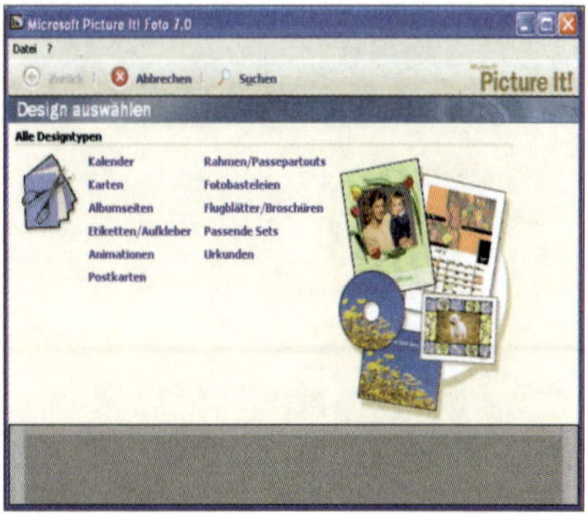

Verwalten von Vereins- und Gruppenaktivitäten

Die Arbeit im Verein macht nicht nur Spaß, sondern kostet leider auch Zeit für die Verwaltung. Damit Sie sich mehr dem Vereinsleben widmen können, hat Works ein Projekt vorbereitet, mit dem Sie den Verwaltungsaufwand leicht bewältigen können.

Sicher müssen Sie nicht alleine die ganze Verwaltung Ihres Vereins meistern, doch mit den Aufgaben des Projekts würde Ihnen das sogar gelingen.

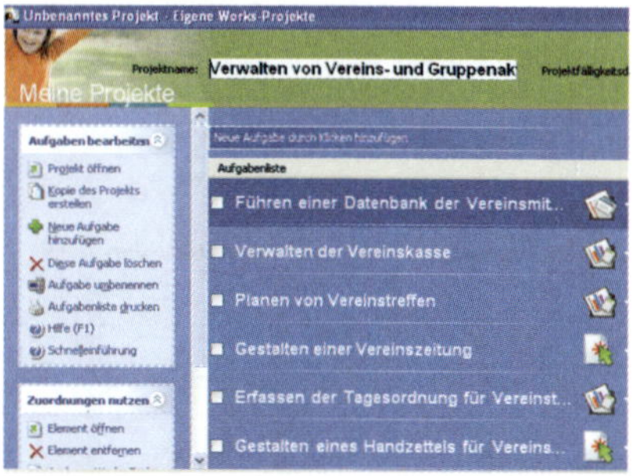

Ihre Vereinsmitglieder können Sie mit der Aufgabe

■ Führen einer Datenbank der Vereinsmit..

komfortabel in einer vorbereiteten Works-Datenbank verwalten.

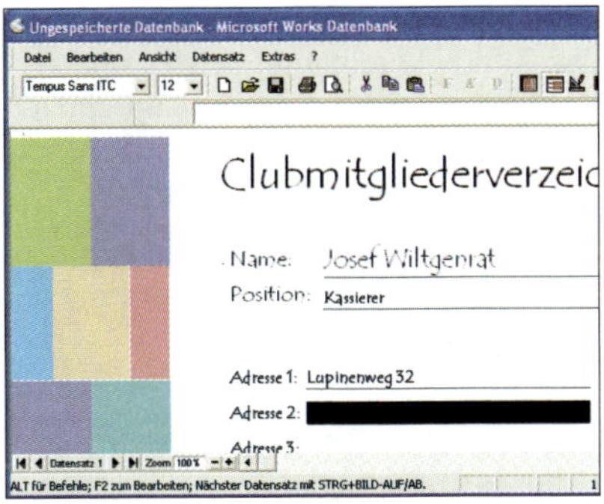

Um Ihnen die Verwaltung der Vereinskasse zu erleichtern, nutzen Sie die Aufgabe

Verwalten der Vereinskasse

In einer übersichtlichen Tabelle können Sie alle gewünschten Einträge und Berechnungen vornehmen.

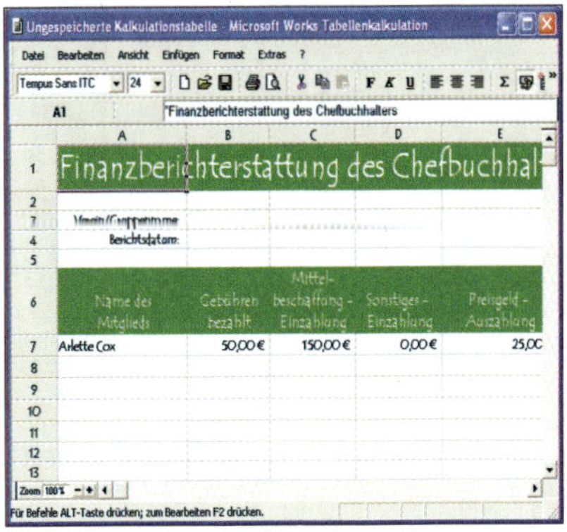

Da normalerweise regelmäßige Treffen der Vereinsmitglieder notwendig sind, steht Ihnen die Aufgabe

Planen von Vereinstreffen

zur Verfügung.

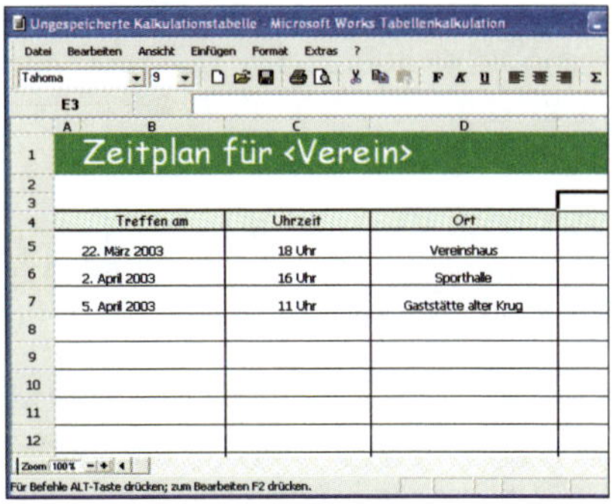

Damit die Versammlungen zügig und erfolgreich verlaufen können, ist eine Tagesordnung eine große Hilfe.

Erfassen der Tagesordnung für Vereinst...

Mit dieser Tagesordnung weiß dann jeder, was noch erledigt werden muss.

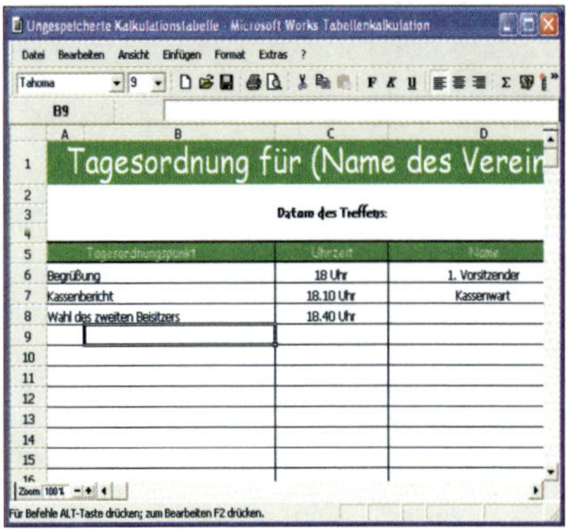

Sogar für eine kleine Vereinszeitung/ein Rundschreiben ist eine Aufgabe in Works vorgesehen.

Gestalten einer Vereinszeitung

Mit diesem Rundschreiben bleiben alle Mitglieder auf dem Laufenden, auch wenn sie nicht immer an den Versammlungen teilnehmen können.

Möchten Sie alle Mitglieder auch in einem Fotoalbum festhalten? Mit der Works-Aufgabe

Erstellen eines Vereinsfotoalbums

ein Kinderspiel. Verwenden Sie die Bilder Ihrer Vereinsmitglieder, und gestalten Sie das Fotoalbum dann einfach selbst.

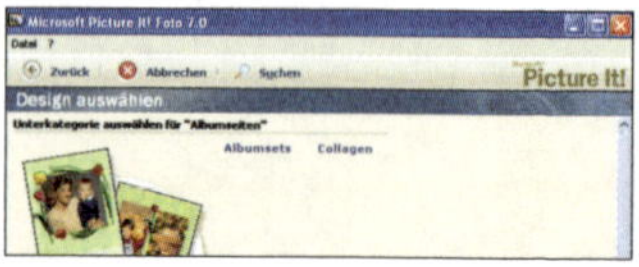

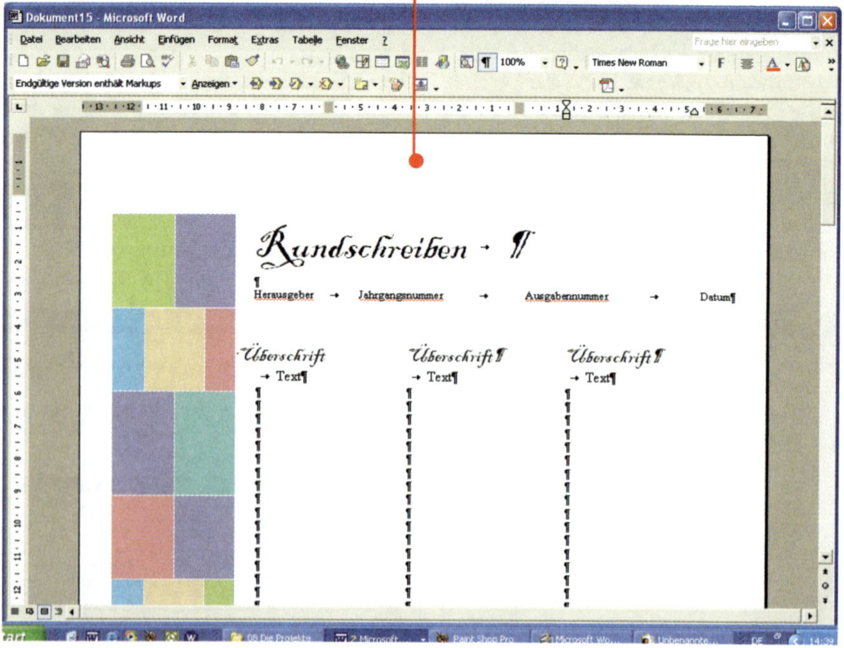

9 Projektbearbeitung leicht gemacht

Wie Sie die Einzelaufgaben eines Projekts bewältigen und sich entlasten, wird Ihnen in diesem Kapitel am Beispiel des Projekts Haushaltsorganisation gezeigt. Erfassen Sie mit den Works-Programmen Termine und Adressen, legen Sie Listen und Pläne an, und verwalten Sie Ihr Inventar mit einer Datenbank.

Doch obwohl zum Lieferumfang von Works sehr viele vorbereitete Projekte gehören, ist nicht immer eine fertige Lösung griffbereit. Wie Sie ein eigenes Projekt anlegen, erfahren Sie ab Seite 163 am Beispiel der Planung eines Autokaufs. Diesem Projekt ordnen Sie mit wenigen Mausklicks geeignete Aufgaben zu. Wenn Sie diese Aufgaben dann nach und nach abarbeiten, kann eigentlich gar nichts mehr schief gehen - und schon bald werden Sie sich bei einer Spritztour mit Ihrem Wunschwagen von der Computerarbeit erholen.

Im neunten Kapitel dieses Buches erfahren Sie,

- wie Sie die Aufgaben eines Projekts bearbeiten,
- wie die Projektplanung und der Works-Kalender zusammenarbeiten,
- wie Sie ein eigenes Projekt anlegen und es in Aufgaben unterteilen,
- und wie Sie diesen Aufgaben Programme und Vorlagen zuordnen.

Kapitel-Wegweiser

Einstieg in ein Projekt

Works will Ihnen mit dem Projektkonzept einen möglichst einfachen Umgang mit komplexen Themenstellungen erleichtern. Wie ernst es die Programmierer damit meinen, können Sie schon daran erkennen, an welch prominenter Stelle in der Programmstruktur die Projekte platziert sind, nämlich auf der Startseite, der so genannten Homepage (vgl. dazu auch Kapitel 2 ab Seite 17).

Fast alle Symbole im Anzeigebereich der Homepage repräsentieren ein komplett vorbereitetes Projekt.

Das Projekt „Organisieren des Haushalts" im Überblick

Was alles an Arbeit in einem normalen Haushalt anfällt, wird erst deutlich, wenn man diese Arbeiten selbst machen muss. Um die kostbare Freizeit und das Haushaltsgeld nicht sinnlos zu strapazieren, ist eine sinnvolle Planung sehr hilfreich. Zu diesem Zweck stellt Ihnen Works das Projekt „Organisieren des Haushalts" zur Verfügung.

- Nach einem Klick auf das gleichnamige Symbol

wird das dazugehörige Projektfenster geöffnet, in dem Sie diverse Aufgabenstellungen rund um das Thema finden.

- Angefangen bei den täglich anfallenden Arbeiten

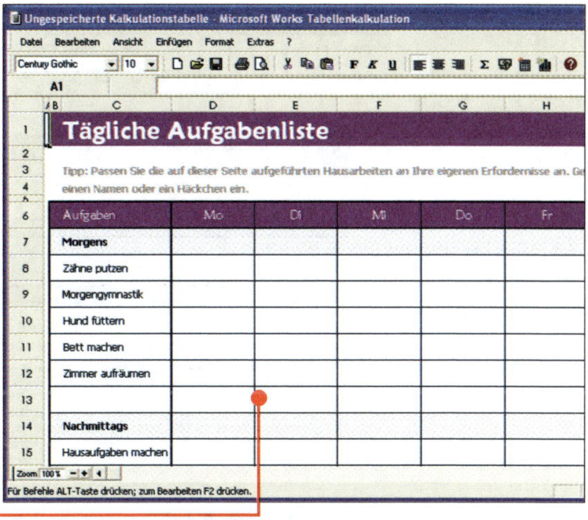

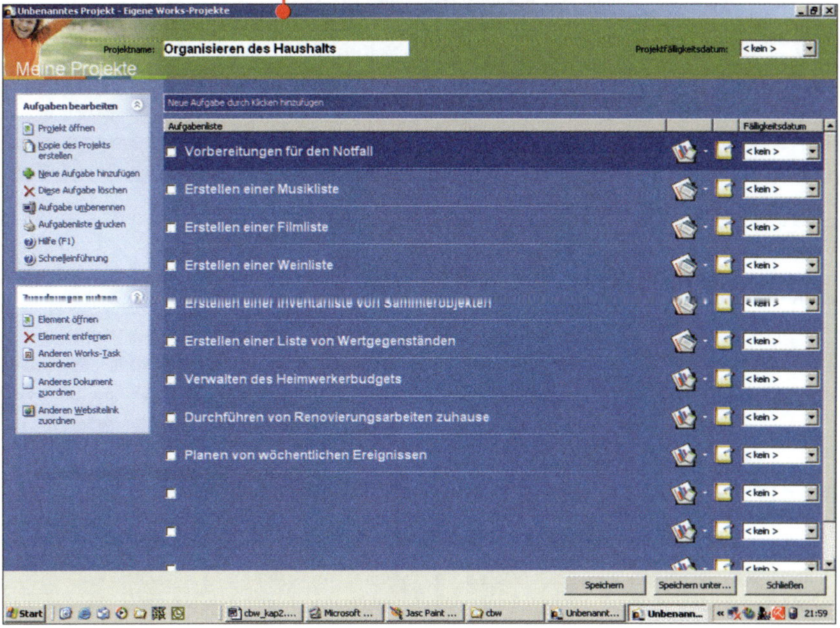

bis hin zu den Renovierungsarbeiten an Haus und Wohnung ● sind Pläne vorbereitet.

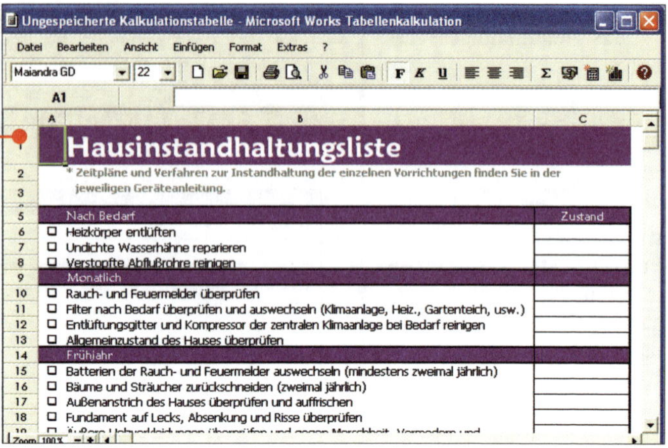

● Auch die Erledigung der wöchentlichen Besorgungen kann mit Works leicht geplant werden.

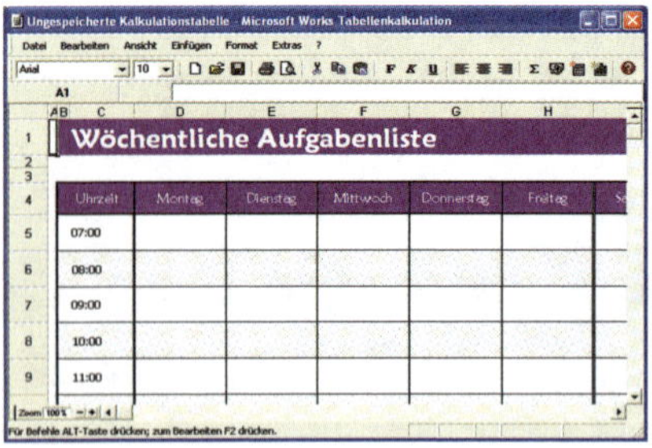

Damit Ihnen nicht die Zeit davon läuft, hat Works zu den Aufgaben einen Zeitplan hinzugefügt.

● Bei den vorbereiteten Aufgaben finden Sie natürlich auch die schönen Seiten des Haushalts. Eine Weinliste

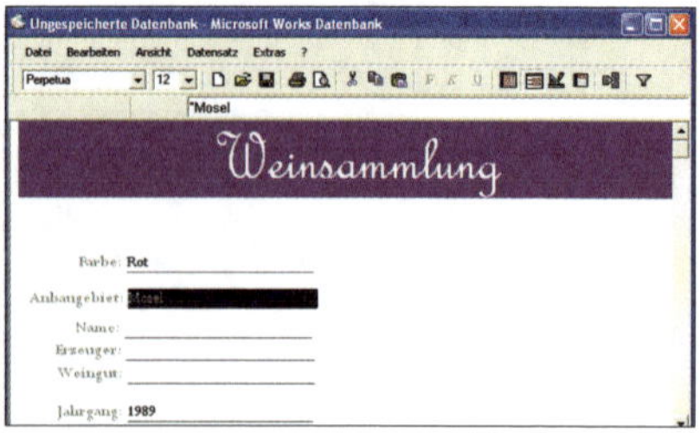

und eine Liste Ihrer Musikstücke

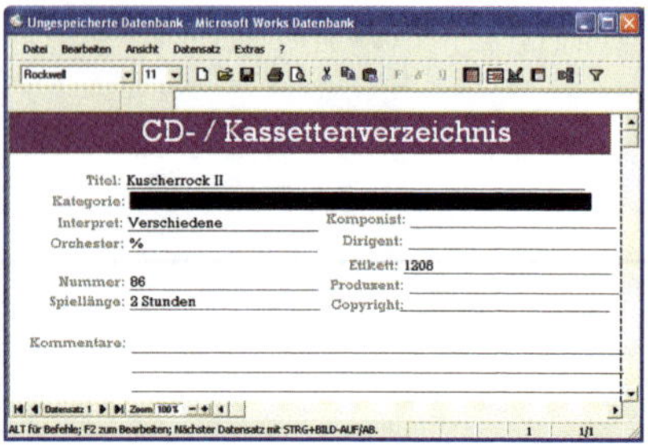

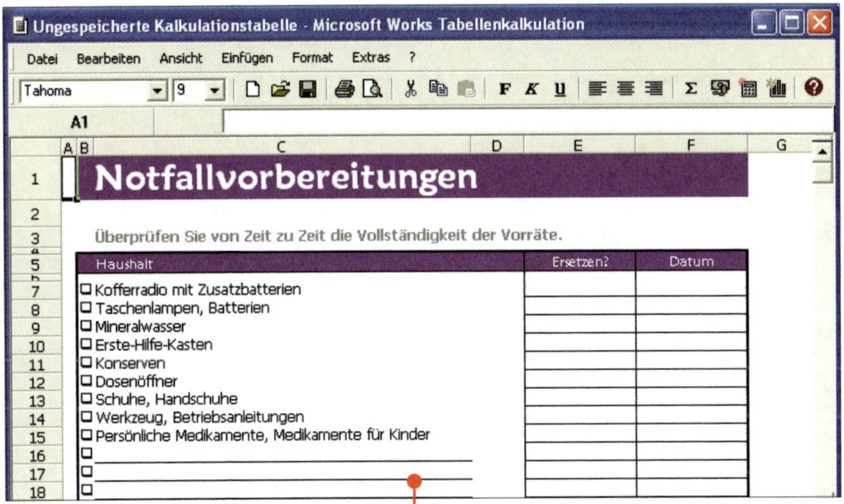

können Ihnen zusätzlich bei der Vorbereitung eines festlichen Abendessens helfen.

Um auch für alle Notfälle gewappnet zu sein, steht Ihnen die Aufgabe

■ Vorbereitungen für den Notfall

zur Verfügung. Wenn jetzt der Strom ausfällt oder Ihre Wohnung nach einem Hochwasser unter Wasser steht, sind Sie mit dieser vorbereiteten Liste immer auf der sicheren Seite.

Ordner anlegen und Projekt speichern

Streng genommen haben Sie, wenn das Projektfenster erscheint,

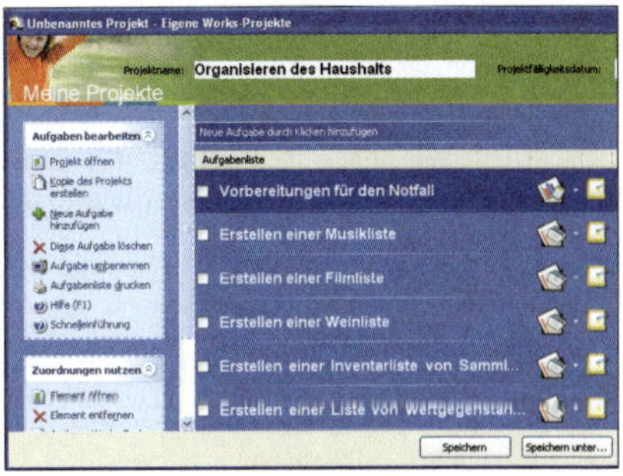

noch kein Projekt geöffnet, sondern erst eine Projekt*vorlage*. Sie können das an der Titelleiste sehen.

Unbenanntes Projekt - Eigene Works-Projekte

Legen Sie also zuerst eine eigene Projektdatei an. In dieser Projektdatei werden dann all Ihre ganz persönlichen Eintragungen zum Thema Haushalt gespeichert. Das mag sich kompliziert anhören, geht aber ganz leicht.

1 Zum Speichern klicken Sie einfach auf die Schaltfläche

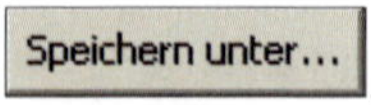

, die Sie am rechten unteren Rand des Projektfensters finden.

2 Sie öffnen dadurch ein Explorer-Fenster, in dem Sie auf Ihre Datei- und Ordnerstruktur zugreifen können.

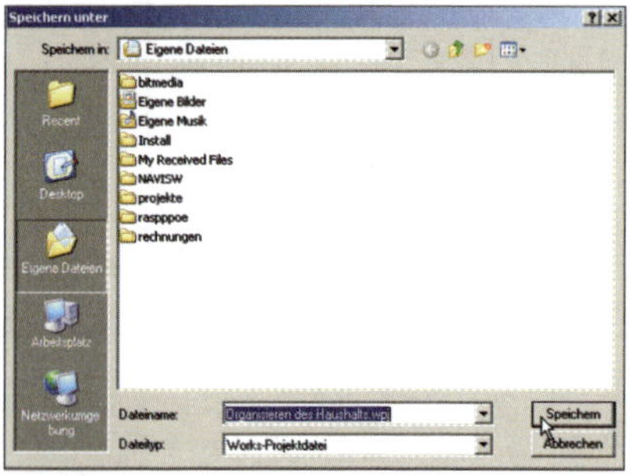

Da Sie für Ihre Works-Projekte am besten einen eigenen Ordner anlegen, klicken Sie in der kleinen Symbolleiste des Explorer-Fensters auf

.

3 Sofort erscheint in der Ordnerliste ein neues Symbol.

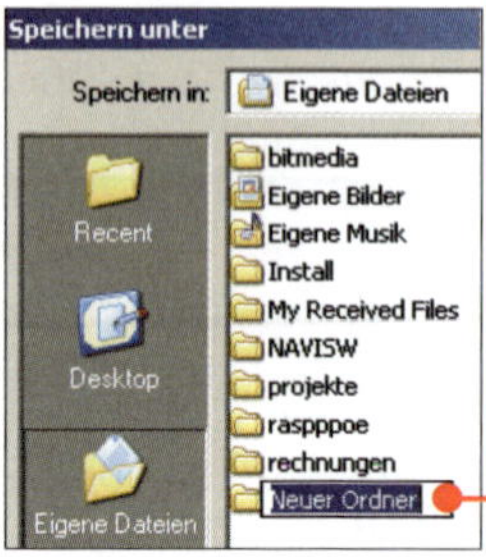

Überschreiben Sie den Platzhaltertext beispielsweise mit,

und drücken Sie dann die [↵]-Taste.

4 Um diesen neuen Ordner nun zu öffnen, klicken Sie ihn doppelt an

und wechseln damit in den derzeit natürlich noch leeren Ordner.

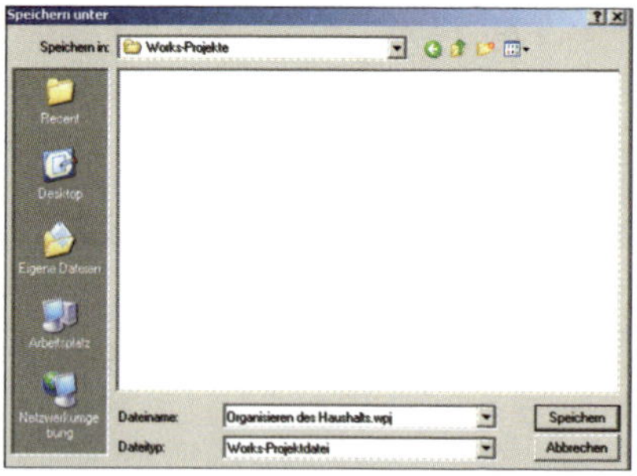

5 Jetzt können Sie Ihrem Projekt einen Namen geben. Klicken Sie dazu in das Eingabefeld für den Dateinamen. Der Namensvorschlag wird daraufhin blau unterlegt.

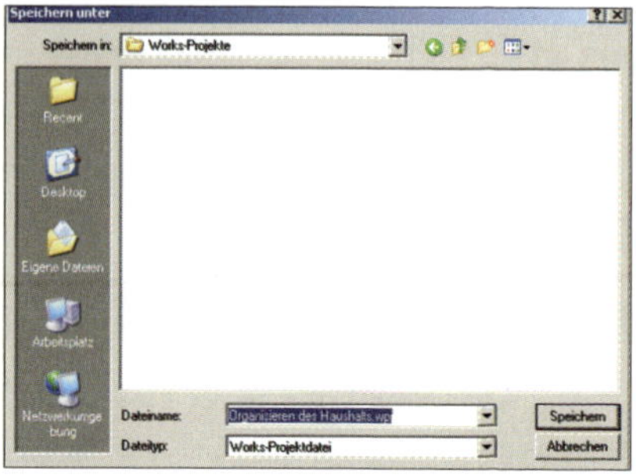

Überschreiben Sie diesen Vorschlag mit dem von Ihnen gewünschten Dateinamen, zum Beispiel ●,

und klicken Sie danach auf

.

Im Projektfenster erscheint daraufhin in der Titelzeile die neue Bezeichnung.

6 Wenn Sie Ihre Projektdatei später weiterbearbeiten oder etwas darin nachsehen wollen, dann können Sie Ihre gespeicherten Daten ganz rasch wieder öffnen: Klicken Sie dazu im Works-Start-Fenster einfach auf den Registerreiter ●.

Unter dieser Rubrik werden alle von Ihnen gespeicherten Projekte aufgeführt, derzeit eben nur eines, das eben gespeicherte Projekt.

> **! Dateiendung**
>
> Works-Projekt-Dateien erkennt man an der Dateiendung „.wpj". Sie brauchen diese Endung beim Speichern jedoch nicht extra mit einzutippen, sie wird nämlich von Works automatisch ergänzt.

Mit einem Mausklick auf das Symbol öffnen Sie dann blitzschnell Ihre gespeicherte Datei.

Eine Aufgabe erledigen

Einen Brief schreiben Sie mit einem Textverarbeitungsprogramm, eine Budgetplanung erstellen Sie am besten in einer Tabelle. Wenn Sie die bisherigen Kapitel in diesem Buch durchgearbeitet haben, haben Sie sicher schon ein gutes Gespür dafür entwickelt, welches **Programm** sich am besten für eine Aufgabe eignet. Bequemerweise sind in einem Projekt die Aufgaben schon mit einem Programm verknüpft. Sogar eine geeignete Vorlage wird gleich angeboten. An einem Beispiel lässt sich dieses Prinzip am besten veranschaulichen.

1 In der Aufgabenliste, dem zentralen Bestandteil des Projektfensters, wird

Ihnen vorgeschlagen, Ihre Haushaltsgegenstände zu erfassen.

Dazu klicken Sie als Erstes rechts in dieser Zeile auf das Symbol

.

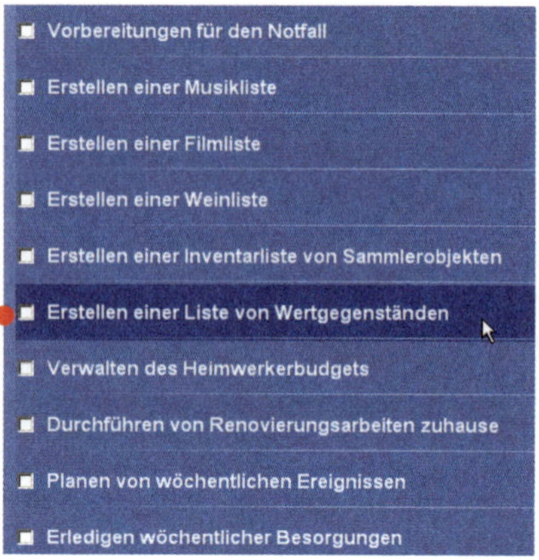

2 Daraufhin wird eine fix und fertige Datenbank geöffnet, in der Sie gleich Ihre Haushaltsgegenstände eintragen können.

Wie Sie dabei im Einzelnen vorgehen müssen, lesen Sie bei Bedarf im Kapitel 5 ab Seite 77 nach.

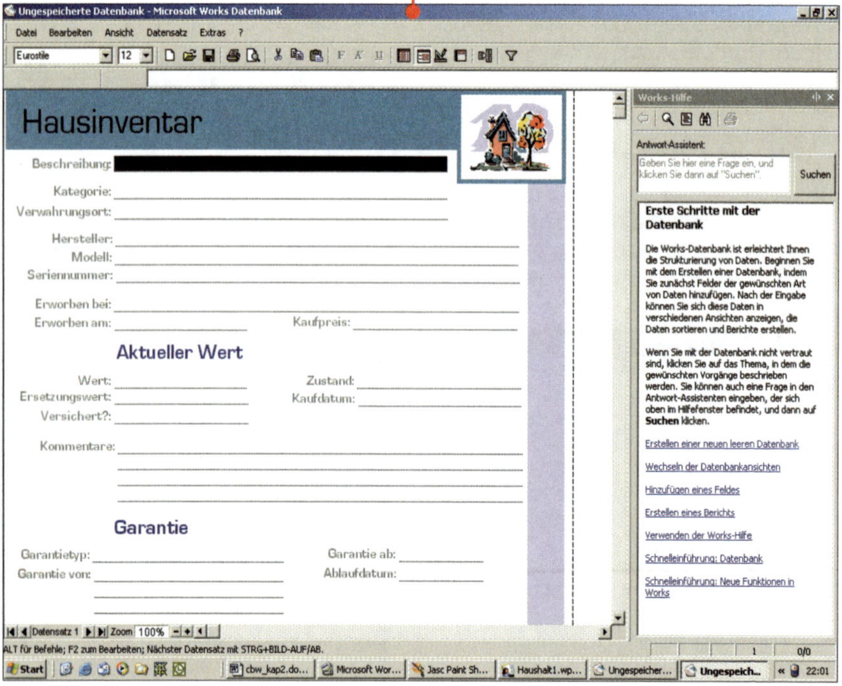

! Programme am Symbol erkennen

Welches Programm mit einer Aufgabe verknüpft ist, können Sie am verwendeten Symbol erkennen:

 steht für eine Datenbank,

 steht für ein Word-Dokument,

 steht für eine Tabellenkalkulation,

 steht für das Programm Picture It!

 zeigt an, dass einer Aufgabe noch kein Programm zugeordnet wurde.

Auf einen Internet-Link können je nach Thema verschiedene Symbole hinweisen. Beispielsweise können Sie mit einem Klick auf ● ein Reiseziel suchen. Direkt darunter können Sie dann den entsprechenden Flug heraussuchen ●. Hinter dem dritten Symbol ● verbirgt sich die Reservierung von Unterkünften. Und per Mausklick auf das vierte Symbol ● können Sie einen Mietwagen suchen und direkt per Internet buchen.

3 Nachdem Sie alle Eingaben gemacht haben, mussen Sie die Datenbank speichern. Klicken Sie dazu in der Menüleiste auf

Datei

und im geöffneten Menü auf

Speichern unter... .

4 Begeben Sie sich dann zu Ihrem soeben angelegten Projekt-Ordner, und vergeben Sie einen Dateinamen ●, bevor Sie auf die Schaltfläche ● klicken.

Die Fälligkeit einer Aufgabe bestimmen

Im Terminfeld,

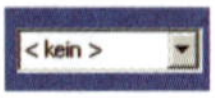

das Sie ganz rechts außen in einer Aufgabenzeile finden, können Sie Endtermine für die Erledigung der jeweiligen Aufgabe festlegen.

1 Per Mausklick auf den nach unten weisenden Pfeil öffnen Sie einen Monatskalender,

der das aktuelle Datum zeigt.

2 Durch Klicks auf den nach rechts weisenden Pfeil in der Monatsanzeige

können Sie im Kalender schnell vorwärts blättern und dann per Mausklick das gewünschte Erledigungsdatum festlegen, etwa .

3 Daraufhin wird dieses Datum automatisch in das Terminfeld übernommen.

Bei Bedarf können Sie dieses Datum jederzeit ändern. Den neuen Termin wählen Sie ganz genauso aus wie eben beschrieben.

4 Hilfreich: Dieser Termin wird außerdem automatisch in Ihr Kalenderprogramm eingetragen,

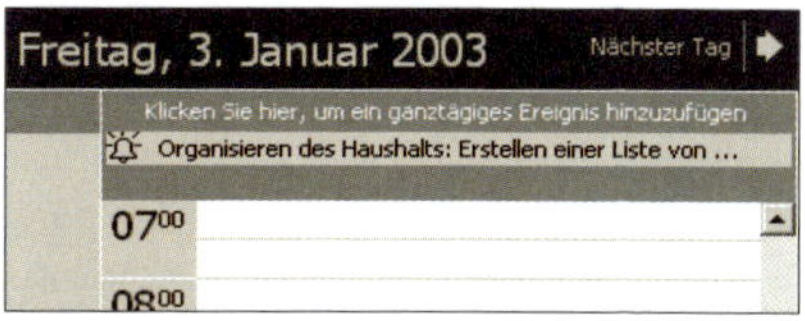

und auch auf der **Homepage** von Works finden Sie einen entsprechenden Terminhinweis.

5 Nähern Sie sich nun dem festgelegten Datum, ohne die Aufgabe erledigt zu haben, so werden Sie am betreffenden Tag nochmals daran erinnert.

Nach dem Hochfahren Ihres Computers finden Sie die Erinnerung in der Windows-Taskleiste:

.

6 In manchen Fällen erscheint gleich nach dem Start von Windows selbstständig ein Erinnerungsfenster auf Ihrem Bildschirm.

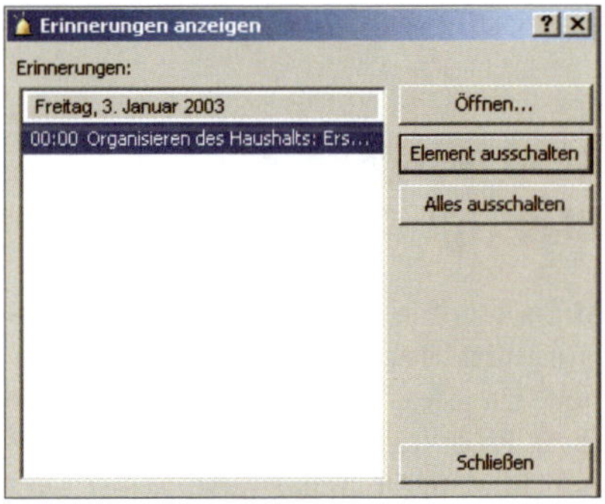

Mit einem Klick auf

können Sie dieses Erinnerungsfenster ausblenden.

7 Wenn Sie den Termineintrag hingegen bearbeiten wollen, klicken Sie auf die Schaltfläche

.

Anschließend können Sie den Termin dann ganz normal bearbeiten, wie im Kapitel 6 ab Seite 103 geschildert.

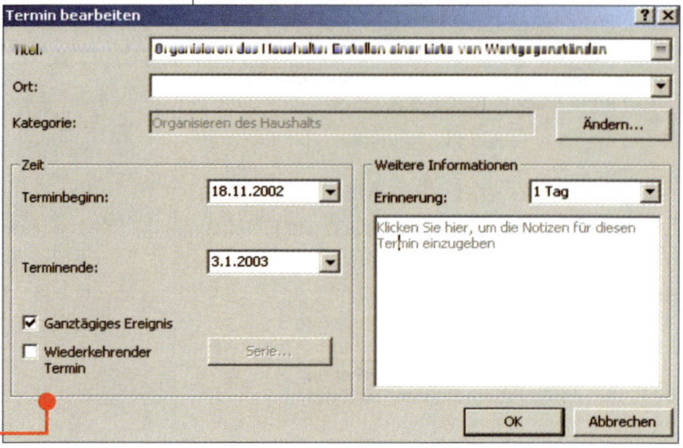

Erinnerung löschen

Um eine Erinnerung und damit ein zuvor festgelegtes Datum komplett zu löschen, markieren Sie zunächst die Aufgabe mit einem Mausklick. Dann klicken Sie im Randmenü des Projekt-Fensters auf der linken Seite auf

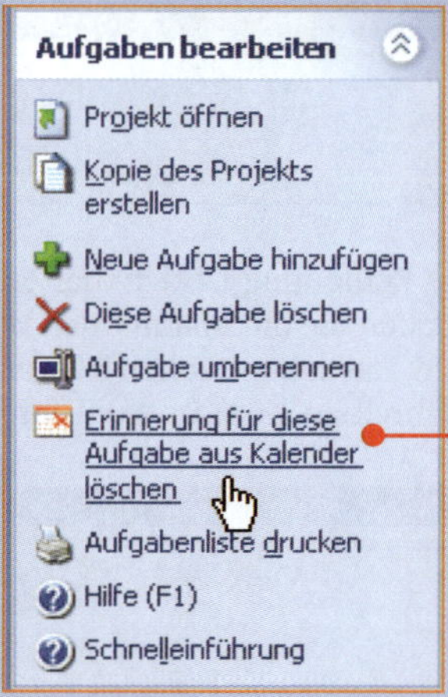

.

Notizen zu einer Aufgabe

1 Links von dem Terminfeld befindet sich in jeder Aufgabenzeile ein Notizblock-Symbol: .

Klicken Sie darauf, öffnet sich ein Textfeld, das Sie für schnelle Notizen nutzen können.

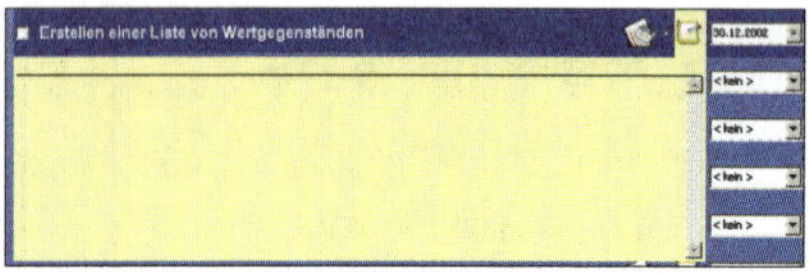

2 Die Bedienung ist denkbar einfach: Klicken Sie ein Mal mit der Maus in das Feld. Danach brauchen Sie nur noch loszuschreiben - und schon wird alles notiert.

3 Auch das Verbessern eines Fehlers ist nicht schwer.

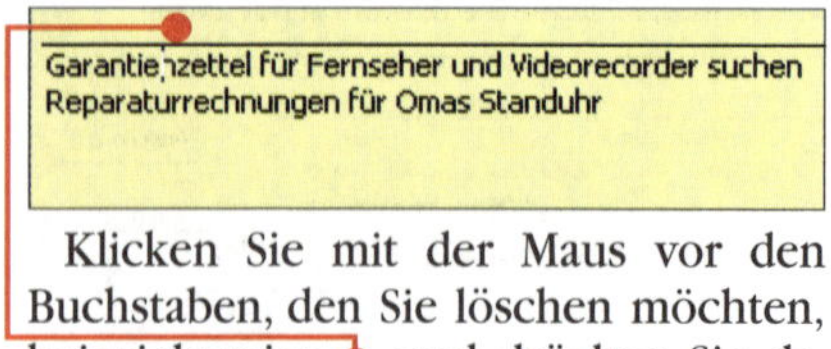

Klicken Sie mit der Maus vor den Buchstaben, den Sie löschen möchten, beispielsweise ●, und drücken Sie danach die [Entf]-Taste.

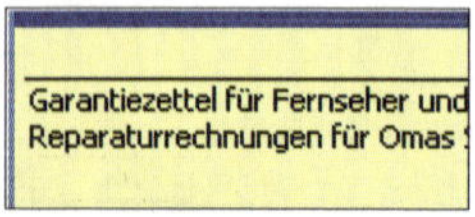

4 Das abschließende Speichern Ihrer Einträge erledigen Sie mit einem Mausklick auf das Notizblock-Symbol. Das Textfeld wird dabei automatisch geschlossen.

5 Falls Sie Ihre Einträge später erneut einsehen, bearbeiten oder ergänzen wollen, öffnen Sie das Textfeld wieder mit einem Mausklick auf das Notizblock-Symbol.

Eine Aufgabe als erledigt kennzeichnen

Meist werden Sie eine Aufgabe vor Ablauf Ihrer Terminvorgabe erledigt haben. Um sie auch in der Aufgabenliste Ihres Projekts als erledigt zu kennzeichnen, klicken Sie in das Kästchen vor der Aufgabenbezeichnung. ●

Das Kästchen wird daraufhin mit einem Haken versehen, und die Aufgabenbezeichnung erscheint durchgestrichen.

> **! Korrektur per Mausklick**
>
> Falls Sie später merken, dass Sie dies rückgängig machen müssen, da die Aufgabe eben doch noch nicht erledigt ist, genügt ein weiterer Mausklick in das Hakenfeld. Sofort verschwinden das Häkchen und der Strich.

Auch die Erinnerungsfunktion wird dadurch automatisch deaktiviert.

Die Aufgabenliste bearbeiten

Am linken Rand des Projektfensters befindet sich ein Menü. Mit den in der Abbildung gezeigten Funktionen

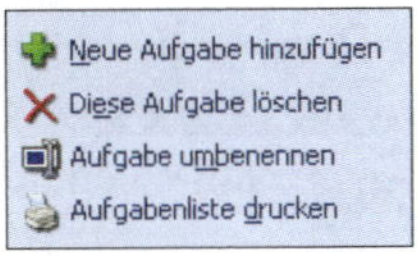

können Sie die Aufgabenliste ausdrucken und bearbeiten.

Aufgabenliste drucken

Um eine Aufgabenliste auszudrucken, klicken Sie einfach auf den Eintrag

.

Sie öffnen dadurch das Druck-Fenster, in dem Sie - wie in anderen Windows-Programmen auch - die Druckoptionen festlegen und durch einen Klick auf starten können.

Aufgabe umbenennen

Falls Ihnen der Name der einen oder anderen Aufgabe zu unpräzise ist, können Sie die Bezeichnung blitzschnell ändern.

1 Klicken Sie zunächst die Aufgabe, die Sie umbenennen wollen, in der Aufgabenliste an, etwa . Die Markierung erkennen Sie daran, dass dieser Eintrag jetzt etwas dunkler dargestellt wird als die anderen Aufgaben.

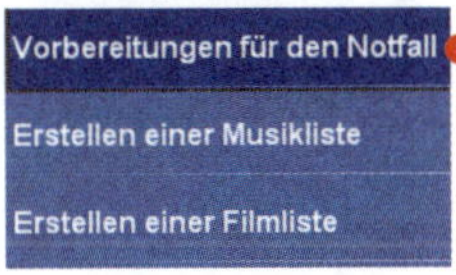

2 Anschließend klicken Sie im Randmenü auf den Eintrag

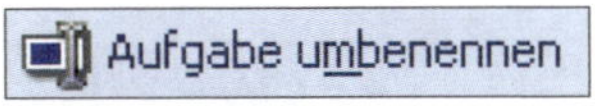

.

Infolgedessen wird die Aufgabenbeschriftung markiert.

3 Jetzt können Sie den neuen Namen der Aufgabe einfach eintippen

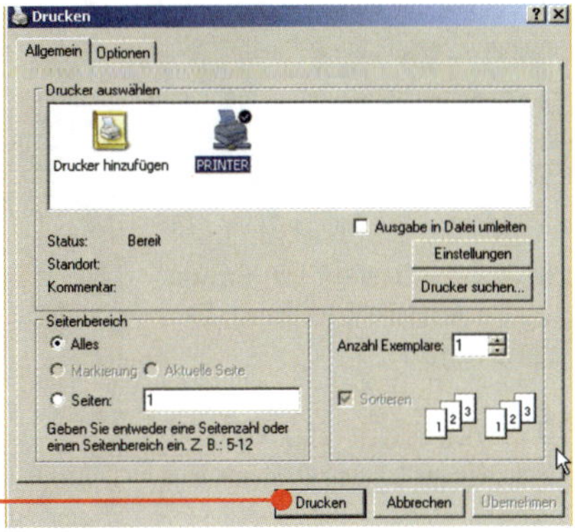

und mit der ↵-Taste bestätigen. Das Ergebnis sehen Sie prompt:

Eine Aufgabe löschen

Sicherlich wollen Sie nicht alle Aufgaben der Vorschlagsliste übernehmen.

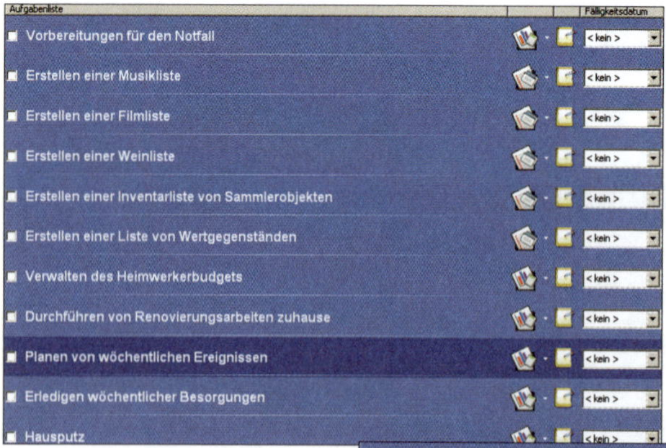

Um die Übersichtlichkeit zu verbessern, sollten Sie daher überflüssige Aufgaben entfernen.

1 Markieren Sie dazu die betreffende Aufgabe, indem Sie den entsprechenden Eintrag mit der Maus anklicken,

und klicken Sie dann im Randleistenmenü auf

2 Bestätigen Sie die anschließend erscheinende Sicherheitsabfrage

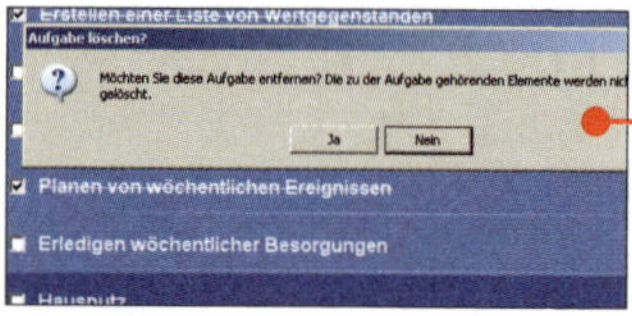

mit einem Klick auf

3 Verfahren Sie solange mit allen nicht notwendigen Aufgabenstellungen, bis Sie eine Aufgabenliste nach Ihren Wünschen vor sich haben. Diese kann dann beispielsweise so aussehen:

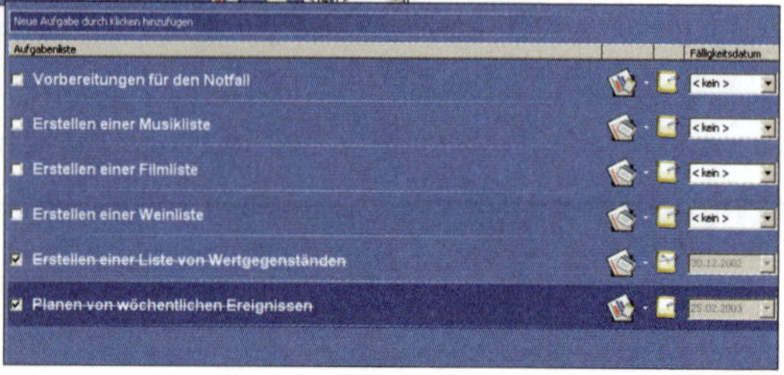

! Löschen im Schnellverfahren

Noch rascher geht's, wenn Sie eine überflüssige Aufgabe markieren und dann einfach die Entf-Taste drücken. Der Löscheffekt tritt ebenso ein.

Eine neue Aufgabe hinzufügen

Die Aufgabenlisten der Projektvorlagen sind sehr umfangreich. Dennoch kann es vorkommen, dass Sie einmal eine Aufgabe vermissen. Um Ihrem Projekt eine Aufgabe hinzuzufügen, gehen Sie wie folgt vor:

1 Klicken Sie zunächst im Randleistenmenü auf den Eintrag

.

Unter der Aufgabenliste wird daraufhin ein Eingabefeld eingeblendet.

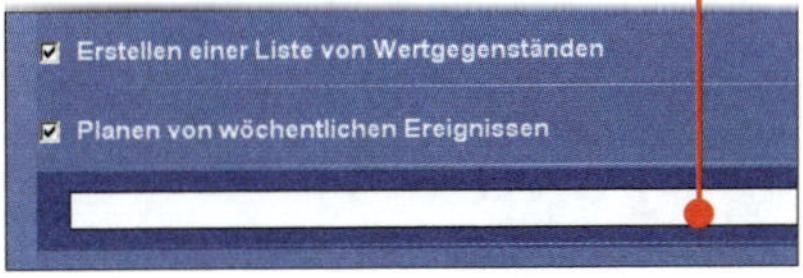

2 In dieses Feld tippen Sie den Namen Ihrer neuen Aufgabe ein, beispielsweise,

und drücken zur Bestätigung die ↵-Taste.

3 Ihre Aufgabenliste enthält nun eine zusätzliche Aufgabe

Wie Sie an dem Symbol erkennen können, ist noch nicht festgelegt, mit welchem Programm Sie diese Aufgabe erledigen wollen.

4 Angenehmerweise unterstützt Sie Works bei der Zuordnung eines geeigneten Programms oder einer passenden **Vorlage**. Wenn Sie nämlich auf dieses Symbol

klicken, erscheint ein Vorschlagsfenster:

5 Um sein monatliches Budget zu verwalten, erscheint der Vorschlag „Finanzkalkulationstabellen" viel versprechend. Klicken Sie daher den Eintrag

Keine geeigneten Vorschläge?

Works interpretiert die Bezeichnung, die Sie einer neuen Aufgabe geben, und durchsucht seinen Vorlagen-Bestand nach möglicherweise passenden Vorlagen. Aber es kann natürlich auch einmal passieren, dass Works nicht fündig wird. Sie haben dann die Möglichkeit, ein leeres Dokument zu verwenden oder ein Suchwort einzugeben, um die Works-Vorlagen weiter zu durchforsten.

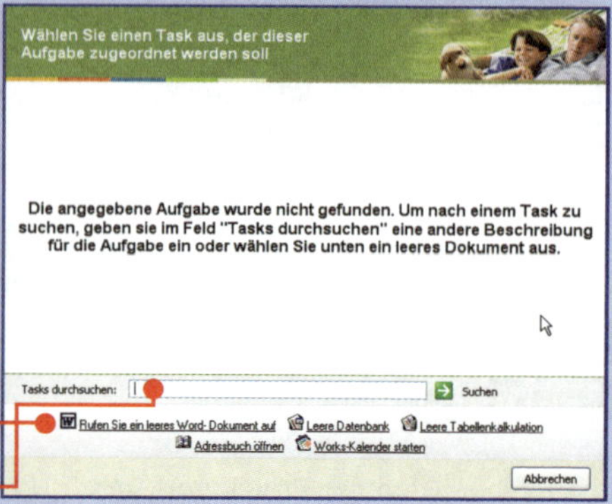

an. In der Aufgabenzeile taucht daraufhin das Symbol

auf.

6 Wenn Sie nun das neu zugeordnete Symbol anklicken, wird ein weiteres Auswahlfenster geöffnet, in dem verschiedene Finanztabellen aufgeführt sind.

7 Klicken Sie in diesem Auswahlfenster auf das Symbol

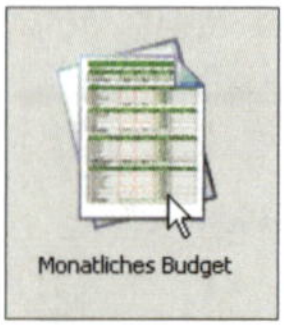

und danach auf die Schaltfläche

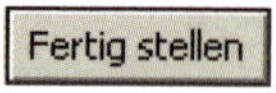

.

8 Kurz darauf wird Ihnen eine Tabelle präsentiert, die bestens dazu ge-

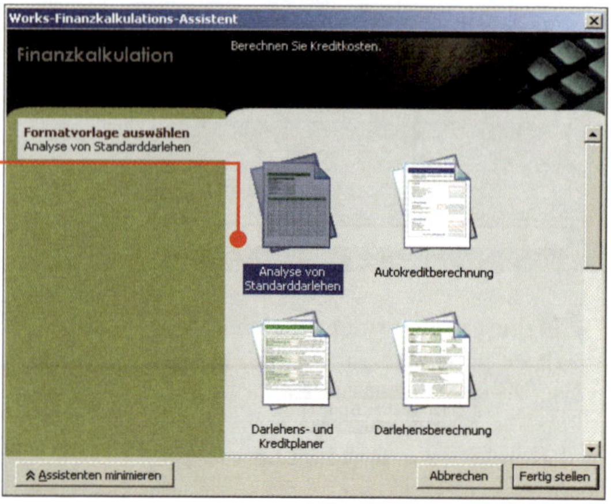

Dokumente und Links einer Aufgabe zuordnen

Sie können einer Aufgabe nicht nur Programme oder Vorlagen zuordnen, sondern auch selbst erstellte Dokumente oder Links, die zu einer Internet-Seite führen. Markieren Sie die Aufgabe, und klicken Sie dann im Randleistenmenü auf den entsprechenden Eintrag.

Ein Klick auf öffnet ein Vorschlagsfenster wie im Schritt 4 dieser Anleitung. Mit einem Klick auf können Sie ein beliebiges Dokument verknüpfen. Ein Klick auf schließlich eröffnet Ihnen die Möglichkeit, einen Link zuzuordnen.

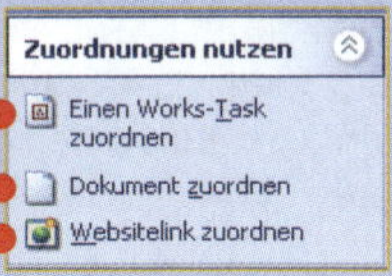

eignet ist, um monatliche Einkünfte und Ausgaben im Blick zu behalten.

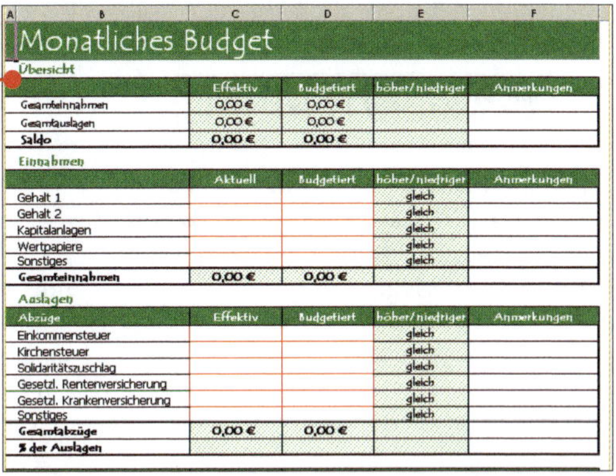

Übersicht

	Effektiv	Budgetiert	höher/niedriger	Anmerkungen
Gesamteinnahmen	0,00 €	0,00 €		
Gesamtauslagen	0,00 €	0,00 €		
Saldo	0,00 €	0,00 €		

Einnahmen

	Aktuell	Budgetiert	höher/niedriger	Anmerkungen
Gehalt 1			gleich	
Gehalt 2			gleich	
Kapitalanlagen			gleich	
Wertpapiere			gleich	
Sonstiges			gleich	
Gesamteinnahmen	0,00 €	0,00 €		

Auslagen

Abzüge	Effektiv	Budgetiert	höher/niedriger	Anmerkungen
Einkommensteuer			gleich	
Kirchensteuer			gleich	
Solidaritätszuschlag			gleich	
Gesetzl. Rentenversicherung			gleich	
Gesetzl. Krankenversicherung			gleich	
Sonstiges			gleich	
Gesamtabzüge	0,00 €	0,00 €		
% der Auslagen				

Projekttitel ändern

Bisher trägt Ihr schon bearbeitetes Projekt immer noch den ursprünglichen Titel .

Wenn Sie wollen, können Sie Ihr Projekt aber auch umbenennen.

1 Um den Projekttitel zu ändern, klicken Sie in das Namensfeld , das daraufhin ist weiß unterlegt ist.

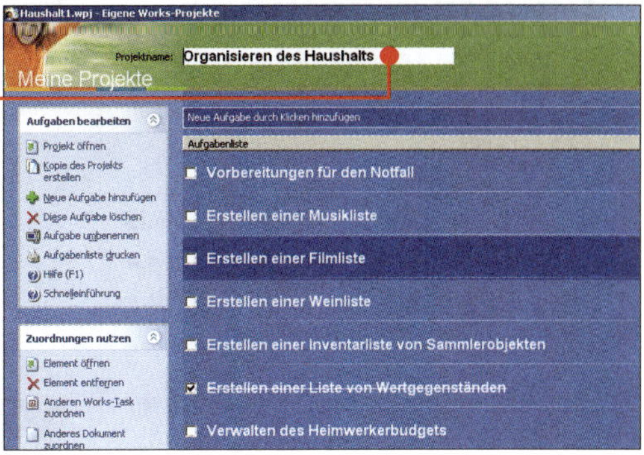

Änderungen im Dokument speichern

Achten Sie beim Schließen eines Projekts stets darauf, dass die Änderungen – beispielsweise auch die geschilderte Umbenennung – gespeichert werden. Dazu brauchen Sie im Hinweisfenster, das nach einem Klick auf das Schließkreuz eingeblendet wird, nur auf die Schaltfläche ● zu klicken.

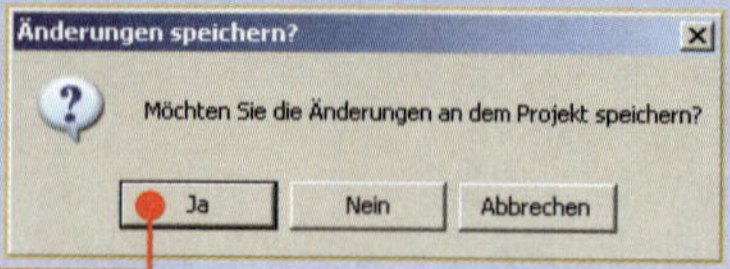

2 Tippen Sie einen neuen Namen ein, und löschen Sie gegebenenfalls die überzähligen Buchstaben mit der [Entf]-Taste.

3 Sobald Sie in ein anderes Feld in Ihrem Projekt klicken, wird die Markierung aufgehoben, und der neue Name ist festgelegt.

Fälligkeitstermin für ein Projekt eintragen

So wie sich einzelnen Aufgaben ein Fälligkeitstermin zuordnen lässt, können Sie auch festlegen, bis wann ein gesamtes Projekt erledigt sein soll.

1 Klicken Sie dazu im Projektfenster neben dem Eintrag „Projektfälligkeitsdatum“ auf den nach unten weisenden Pfeil ●,

und wählen Sie im sich öffnenden Kalender per Klick auf den nach rechts weisenden Pfeil ● einen passenden Monat in der Zukunft aus.

2 Anschließend klicken Sie das gewünschte Datum an, zum Beispiel. ●

Und schon wird das neue Datum oben angezeigt: ●

Das Autokauf-Projekt anlegen

1 Um ein eigenes Projekt einzurichten, klicken Sie auf der Works-**Homepage**

auf das Symbol

.

2 Daraufhin wird ein leeres Projektfenster angezeigt, in dem noch keine Aufgaben eingetragen sind.

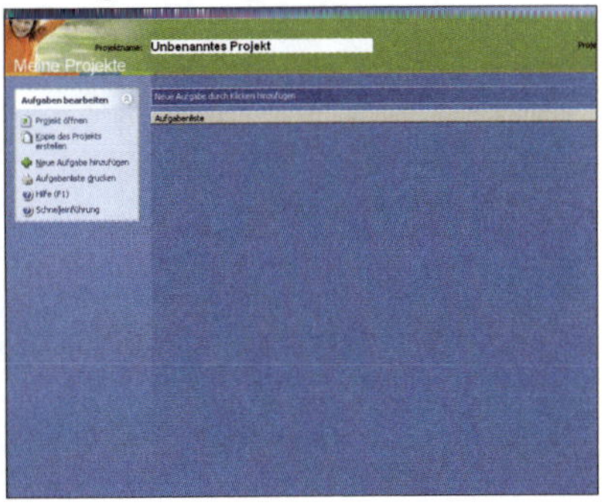

3 Wenn Sie das Projekt öffnen, blinkt die Einfügemarke bereits im Feld ●,

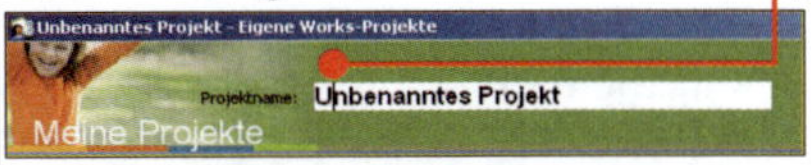

so dass Sie Ihrem Projekt sofort einen Namen geben können.

4 Rechts im Kopfbereich des Projektfensters lässt sich dann ein Fälligkeitstermin bestimmen.

Wie das geht, haben Sie im vorigen Abschnitt erfahren.

5 Um dieses „Grundgerüst" zu sichern, speichern Sie Ihr Projekt in Ihrem Projekt-Ordner (vgl. dazu Seite 149).

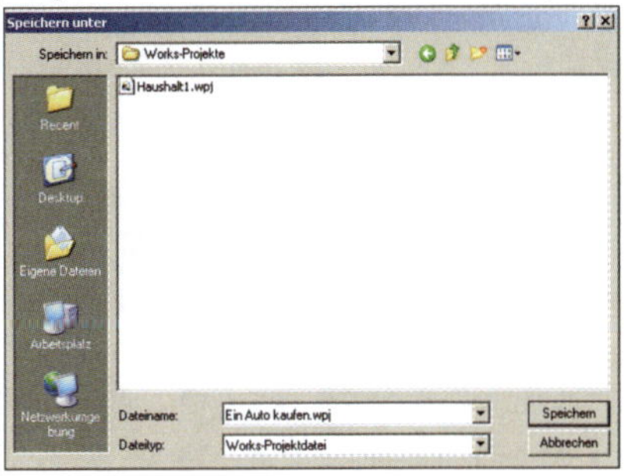

Aufgaben einrichten

Denken Sie sich für das Projekt „Autokauf" nun Teilaufgaben aus, und tragen Sie diese in die Aufgabenliste ein.

1 Zum Einrichten einer neuen Aufgabe klicken Sie mit der Maus auf den blauen Balken ● oberhalb der noch leeren Aufgabenliste.

2 Tragen Sie anschließend in das weiß unterlegte Textfeld den Namen der neuen Aufgabe ein ●,

und bestätigen Sie Ihre Eingabe durch Drücken der [↵]-Taste.

3 Wiederholen Sie diesen Vorgang so oft, bis Sie alle geplanten Projektaufgaben eingegeben haben. Das Ergebnis könnte dann wie folgt aussehen:

Wie Sie diesen Aufgaben nun Programme beziehungsweise Vorlagen zuordnen, wird im Folgenden an zwei Beispielen geschildert.

Eine Wunschliste bearbeiten

Im ersten Beispiel geht es darum, eine Liste mit Kriterien zu erstellen, denen Ihr neues Auto genügen soll. Da eine solche Ideensammlung zumeist ein Text sein wird, bietet sich die Textverarbeitung an.

1 Klicken Sie mit der Maus auf den Pfeil rechts neben dem Symbol ●.

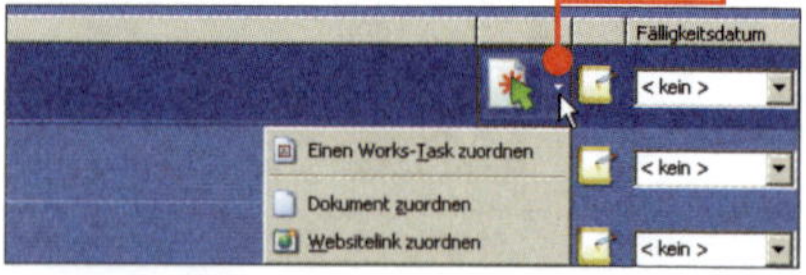

Automatisch markieren Sie damit die betreffende Aufgabe, und ein Kontextmenü öffnet sich.

2 In diesem Kontextmenü

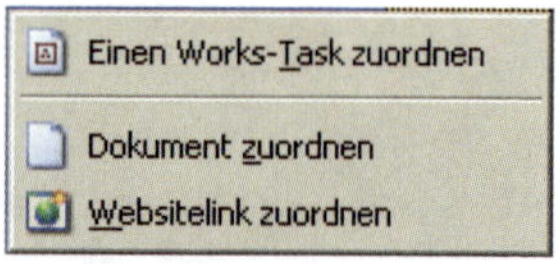

folgt ein Klick auf den Eintrag

.

3 Anschließend wird ein Suchfenster eingeblendet.

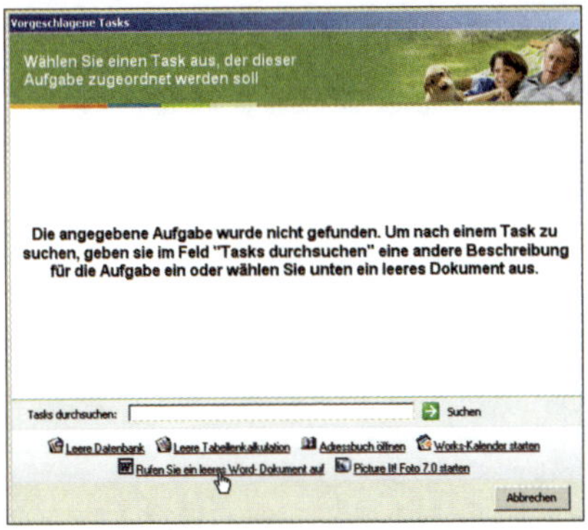

Klicken Sie dort im Fußbereich auf den Eintrag

, um ein leeres Word-Dokument anzulegen. Für eine Notizen-Sammlung benötigen Sie keine ausgefeilte Vorlage.

4 Am Symbol neben der Aufgabenbezeichnung ● können Sie nun die Zuordnung zu einem Word-Dokument erkennen.

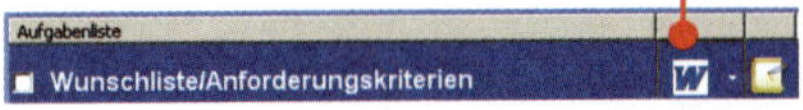

Wenn Sie auf dieses Symbol klicken, wird ein leeres Word-Dokument geladen, ● und Sie können die Anforderungen an Ihr neues Gefährt auflisten.

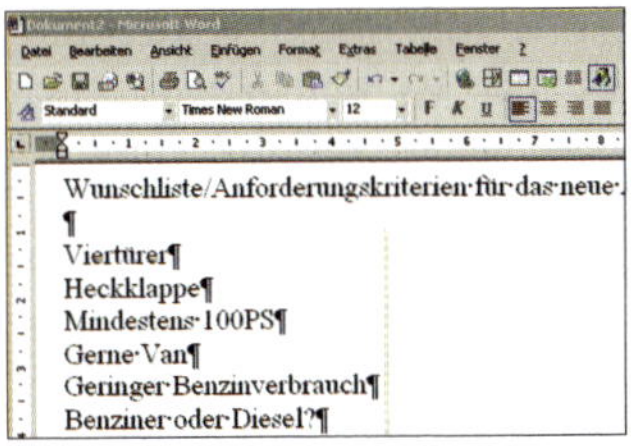

5 Anschließend speichern Sie das Dokument in Ihrem Projekt-Ordner und schließen die Textverarbeitung wie gewohnt.

Autokredit berechnen

Um Ihnen die Zuordnung eines Programms zu einer Aufgabe zu verdeutlichen, dient als zweites Beispiel die Aufgabe

.

1 Klicken Sie rechts in dieser Aufgabenzeile neben dem Symbol

auf den nach unten weisenden Pfeil ● und im aufklappenden Kontextmenü auf ●.

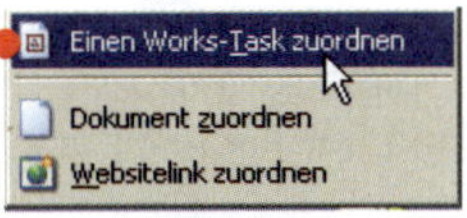

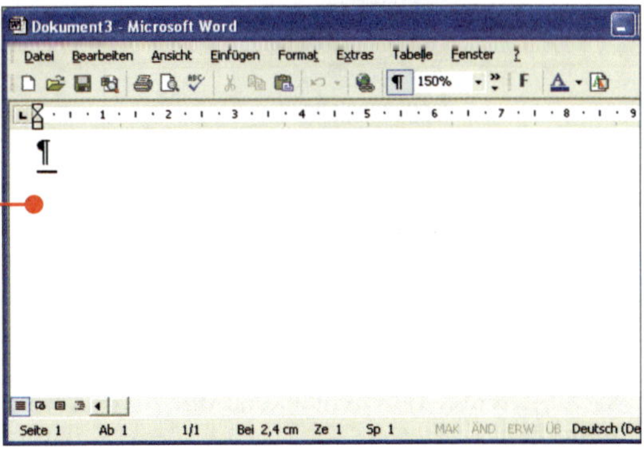

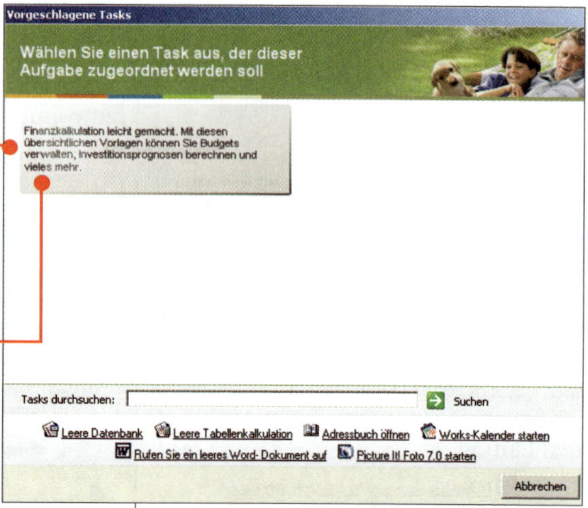

2 Aufgrund des Namens, den Sie dieser Aufgabe gegeben haben, vermutet Works zu Recht, dass Sie zur Erledigung eine Finanzkalkulationstabelle benötigen könnten. Daher wird Ihnen im folgenden Suchfenster dieser Vorschlag unterbreitet. ●

Mit einem Mausklick auf das Symbol ● stellen Sie die Verknüpfung von Aufgabe und Tabellenkalkulation her.

3 In der Aufgabenliste erscheint daraufhin ein entsprechendes Symbol:

Klicken Sie es an, wird ein Auswahlfenster geöffnet.

4 In diesem Auswahlfenster brauchen Sie dann nur noch auf den Eintrag

und danach auf die Schaltfläche

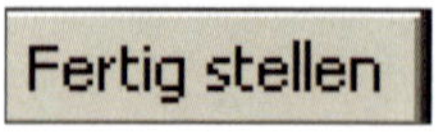

zu klicken.

5 Anschließend können Sie auf eine ausgefeilte Tabellenkalkulation zugreifen.

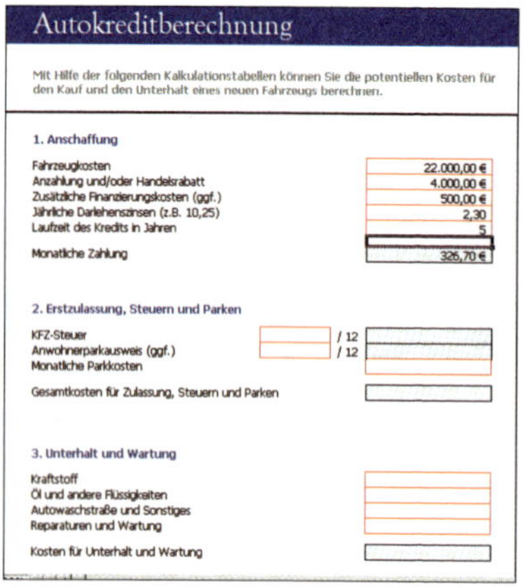

Wenn Sie in die roten Felder Ihre Zahlen eintragen, werden in den grünen Feldern automatisch die Berechnungswerte angezeigt.

Auf diese Weise können Sie leicht Ihre Autokosten zusammen mit einem Autokredit ermitteln und Ihre künftige monatliche Belastung gut überblicken.

10 Mit Works ins Internet

Das Internet verbindet rund um den ganzen Globus immer mehr Rechner miteinander. Auch mit der Works-Suite 2003 können Sie direkt auf das Internet zugreifen, um an diesem Datenaustausch teilzunehmen und Informationen ohne Zeitverlust zu erhalten. Works selbst bietet auf seiner Internet-Seite Informationen, Grafiken und sogar Sounds an, die Sie auf Ihren Rechner herunterladen können.

Auch die Encarta hat im Internet einen starken Partner. Falls Sie in diesem Lexikon einmal nicht das Gewünschte finden sollten, können Sie eine weltweite Suche im Internet starten und so doch noch zum Ziel kommen. Und selbst die Aktualisierung der Artikel des Lexikons geht schnell und unkompliziert per Internet vonstatten, so dass Ihr Lexikon immer auf dem neuesten Stand ist. Für diesen Dienst benötigen Sie nur einen Internet-Zugang per Modem und einen Internetdienstanbieter, der Ihnen den Weg ins Internet frei macht.

Im zehnten Kapitel dieses Buches erfahren Sie,

- wie Sie einen Internet-Zugang einrichten,
- wie Sie von Works aus ins Internet gelangen,
- wie Sie Grafiken für Ihre Texte von der Works-Internet-Seite herunterladen,
- wie Sie sich Informationen mit der Encarta im Internet besorgen,
- und wie Sie Ihre Encarta-Enzyklopädie immer auf den neuesten Stand bringen.

Kapitel-Wegweiser

Einen Internet-Zugang einrichten

Moderne Rechner sind bereits mit einem Modem ausgestattet. Das Modem ist die Schnittstelle zwischen Ihrem Rechner und dem Internet. Mit dem Modem werden Daten über die Telefonleitung ins Internet gesendet und auch wieder empfangen. Diese Daten werden dann auf Ihrem Rechner in Texte, Bilder und Töne umgewandelt. Um das Modem für den Gebrauch vorzubereiten, gehen Sie wie folgt vor:

1 Öffnen Sie die Systemsteuerung per Mausklick auf

und dann auf

.

2 Im Fenster der Systemsteuerung,

das daraufhin angezeigt wird, klicken Sie auf den Eintrag

.

3 Anschließend sehen Sie das Fenster für „Netzwerk- und Internetverbindungen“:

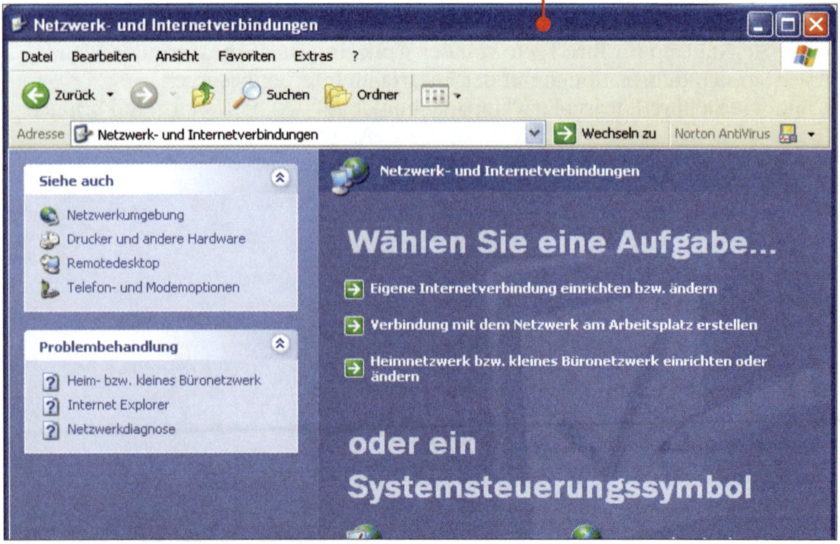

Nach einem Klick auf den Eintrag

können Sie im folgenden Fenster die Eigenschaften der Netzwerk- und Internetverbindungen festlegen.

4 Wenn Sie dort auf die Schaltfläche

klicken, starten Sie den **Assistenten** für die Einrichtung eines Internet-Zugangs.

5 Nachdem Sie das Begrüßungsfenster des Assistenten per Klick auf

bestätigt haben, klicken Sie im nächsten Fenster auf den Kreis vor dem Eintrag, so dass er

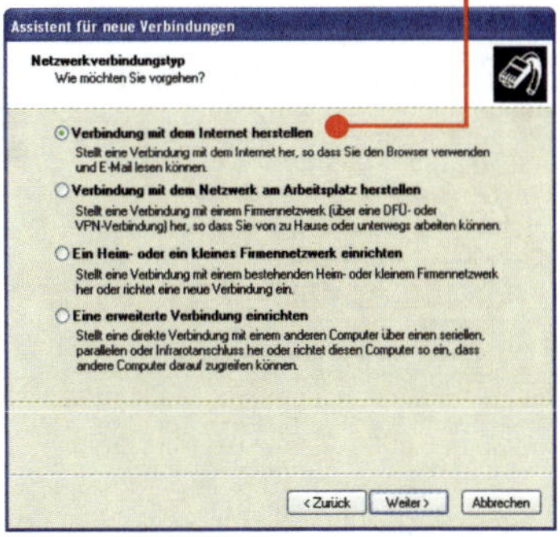

mit einem Punkt gekennzeichnet ist,

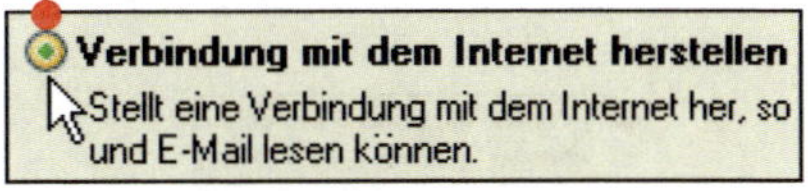

und bestätigen Ihre Auswahl wieder mit

.

6 Im folgenden Fenster wählen Sie die Option für die manuelle Einrichtung aus, indem Sie auf den dazugehörigen Kreis klicken.

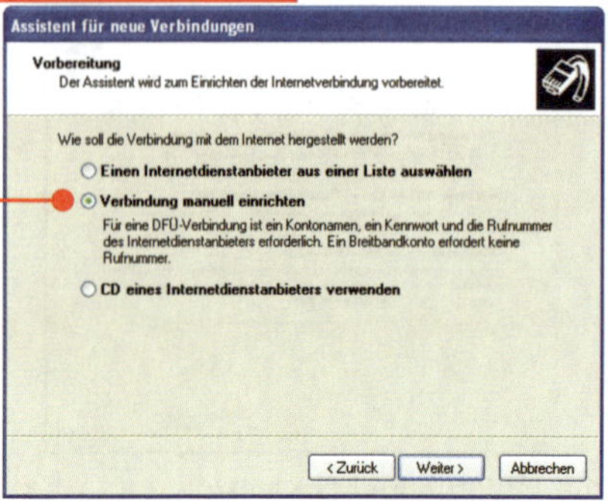

Daraufhin erscheint in dem Kreis ein Punkt: .

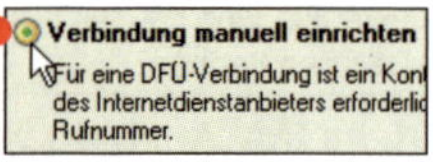

Zur Bestätigung Ihrer Auswahl folgt ein Klick auf

.

AOL & Co.

Sollten Sie von einem Internetdienstanbieter wie AOL oder T-Online eine CD mit einem Einrichtungsprogramm erhalten haben, folgen Sie natürlich den Angaben in der Beschreibung dieser Programme. Legen Sie die CD in Ihr Laufwerk ein, und klicken Sie auf den Eintrag „CD eines Internetdienstanbieters verwenden", damit der Kreis mit einem Punkt versehen wird:

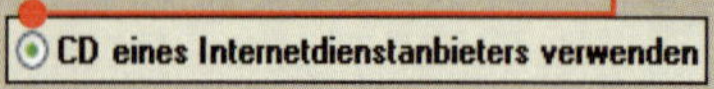

7 Im folgenden Fenster wählen Sie dann per Mausklick den Eintrag für eine Verbindung über ein Modem aus.

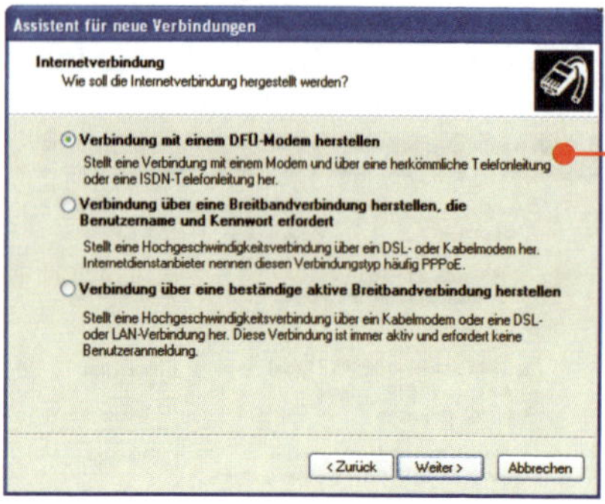

Der Punkt erscheint wieder im Kreis: .

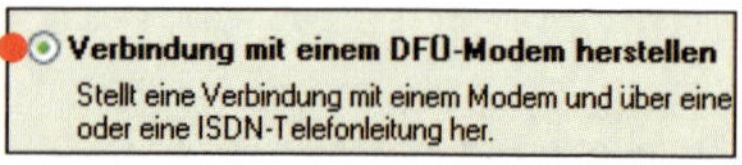

Auch diese Auswahl bestätigen Sie per Klick auf

.

8 Anschließend müssen Sie aus einer Liste Ihr Modem auswählen.

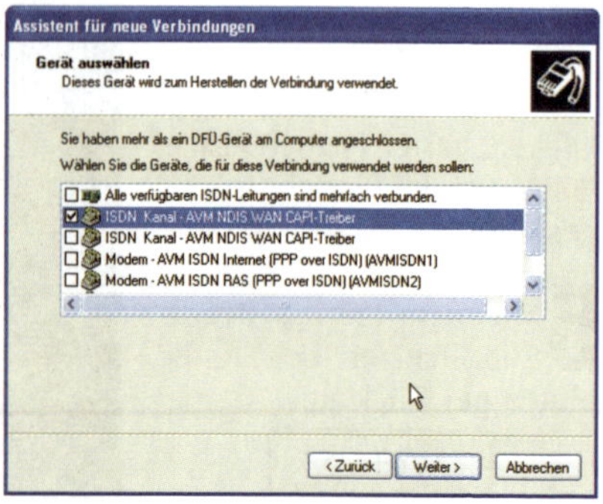

Klicken Sie dazu den Namen des Modems an, so dass vor dem Eintrag

ein Häkchen in dem Kästchen erscheint,

und klicken Sie anschließend erneut auf

.

9 Für die weitere manuelle Einrichtung des Internet-Zugangs benötigen Sie jetzt die Informationen Ihres Internetdienstanbieters, also:

1. die Telefonnummer des Anschlusses,
2. Ihren Benutzernamen für den Internet-Zugang und
3. ein Passwort.

Legen Sie sich also diese Angaben, die Sie von Ihrem Provider erhalten, bereit.

10 Geben Sie dann zuerst Ihrem Internet-Zugang einen Namen.

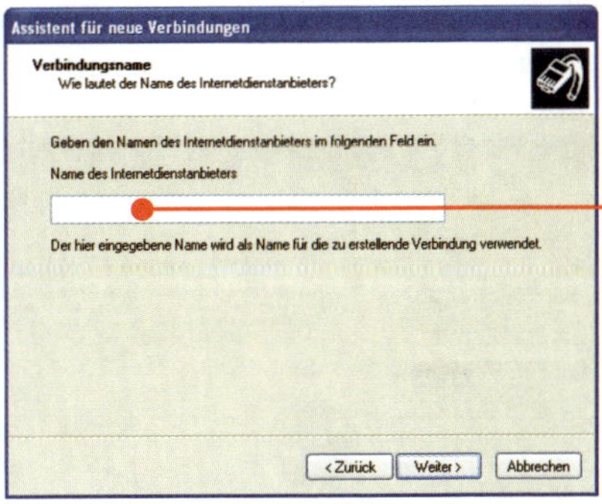

Den Namen können Sie frei wählen. Er dient nur zur Identifizierung dieser Verbindung.

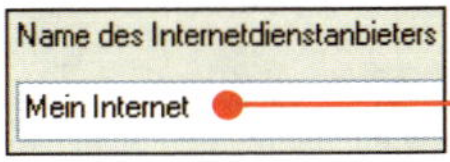

Bestätigen Sie Ihre Eingabe wieder mit einem Klick auf

.

11 Im nachfolgenden Fenster müssen Sie die Telefonnummer Ihres Providers angeben

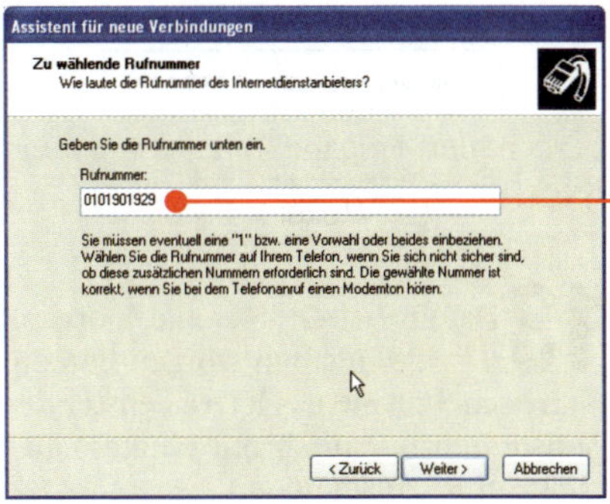

und danach erneut mit

bestätigen.

12 Als Nächstes tragen Sie im dann folgenden Fenster den Benutzernamen und Ihr Passwort ein.

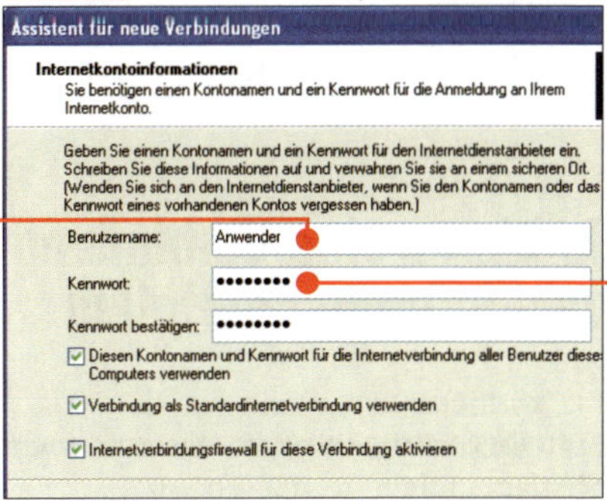

Da das Passwort bei der Eingabe zur Sicherheit nicht angezeigt wird, sehen Sie statt der eingegebenen Buchstaben und Zahlen nur Punkte (•••). Auf diese Weise kann kein Unbefugter Ihr Passwort lesen. Aus Sicherheitsgründen müssen Sie dieses Kennwort auch noch ein zweites Mal eingeben (Achten Sie auf mögliche Tippfehler!).

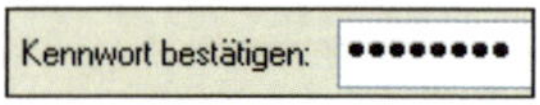

Nach der Eingabe folgt wieder ein Klick auf 

.

13 Damit haben Sie alle notwendigen Eingaben vorgenommen. Nun brauchen Sie das letzte Fenster des Assistenten nur noch mit einem Mausklick auf ● zu schließen.

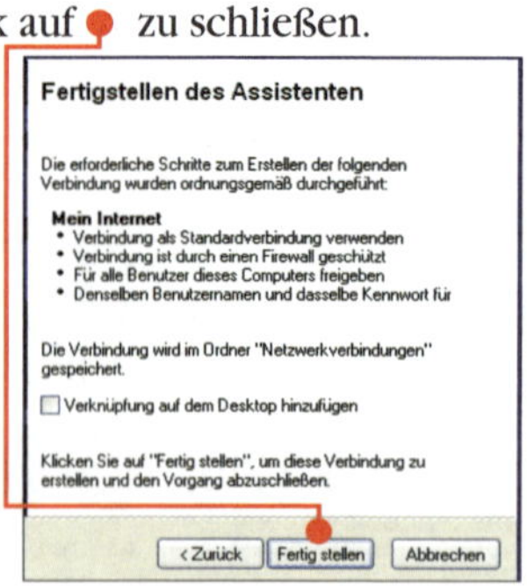

In Works eine Verbindung zum Internet herstellen

Sie können auch direkt aus der Works-Suite heraus ins Internet starten. Gehen Sie dabei folgendermaßen vor:

1 Wenn Sie im geöffneten Fenster von Works-Start auf ● klicken,

finden Sie auf der linken Seite des geöffneten Programmfensters den Eintrag für Ihr Internet-Programm. ●

2 Mit einem Klick auf diesen Eintrag erscheint im Fenster rechts daneben eine Auswahl für den Internet Explorer. ●

3 Um jetzt direkt ins Internet zu starten, klicken Sie einfach auf die Schaltfläche 

.

4 Daraufhin wird der Internet Explorer gestartet und Ihr Internet-Zugang geöffnet.

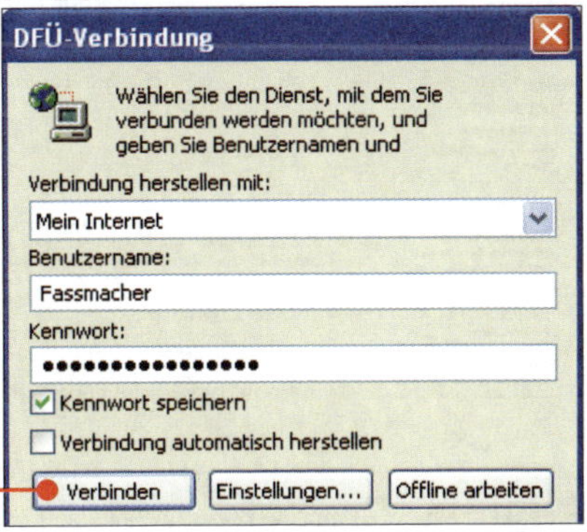

Zur Bestätigung reicht in diesem Fenster ein Mausklick auf ●.

Die Works-Internet-Seite

Auch Works hat eine eigene Internet-Seite, auf der Sie Informationen erhalten können.

1 Wenn Sie auf das Symbol für die Works-Website

> **! Keine Begriffsverwirrung**
>
> Unter dem englischen Begriff „Website" oder „Internetsite" versteht man sämtliche Internet-Seiten eines Web-Angebots. Dagegen ist – streng genommen – eine „Web-Seite" oder „Internet-Seite" nur eine einzelne Seite innerhalb eines Web-Angebots. Im Sprachgebrauch hat sich mittlerweile aber auch der Terminus „Internet-Seite" für ein komplettes Web-Angebot durchgesetzt.

klicken, 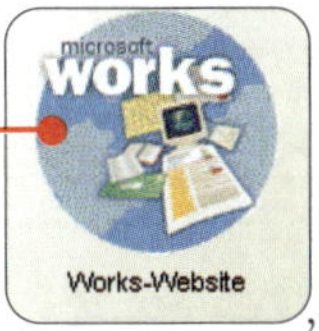

,

startet automatisch Ihr Internet Explorer - und in kurzer Zeit sind Sie auf der gewünschten Seite:

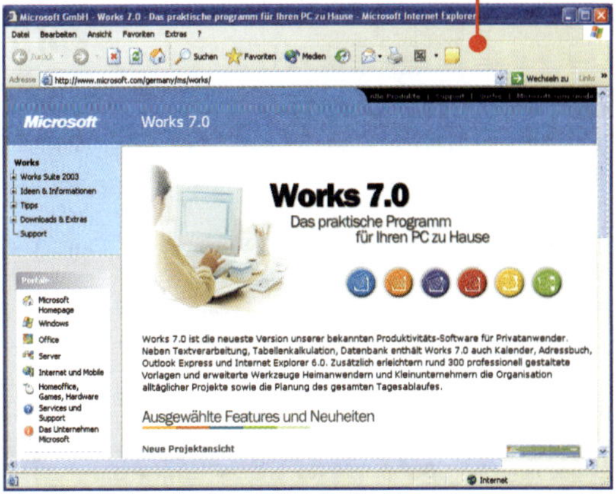

2 Auf der linken Seite des Eingangsfensters finden Sie verschiedene Angebote:

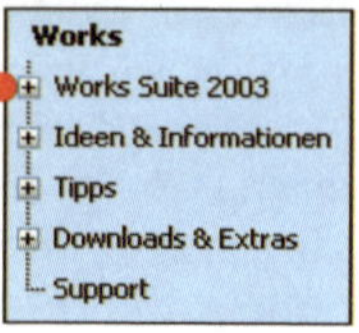

Klicken Sie zum Beispiel auf den Eintrag ●, wird ein Fenster mit Informationen zur Works-Suite angezeigt.

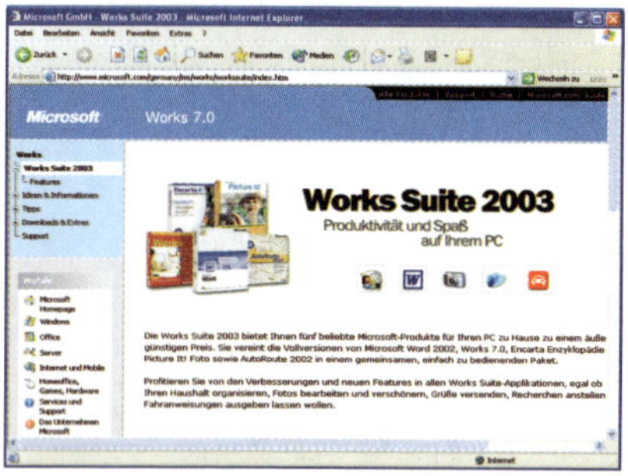

3 Demgegenüber führt ein Klick auf den Eintrag ●

dazu, dass Ihnen eine Liste mit Vorschlägen und Tipps zu Works präsentiert wird.

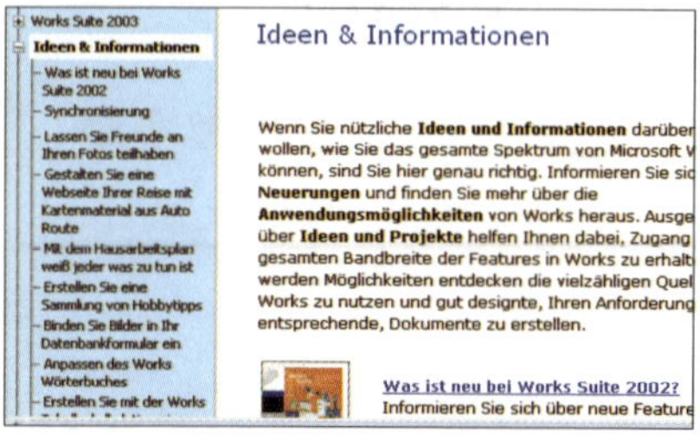

4 Auch hier können Sie dann wieder aus der Liste links einen Eintrag per Mausklick auswählen, zum Beispiel ●.

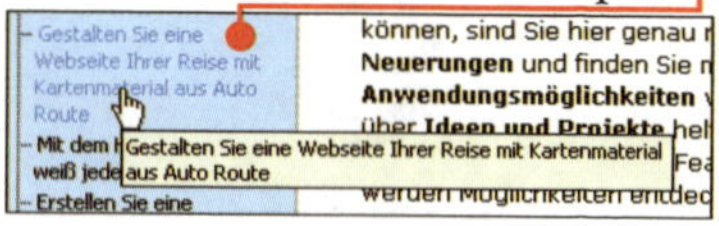

Das entsprechende Thema erscheint dann rechts neben der Auswahlliste.

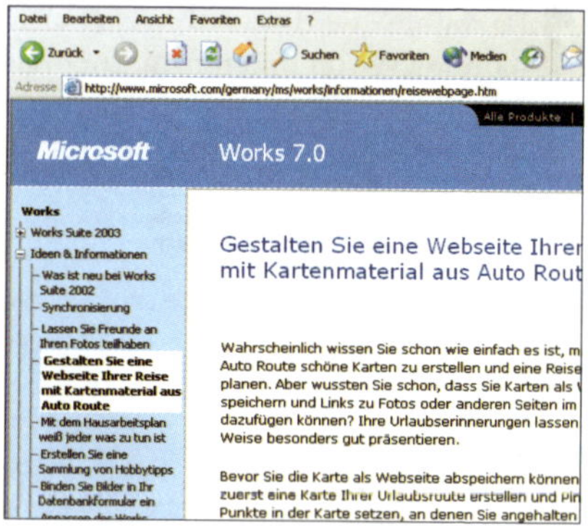

Sounds, Grafiken und Vorlagen für Works

Aber nicht nur Informationen hält die Works-Website für Sie bereit. Auch neue Sounds, Grafiken und **Vorlagen** für Ihre Arbeit mit Works finden Sie dort. Und alle diese Erweiterungen sind nur ein paar Mausklicks entfernt.

1 Um Zugriff darauf zu erhalten, klicken Sie in der linken Liste der Works-Website auf den Eintrag

.

Daraufhin sehen Sie die verschiedenen Angebote im rechten Teil des Fensters.

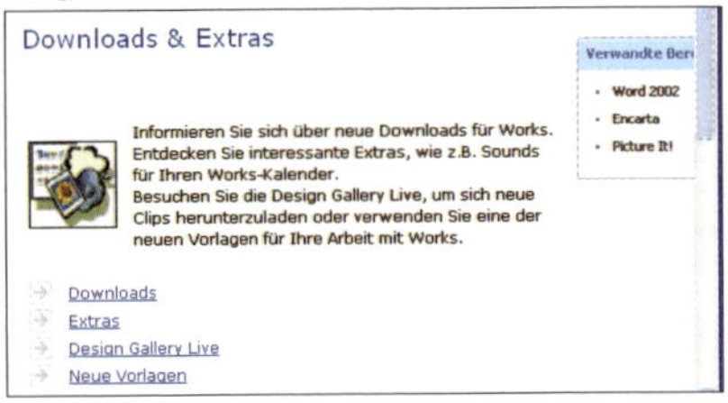

2 Wenn Sie nun in der Auswahlliste links auf den Eintrag

klicken, wird Ihnen das Fenster der so genannten „Design Gallery“ angezeigt.

In dieser „Design Gallery“ finden Sie Grafiken, die Sie zum Beispiel zur Verschönerung Ihrer Texte verwenden können. Möchten Sie sich Grafiken aus der Design Gallery auf den Rechner laden, lesen Sie den nächsten Abschnitt.

Grafiken aus dem Internet auf dem Rechner speichern

1 Klicken Sie im Fenster der Design Gallery auf den hervorgehobenen Text .

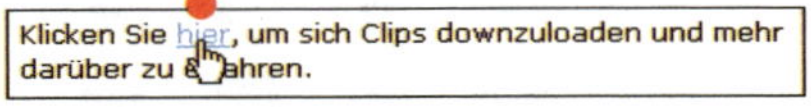

Dieser Text wird „Link“ genannt und ist zumeist blau und unterstrichen dargestellt. Per Klick auf einen solchen Link wird eine andere Internet-Seite geöffnet, in diesem Beispiel .

2 Auf der gezeigten Seite finden Sie unterschiedliche Bereiche, aus denen Sie sich Ihre Grafiken aussuchen können.

Wenn Sie beispielsweise auf das Symbol

(ebenfalls ein Link!) klicken, wird eine Seite mit Landschaftsbildern geöffnet.

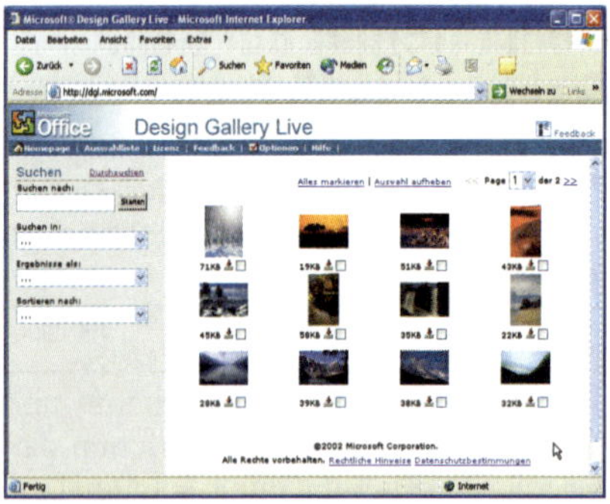

3 Entscheiden Sie sich per Mausklick für eines der Bilder. Bevor es dann auf den Rechner geladen werden kann, erscheint es noch einmal in einem neuen Fenster etwas vergrößert.

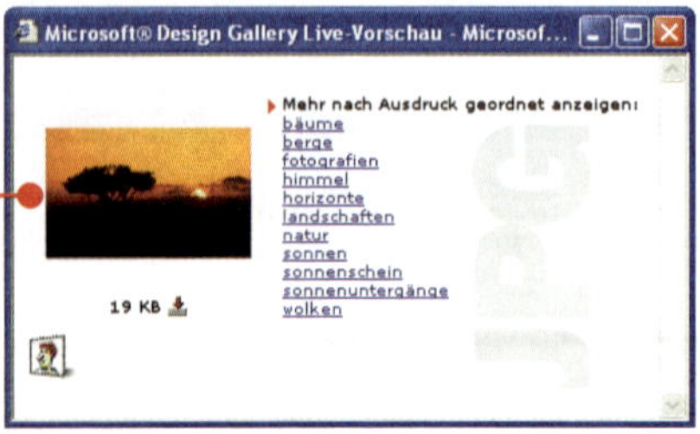

Mit einem Doppelklick auf das angezeigte Bild ● beginnt das Herunterladen des Bildes. Dieser Vorgang wird im Übrigen „Download“ genannt.

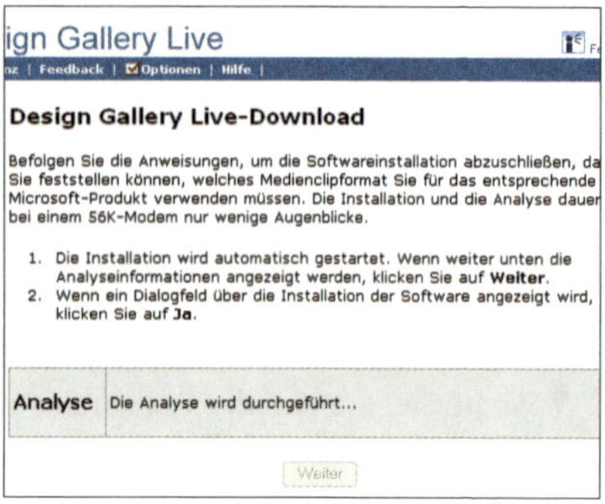

4 Falls Sie zum ersten Mal auf dieser Seite sind und ein Bild herunterladen möchten, wird zunächst ein Zusatzprogramm gestartet.

Den Sicherheitshinweis beantworten Sie per Mausklick auf

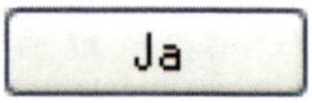

.

5 Das Programm überprüft daraufhin, welche Sorten von Grafiken auf Ihrem Rechner angezeigt werden können. Ist die Analyse abgeschlossen, er-

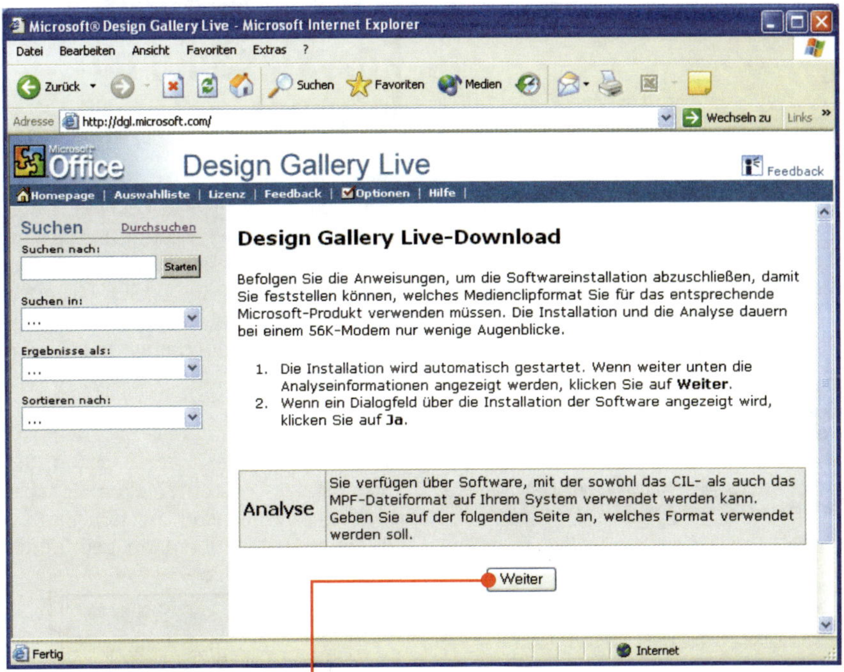

halten Sie eine Meldung und klicken dann auf die Schaltfläche ●.

Damit öffnen Sie das Fenster zum Herunterladen der Grafik. ●

6 Sowie Sie den angezeigten Lizenzvertrag mit einem Mausklick auf die Schaltfläche

Annehmen

akzeptiert haben, können Sie im nachfolgenden Fenster

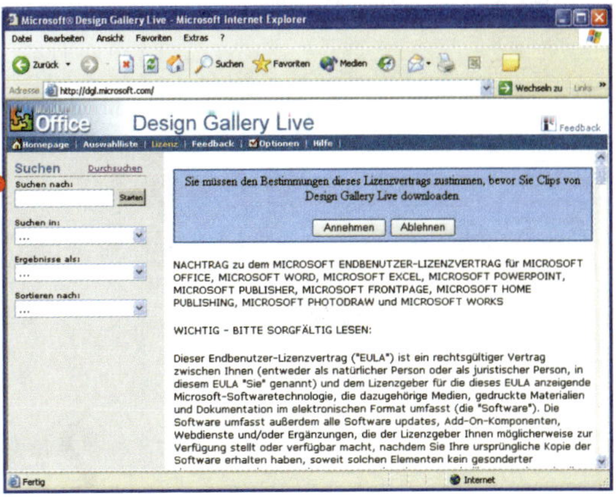

das Herunterladen des Bildes (= „downloaden“) per Klick auf die Schaltfläche

in Gang setzen.

7 Anschließend wird die Grafik auf Ihren Rechner geladen

und im „Clip Organizer“ der Works-Suite gespeichert.

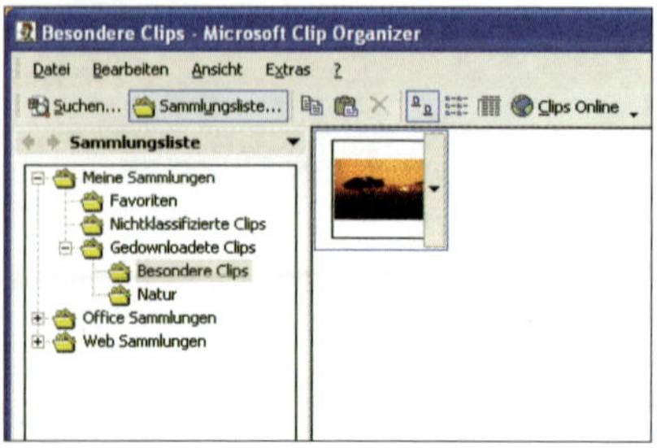

Mit der Encarta-Enzyklopädie im Internet

Zwar ist die Encarta-Enzyklopädie schon ein recht großes Lexikon. Doch jedes Lexikon kann veralten, und es können auch nie alle Informationen aufgenommen werden. Aus diesen Gründen hat die Encarta eine Website, auf der Sie neue und auch weitergehende Informationen finden.

1 Um die Website der Encarta-Enzyklopädie aufzusuchen, starten Sie zunächst das Lexikon. Klicken Sie dazu im Works-Start-Fenster auf den Eintrag „Programme“, in der dann geöffneten Programmliste auf

und schließlich im Auswahlfenster rechts auf das Symbol

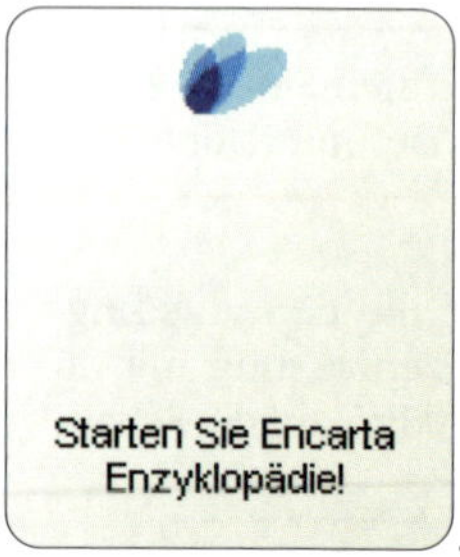

.

2 Auf der Eingangsseite der Encarta-Enzyklopädie

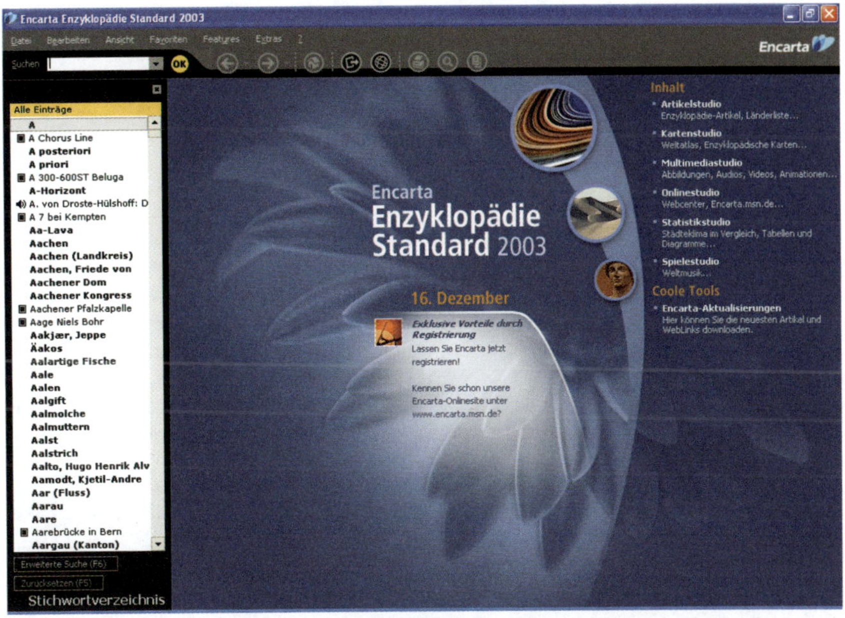

geben Sie links oben einen Suchbegriff in das dafür vorgesehene Eingabefeld ein, etwa

, und klicken dann auf

.

3 Kurz darauf sehen Sie das Ergebnis mit allen Fundstellen.

Sie können jetzt per Klick auf einen der Einträge

den für Sie passenden Text aussuchen oder aber mit einem Mausklick auf den Eintrag

die Suche im Internet fortsetzen.

4 Wenn Sie sich für das Internet entschieden und den entsprechenden Eintrag angeklickt haben, wird das so genannte „Webcenter“ geöffnet. Hier sind bereits Internet-Seiten zum gesuchten Thema aufgeführt.

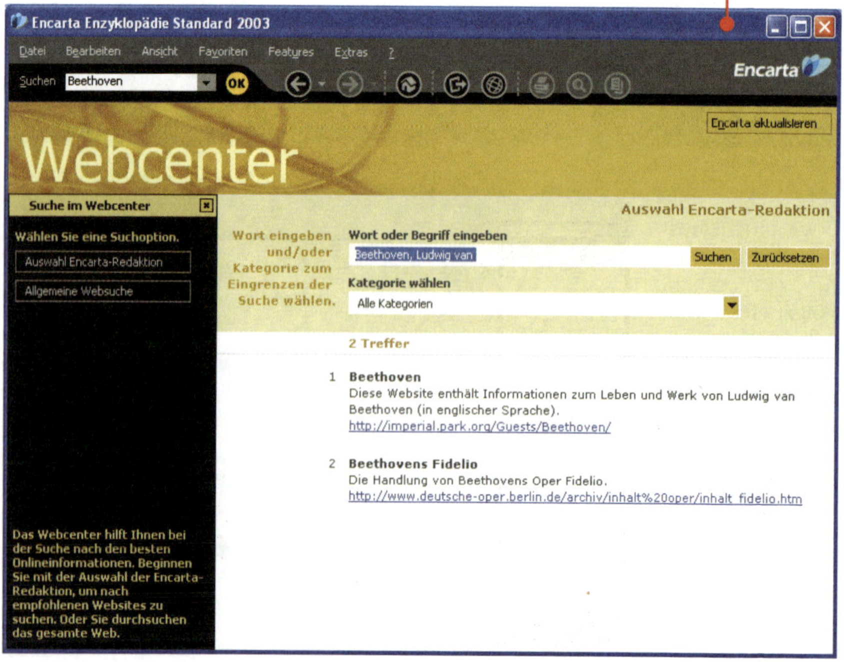

Klicken Sie einen dieser Verweise bzw. Links an, zum Beispiel ●,

wird der Internet Explorer gestartet und die entsprechende Internet-Seite geladen. ●

Aktualisierung des Lexikons

Ein „normales" Lexikon ist zumeist schon veraltet, wenn es gerade gedruckt ist. Obwohl ein elektronisches Lexikon wie die Encarta-Enzyklopädie schneller auf dem Markt ist als ein Buch-Lexikon, sind auch Teile dieses Lexikons überholt, wenn Sie die CD in Händen halten. Doch zum Glück brauchen Sie kein neues Lexikon zu kaufen, da die Aktualisierungen im Internet zur Verfügung stehen. Die Aktualisierung der Encarta können Sie ganz einfach vornehmen.

1 Wählen Sie im Works-Start-Fenster per Mausklick auf ●

die Encarta-Enzyklopädie aus, und klicken Sie im daraufhin geöffneten Auswahlfenster auf das Symbol für die Aktualisierung: 

.

2 Im Fenster, das als Nächstes auf Ihrem Bildschirm erscheint, klicken Sie dann auf die Schaltfläche 

.

Kostenlose Aktualisierung

Um in den Genuss der kostenlosen Aktualisierungen zu kommen, müssen Sie das Produkt bei Microsoft registriert haben. Sollten Sie die Encarta-Enzyklopädie noch nicht registriert haben, ist es also notwendig, die Registrierung nachzuholen.

3 Kurz darauf werden die Aktualisierungen für die Encarta-Enzyklopädie heruntergeladen.

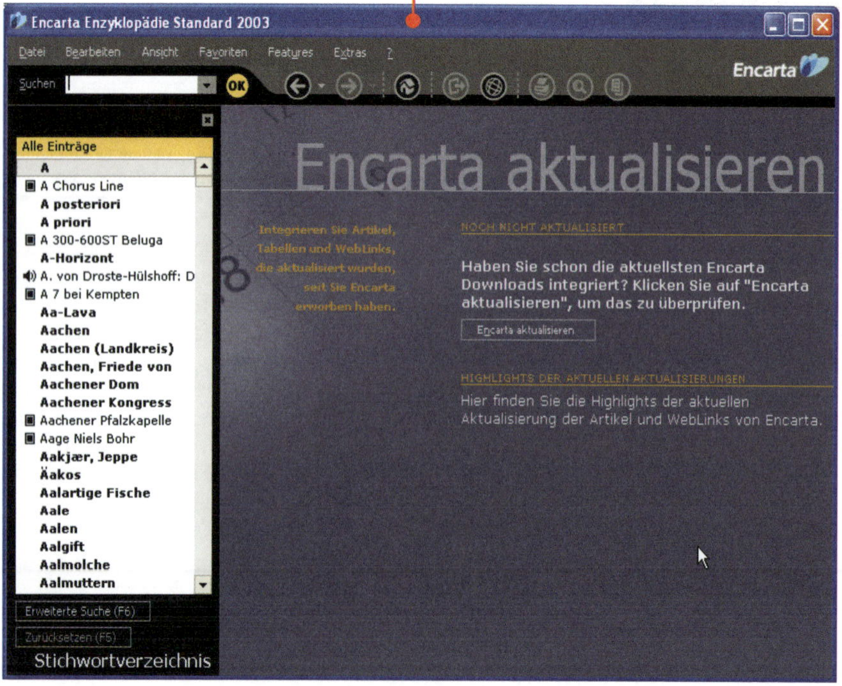

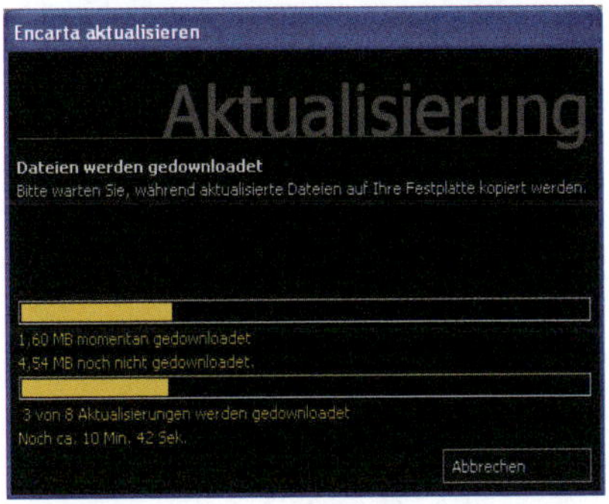

Da die Aktualisierungsdateien recht groß sind, kann dieser Vorgang einige Zeit dauern. Wie lange das Herunterladen in etwa noch dauern wird, können Sie im unteren Teil des Fensters mit verfolgen.

4 Sowie das Herunterladen der Aktualisierungen abgeschlossen ist, werden die neuen Dateien in Ihre Encarta-Enzyklopädie eingearbeitet.

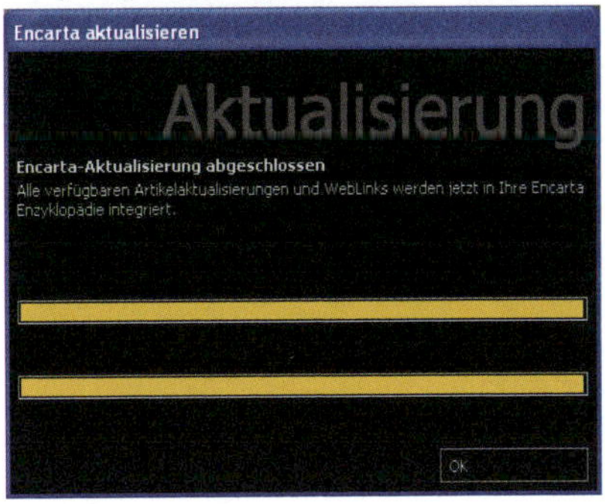

Nach einem Klick auf die Schaltfläche

stehen Ihnen die neuen Informationen und Artikel in der Encarta zur Verfügung.

5 Im Aktualisierungsfenster finden Sie dann erste Hinweise zu den interessantesten neuen Beiträgen.

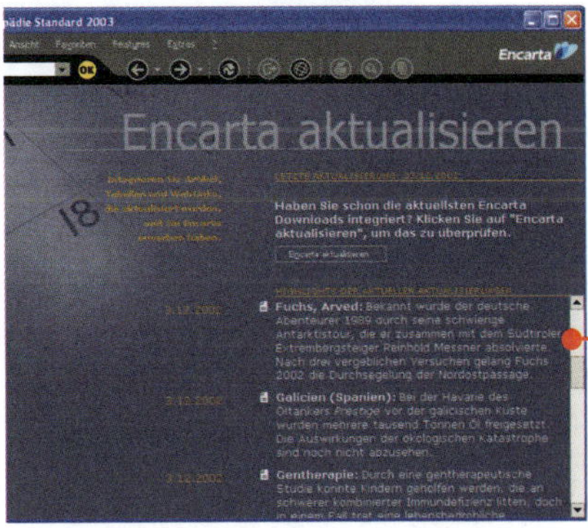

Mit einem Klick auf einen Eintrag, beispielsweise ●, wird der neue Artikel sofort angezeigt.

Was ist eigentlich ...

Assistent
Works enthält Hilfsprogramme, die Sie bei der Installation von Programmen oder der Erstellung von Dokumenten und Formularen unterstützen.

Aufgabe
Aufgaben in Works sind vorbereitete → Formulare oder Textseiten in den → Projekten des Programms. Wenn Sie eine Aufgabe starten, wird das entsprechende Programm mit den Voreinstellungen automatisch mitgestartet, so dass Sie die Aufgabe sofort in Angriff nehmen können.

Bearbeitungszeile
Eine Bearbeitungszeile finden Sie in der Works-Tabellenkalkulation und der Works-Datenbank. Geben Sie Informationen in eine Zelle oder in ein Feld ein, werden diese in der Bearbeitungszeile angezeigt. Änderungen am Inhalt eines Feldes oder einer Zelle führen Sie grundsätzlich in dieser Bearbeitungszeile durch.

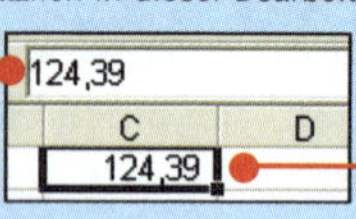

Bildlaufleiste
Wenn sich der Inhalt eines Fensters nicht mehr vollständig darstellen lässt, erscheinen am rechten und/oder unteren Bildschirmrand des Fensters Bildlaufleisten.

Per Klicks auf die äußeren Pfeile der Bildlaufleiste können Sie den Ausschnitt des Fensters verschieben. Um den Fensterinhalt im größeren Maße zu verschieben, klicken Sie mit der linken Maustaste auf den Rollbalken. Dabei halten Sie die Maustaste gedrückt und ziehen den Balken so lange, bis Sie die gewünschte Textstelle sehen.

Was ist eigentlich ...

Blocksatz
Beim Blocksatz wird der vorhandene Text zwischen den beiden Seitenrändern gleichmäßig verteilt. Dabei werden die Abstände zwischen den Worten einheitlich vergrößert. Blocksatz ergibt ein sehr sauberes Schriftbild.

Cursor-Tasten
Mit den Cursor-Tasten (= Pfeiltasten) bewegen Sie den Mauszeiger über den Bildschirm.

In Programmen wie etwa Word können Sie damit die Einfügemarke versetzen.

Dialogfenster
Dialogfenster sind Fenster in Programmen, in denen Sie Informationen eingeben oder Formatierungen einstellen können. Sie treten praktisch in einen „Dialog" mit dem Programm.

Doppelklick
Bei einem Doppelklick zeigen Sie auf das Symbol eines Ordners oder eines Programms und betätigen dann zwei Mal schnell hintereinander die linke Maustaste. Damit öffnen Sie den Ordner und starten das Programm. Ein Doppelklick auf eine Datei startet das dazugehörige Programm und lädt dann direkt diese Datei.

Einfügemarke
Befinden Sie sich gerade in der Textverarbeitung Word, zeigt ein blinkender, senkrechter Strich die Stelle, an der Sie in Ihrem Text gerade arbeiten.

Sind Sie in einem Eingabefeld, markiert die Einfügemarke (engl. = „cursor") die Po-

Was ist eigentlich ...

sition, an der Sie Eingaben vornehmen können.

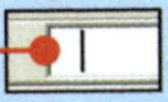

Um den Cursor an die gewünschte Stelle zu platzieren, klicken Sie mit dem Mauszeiger an die gewünschte Position.

Formel

Formeln dienen in einer Tabellenkalkulation dazu, mit den vorhandenen Daten einer Tabelle mathematische Berechnungen wie Additionen oder Multiplikationen durchzuführen. Eine Formel beginnt immer mit einem Gleichheitszeichen (=). Für die häufig eingesetzte Summenformel gibt es in Works das Symbol.

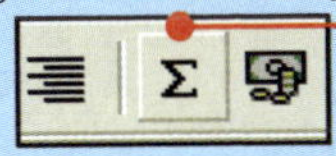

Formular

Ein Works-Formular ist eine Eingabemaske. In der Works-Datenbank wird mit einem Formular ein einzelner Datensatz mit allen Feldern übersichtlich dargestellt.

Homepage

Die Homepage ist die erste Seite (Startseite) eines Web-Angebots im Internet. Von dieser Homepage gehen dann alle folgenden Seiten des Web-Angebots aus. Der Begriff Homepage wird häufig auch für die Gesamtheit eines Internet-Auftritts verwendet, obwohl es sich eigentlich nur um die Eingangsseite handelt. Die Works-Start-Seite wird ebenfalls Homepage genannt, da alle weiteren Works-Programme und -Funktionen von dieser Seite aus zu erreichen sind.

Kontextmenü

Das Kontextmenü stellt Befehle in einem bestimmten Zusammenhang (= Kontext) zur Verfügung. Ein Kontextmenü bietet also nur

Was ist eigentlich ...

die Befehle an, die in der jeweils aktuellen Arbeitssituation verwendbar sind.
Ein Klick mit der rechten (!) Maustaste öffnet das Kontextmenü mit den entsprechenden Befehlen.

Kontrollkästchen

In vielen → Dialogfenstern können Sie Einstellungen mit Hilfe so genannter Kontrollkästchen auswählen. Wird ein Kontrollkästchen angeklickt, ist die entsprechende Einstellung aktiviert. Das erkennen Sie daran, dass in dem Kästchen neben der Einstellung ein Häkchen erscheint.

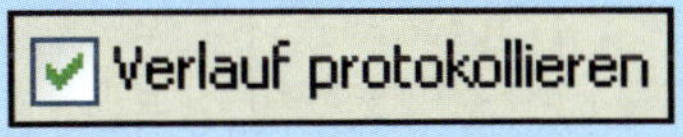

Linksbündig

Bei einem linksbündig ausgerichteten Text beginnen die Zeilen gleichmäßig am linken Seitenrand, während das Ende der Zeilen unregelmäßig verläuft.

Markieren

Bevor Sie eine Formatierung anwenden können, müssen Sie das Ziel – Zeichen oder Absätze – markieren. Wenn Sie die Einfügemarke in einem Wort positionieren, ist dieses auch für Formatierungen markiert. Um mehrere Zeichen zu markieren, halten Sie die ⇧-Taste gedrückt, während Sie die Einfügemarke mit den → Cursor-Tasten entweder nach rechts oder links verschieben. Sie können die Zeichen auch mit der Maus markieren. Klicken Sie dazu mit der linken Maustaste an den Anfang des zu markierenden Textes, und ziehen Sie den Mauszeiger bei weiterhin gedrückter Maustaste bis an das Ende des Textes.

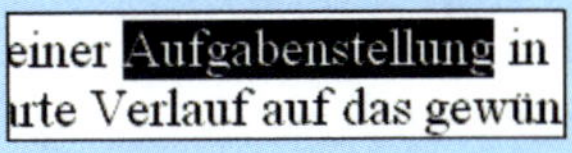

Was ist eigentlich ...

Menüleiste

Die Menüleiste befindet sich im Fenster der Programme unterhalb der → Titelleiste. In den Menüs sind Befehle und Funktionen zumeist thematisch sortiert aufgeführt.

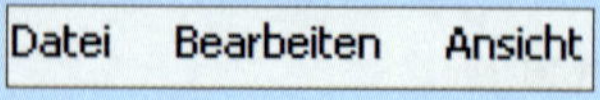

Optionsfeld

In Optionsfeldern kann immer nur eine der angebotenen Möglichkeiten (Optionen) ausgewählt werden. Klicken Sie mit der linken Maustaste eine andere Option an, wird die zuvor eingeschaltete Option abgeschaltet.

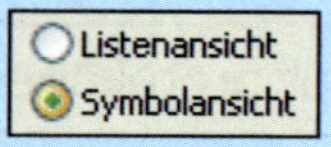

Programm

Mit Computerprogrammen (auch Anwendungen oder Software genannt) können Sie Aufgaben am PC erledigen. Mit der Textverarbeitung Word schreiben Sie Briefe, mit „Picture It!" bearbeiten Sie Bilder. In der Works-Suite 2003 sind für alle Aufgaben die notwendigen Computerprogramme zusammengefasst, so dass Sie auf die meisten Spezialprogramme verzichten können.

Projekt

Ein Projekt in Works ist eine Aufgabensammlung zu einem speziellen Thema, mit der Sie ein Arbeitsgebiet komfortabel bearbeiten können. Dabei brauchen Sie sich um die benötigten → Programme keine Gedanken zu machen, da diese Programme den einzelnen → Aufgaben schon zugeordnet sind.

Rechtsbündig

Bei einem rechtsbündig ausgerichteten Text sind die Zeilen ungleichmäßig lang und schließen genau (bündig) am rechten Rand.

Was ist eigentlich ...

Registerkarte

Registerkarten sind mit Karteikarten vergleichbar. In den Registerkarten eines Programms sind die Einstellungen oder Befehle einer Funktion zusammengefasst.
Per Klick auf einen Registerreiter wechseln Sie zu der entsprechenden Registerkarte.

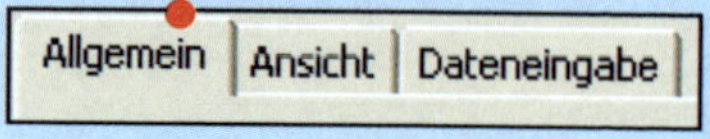

Scrollen

Als Scrollen (= Rollen) wird der Vorgang bezeichnet, bei dem mit der Maus oder den → Cursor-Tasten (Pfeiltasten) der dargestellte Bereich in der Anzeige nach oben, unten, links oder rechts verschoben werden kann.

Spaltenkopf

Die Tabellen der Works-Tabellenkalkulation enthalten horizontale Zeilen und vertikale Spalten. Jede Spalte hat oben einen so genannten Spaltenkopf, der jeweils mit einem Buchstaben gekennzeichnet ist. Die erste Spalte wird mit A, die zweite mit B usw. gekennzeichnet. Sind mehr als 26 Spalten in der Tabelle vorhanden, werden die folgenden Spaltenköpfe mit AA, AB usw. gekennzeichnet:

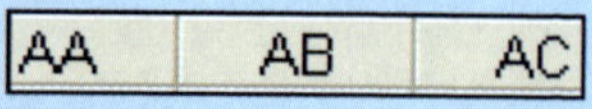

Startmenü

Über das Startmenü von Windows XP haben Sie Zugriff auf Dateien, Programme und Funktionen Ihres Rechners. Sobald Sie mit der Maustaste auf das Startsymbol

klicken, erscheint das Startmenü.

Was ist eigentlich ...

Symbolleiste

Symbolleisten im oberen Bereich der Programmfenster fassen die Symbole zusammen, mit denen per Mausklick Menüs geöffnet oder Befehle ausgeführt werden können.

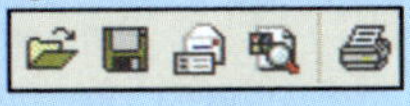

Task-Leiste

Ein gestartetes Programm wird „Task“ genannt. In der Task-Leiste werden die gestarteten Programme, Funktionen und Fenster angezeigt. Über die Task-Leiste am unteren Bildschirmrand können Sie ohne langes Suchen in der Programmliste auf das gewünschte Programm oder Fenster zugreifen.

Titelleiste

Die Programmfenster unter Windows haben alle eine so genannte Titelleiste. In dieser Titelleiste ist der Name des Programms angegeben.

Vorlage

Eine Vorlage ist ein Dokument, das Sie erstellen und speichern, um es künftig als Vorlage für weitere Dokumente verwenden zu können. Vorlagen können Formatierungen, Text und Bilder enthalten.

Zeilenkopf

In einer Works-Tabelle sind horizontale Zeilen und vertikale Spalten eingerichtet. Jede Zeile einer Tabelle hat am linken Rand einen so genannten Zeilenkopf, der mit einer bestimmten Zahl beschriftet ist.

Die erste Zeile wird mit 1, die zweite mit 2 usw. gekennzeichnet.

Zelle

Die kleinste Einheit einer Tabelle ist die Zelle. In diesen Zellen können Daten eingegeben werden (Zahlen, Formeln, Texte). Jede Zelle wird durch ihre Position in einer Zeile und einer Spalte festgelegt. Die erste Zelle in der ersten Zeile hat die Adresse A1, die zweite Zelle in der ersten Zeile die Adresse B1 usw.

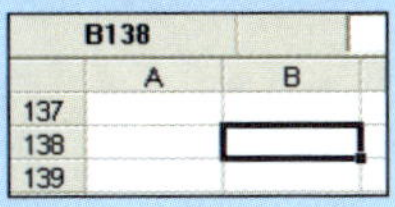

Zentriert

Bei einem zentrierten Absatz

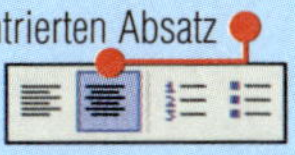

sind die Zeilen ungleichmäßig lang und mittig zwischen den Seitenrändern ausgerichtet.

Zwischenablage

Die Windows-XP-Zwischenablage ist ein Speicher, in den Sie Dateien, Texte und auch Grafiken kopieren können. Danach lässt sich der Inhalt der Zwischenablage in einen anderen Ordner oder ein anderes Dokument wieder einfügen. Die Zwischenablage kann mit Windows XP programmübergreifend verwendet werden. Wenn Sie Windows XP beenden, wird der Inhalt der Zwischenablage wieder gelöscht.

PC abschalten –
in Hochspannung eintauchen

Nur das Überleben zählt!

ISBN 3-548-25651-1

Originalausgabe im Ullstein Taschenbuch
3. Auflage 2005

E-Mail: buecher@computerbild.de
Umschlagkonzept: Buch und Werbung GmbH, Berlin
Umschlaggestaltung: Volkmar Schwengle/BuW, Berlin
Titelabbildung: Corbis
Satz: tiff.any GmbH, Berlin
Druck und Weiterverarbeitung: Ebner & Spiegel, Ulm
Printed in Germany
ISBN-13: 978-3-548-41203-0
ISBN-10: 3-548-41203-3